闽南师范大学学术著作出版专项经费资助

我国宏观审慎政策有效性研究

张敏锋 著

中国财经出版传媒集团
经济科学出版社
Economic Science Press

图书在版编目（CIP）数据

我国宏观审慎政策有效性研究/张敏锋著．—北京：
经济科学出版社，2019.9
ISBN 978-7-5218-0983-1

Ⅰ.①我…　Ⅱ.①张…　Ⅲ.①货币政策-研究-
中国　Ⅳ.①F822.0

中国版本图书馆CIP数据核字（2019）第212647号

责任编辑：程晓云　王金红
责任校对：刘　昕
版式设计：齐　杰
责任印制：王世伟

我国宏观审慎政策有效性研究
张敏锋　著
经济科学出版社出版、发行　新华书店经销
社址：北京市海淀区阜成路甲28号　邮编：100142
总编部电话：010-88191217　发行部电话：010-88191522
网址：www.esp.com.cn
电子邮件：esp@esp.com.cn
天猫网店：经济科学出版社旗舰店
网址：http://jjkxcbs.tmall.com
北京季蜂印刷有限公司印装
710×1000　16开　14印张　260000字
2019年11月第1版　2019年11月第1次印刷
ISBN 978-7-5218-0983-1　定价：48.00元
（图书出现印装问题，本社负责调换。电话：010-88191510）

序　言

2007年美国次贷危机爆发，并迅速扩散演变成为国际金融危机，影响范围之广，破坏程度之深，百年一遇。反思近年来金融危机的日益频繁发生，国际经济金融界充分认识到单纯依靠货币政策和微观金融监管已不足以维护金融稳定。2008年之后，国际社会对现行的宏观经济调控方式和金融监管模式进行了一系列重大改革，宏观审慎政策的形成并迅速付诸实践就是其中重要内容之一。我国金融机构虽然在次贷危机中损失较小，但是防范和化解系统性金融风险，仍然是我国在经济金融转型时期面临的一项复杂而艰巨的任务，近年来特别是进入2018年以来，世界政治经济格局发生深度调整变化，我国经济发展和金融市场不确定程度提高，宏观审慎政策将发挥更大的作用。

我国宏观审慎政策探索与创新走在了国际的前面。次贷危机爆发之后，2009年7月我国开始着手研究并推动建立宏观审慎政策框架。2010年末，中央经济工作会议正式引入了宏观审慎政策框架的提法。“十二五”规划提出“构建逆周期的金融宏观审慎管理制度框架”。党的十九大报告中提出“健全货币政策和宏观审慎政策双支柱调控框架，健全金融监管体系，守住不发生系统性金融风险的底线”。以宏观审慎政策评估体系（MPA）为代表的宏观审慎政策工具投入了我国宏观经济调控与宏观审慎监管实践。因此，伴随着宏观审慎政策的实施，政策有效性成为我国各界都十分关注的问题。

本书第2章、第3章从次贷危机引发全球经济金融理论和实践深刻变革出发，梳理了宏观审慎政策的历史演进和理论基础，介绍了国内外宏观审慎政策的最新实践进展，并从五个维度综述了国内外宏观审慎政策有效性研究的主要内容。针对宏观审慎政策的管理对象是系统性金融风险，本书结合当前国内外经济金融形势，研究发现我国目前一定程度上存在影响系统性金融风险生成的潜在因素，特别是在房地产和地方政府债务领域。基于用CDF—信用加权法对我国系统性金融风险进行测度，发现2015年之后我国系统性金融风险呈一定的上升趋势。根据我国金融市场间接融资比例较大的特点，本书利用国内排名靠前的商业银行季度财务数据，基于动态面板模型发现我国商业银行存在顺周期调整资本充足率的行为，以巴塞尔协议Ⅲ为核心内容的监管法规的出台使得我国商业银行部分降低了顺周期行为，在经济的上行期和下行期其顺周期行为具有非对称效应。

本书第4章、第5章和第6章，主要利用DSGE模型，探讨我国逆周期宏观审慎政策工具有效性、规则有效性和政策配合的有效性。新凯恩斯DSGE模型的发展为研究政策有效性提供了有力的工具，本书以贷款价值比这一主流宏观审慎政策工具为代表，构建包含家庭、厂商、银行、中央银行、宏观审慎政策管理部门的多部门DSGE模型框架，加入金融加速器机制，根据我国经济金融数据，通过贝叶斯方法进行参数估计，实证分析结果表明贷款价值比具有较强的逆周期调节效果。贷款价值比工具采用单一目标的非前瞻性泰勒规则形式，为最优的政策规则形式；货币政策和贷款价值比分别负责物价稳定和信贷稳定构成两者最优的关系。

影子银行作为次贷危机的始作俑者，也是目前各国实施宏观审慎政策的主要领域之一。我国影子银行与国际相比虽有一定的差异，但是近年来发展十分迅速，存在过度承担风险的倾向。本书第7章利用社会融资规模等宏观经济数据，基于SVAR模型发现我国影子银行发展是顺周期的，同时我国影子银行发展对GDP增长造成一定的负面影响，说明了我国影子银行部分资金属于体内循环，阻碍了实体经济的融资。因此，应该从提高宏观审慎政策有效性的角度加强我国影子银行监管，同时其监管宜疏不宜堵，在加快我国利率市场化改革的过程中化解我国影子银行的系统性金融风险。

推进国家治理体系和治理能力现代化是全面深化改革的总目标，

宏观审慎政策治理也是其政策有效性的主要影响因素之一。本书第8章，结合宏观审慎政策具体实践的场景，根据福建自贸区近年来的宏观审慎政策治理现状，设计福建自贸区宏观审慎政策治理体系和治理能力8个一级和18个二级评估指标体系，利用层次模糊分析法进行实证分析。实证结果表明，近年来福建自贸区宏观审慎政策治理体系和治理能力建设整体情况良好，但其在监管组织架构、政策透明性、治理手段开发等有待加强，针对福建自贸区提出完善法律法规、展开金融综合监管和职业能力提升的政策建议。

本书第9章就提高我国宏观审慎政策有效性提出政策建议。要健全金融监管体系，进一步完善宏观审慎政策治理；完善金融统计数据的收集和信息的共享机制；加强对我国系统重要性金融机构的监管力度和方式；提高政策的透明度，发挥预期管理在宏观审慎政策中的作用；从维护国家利益和金融稳定的角度提升我国宏观审慎政策的国际合作水平。本书第10章对本书的研究做了总结，并提出该领域下一步的研究方向。

张敏锋

2019年8月

目 录

第 1 章

绪 论

1.1 选题背景

伴随着金融在宏观经济中的作用越来越大，当代经济总是在不时出现的金融危机的冲击下曲线前进。从经济史的角度看，金融危机通常会对国际经济金融结构形成显著的冲击，导致经济金融结构以及相关的经济金融理论出现显著的变化，并产生深远的影响（巴曙松，2010；周小川，2012）。始于 2007 年的美国金融危机给全球金融市场所带来的不利影响，美联储前主席格林斯潘称为“百年一遇”，时至 10 多年后的今日，世界经济依然处于相对比较低迷的状态。次贷危机爆发后，其导致了更大规模的美国金融危机的全面爆发，并迅速演变为全球金融危机，最终酿成了世界经济危机。次贷危机后，整个国际社会、世界经济金融界、各国政府和学术界纷纷对本次金融危机的根源，以及宏观经济政策和金融监管为何没有发挥应有作用进行了深入探讨，并取得了较为一致的共识。

首先，传统意义上的货币政策不足以维护金融稳定（Svenssen，2011，2017；FSB et al.，2016；Buch & Weigert；周小川，2011；张晓慧，2017）。从货币政策来看，政策目标通常为物价稳定，或者同时承担着保持经济增长的双重任务，其隐含的假设是维持低通胀和经济适度增长就可以确保国家金融稳定。然而回顾近几十年来的金融危机史，一个显而易见的结论就是居民消费指数

（CPI）或国内生产总值（GDP）与金融稳定的联系程度极低。事实上，各国中央银行通常也十分关注金融稳定，但是随着金融市场系统性金融风险来源与传播方式的日益复杂，中央银行维护金融稳定在次贷危机之前，往往既没办法掌握全面的金融市场的信息，也缺乏金融监管相应的政策工具和手段。由于货币政策调控手段属于总量调节，其政策工具事实上是无法真正有效干预金融市场，对于包括金融资产价格波动在内的金融市场结构性问题显得十分无能为力。20 世纪 90 年代以来，世界主要发达经济体出现了经济稳定增长、经济波动率下降和通货膨胀长期维持较低水平的现象，被称为“大稳健”时期，中央银行和货币政策被认为发挥了重要作用。然而次贷危机的发生说明了货币政策对金融稳定的作用是有限的，而且以往货币政策调控手段也是有瑕疵的，如格林斯潘领导下的美联储在次贷危机前长期保持低利率后又迅速提高利率被认为是美国次贷危机发生的主要原因之一。虽然西方发达国家中央银行通过实施通货膨胀目标制，实现了经济增长和物价稳定，然而次贷危机的发生以及引发的严重后果，充分说明了货币政策对金融稳定的无所作为，并将中央银行置于前所未有的尴尬地位。

其次，传统的微观金融监管也无法维护金融稳定（Hanson et al.，2011；李拉亚，2016；陈雨露，2019）。国际主流金融监管理论长期以来一直认为，只要确保了每个金融机构都稳健经营，整个金融系统自然就稳定了。因此，各国金融监管部门在金融监管制度和具体监管指标的设计上，例如巴塞尔协议Ⅰ和Ⅱ，其中无论是银行资本充足率的计算还是贷款损失准备的计提，相应指标往往只考虑单个金融机构的情况。在每个金融机构监管指标都看似稳健的情况下，金融监管部门既没有对金融机构的顺周期（Procycliciality）行为，也没有对金融机构经营模式的新变化——影子银行的出现，更没有对金融机构及金融市场之间的相互关联性、金融体系和实体经济的相互作用可能产生的系统性金融风险给予足够重视。正如英国金融服务局主席特纳（Turner，2009）认为“宏观审慎视角的缺失以及未能通过宏观审慎监管降低系统性金融风险，对此次金融危机的形成起到了极其重要的作用，其影响要远大于对单家机构的监管失败”。

最后，为维护一国的金融稳定，防范和化解系统性金融风险，除了货币政策和微观金融监管体系之外，还需要引入一种新的金融监管模式和宏观经济调控方式，因此国际社会共同在次贷危机之后，迅速推出了宏观审慎政策（周小川，2011；FSB et al.，2011，2016；张晓慧，2017）。宏观审慎（Macroprudential）并不是一个全新的概念，该术语在20世纪70年代末就提出了，然而宏观审慎理念真正引起国际社会、各国政府以及学术界的广泛认同，还是在次贷危机爆发以及持续升级之后。

二十国集团（以下简称G20）成立于1999年9月，由八国集团、十一个重要新兴工业国家以及欧盟组成，其目的是防止类似亚洲金融危机的重演，让有关国家就国际经济、货币政策进行非正式对话，以利于国际金融和货币体系稳定。最初，G20只是各国财政部长和央行行长参加会议，但美国次贷危机的爆发使其上升为领导人峰会，即G20峰会。G20峰会于2008年11月在华盛顿首次召开，之后每年召开两次，并成为当前国际社会应对国际金融危机和国际治理改革的一个重要平台。宏观审慎政策形成于2008年美国次贷危机深化以后，2009年4月召开的伦敦峰会以来，历届G20峰会都将宏观审慎政策框架列入公报文件，2009年9月召开的G20匹兹堡峰会最终形成的会议文件及其附件中，开始正式引用宏观审慎政策的提法，2010年G20首尔峰会进一步形成了宏观审慎政策的基础性框架，包括最主要的金融监管以及宏观政策方面的内容。

次贷危机后全球经济与金融秩序重建过程中，在G20、巴塞尔银行监督委员会（BCBS）、国际清算银行（BIS）、国际货币基金组织（IMF）和金融稳定理事会（FSB）等国际组织或机构的大力推动下，特别是2010年以来通过主要经济体中中国、美国、英国、欧盟等国家或地区为代表的实践，宏观审慎政策逐步超出了金融监管的范畴，除了对时间维度（Time Dimension）上的金融体系顺周期行为和空间维度（Cross-sectional Dimension）上的金融机构之间的相互关联和共同风险暴露的关注外，系统重要性金融机构存在“大而不倒”（Too Big to Fail）的道德风险与资本质量不高、影子银行监管缺失、金融与经济周期的动态正反馈机制、宏观审慎政策与货币政策配合等内容均被纳入了宏观审慎政策考虑的范围之内。宏观审慎政策成为一种新的宏观经济调控方式，并与货币政策处于同等重要的地位（Bernanke，2012）。可以说，宏观审慎政策是次贷危机后整个国际经济金融领域最重要的理论和实践创新之一。

面对我国潜在的较大的系统性金融风险，作为G20、BCBS和FSB等国际组织的成员，我国政府始终密切关注次贷危机的变化及全球金融监管改革动态，并将制定和实施宏观审慎政策作为一项重要的工作来开展。2010年

10月，中共中央十七届五中全会正式文件明确提出要“建立逆周期调节的宏观审慎管理框架”，将宏观审慎政策纳入中共中央全会正式文件，这是非常罕见的历史性举动，足以表明宏观审慎政策将在中国宏观经济管理中发挥极其重要的作用。2012年9月，国务院公布的《金融业发展与改革“十二五”规划》再次强调要“建立健全金融宏观审慎政策框架”。2017年11月，经党中央、国务院批准，国务院金融稳定发展委员会成立。党的十九大报告强调“健全货币政策和宏观审慎政策双支柱调控框架”。2018年3月我国银监会和保监会合并，成立银保监会。目前我国主要的金融监管部门——中国人民银行、银保证监会和证监会均已根据制定和实施宏观审慎政策的要求，进行部分内设部门和职能配置的调整，以及进行了相关法规条例的修订，一批具有鲜明我国特色的宏观审慎政策工具如动态差别存款准备金率、留存资本缓冲、动态风险拨备、系统重要性金融机构附加资本要求、贷款价值比、杠杆率、影子银行监管、全口径跨境融资宏观审慎政策、宏观审慎评估（MPA）等，已经付诸我国金融监管和逆周期宏观经济调控实践，部分的做法已经处于国际领先。迄今为止，我国守住了不发生系统性金融风险的底线，金融市场平稳发展。

1.2 选题目的及意义

我国金融机构在次贷危机中并未遭受重大损失，说明了我国金融市场总体上属于良性发展，金融机构能够稳健经营，金融监管总体有效。然而，客观上看，我国金融机构在次贷危机上表现较好，并不完全是我国在金融监管和系统性金融风险测度和处置上，明显优于其他发生危机的国家，而是我国金融市场采用渐进式的市场化和国际化改革模式，使得我国金融业一直以来尚处于初级发展阶段，复杂的金融衍生品市场发展较慢，国内金融市场与海外的联系也不强。随着世界经济进入了后金融危机时代，当前整个国际经济金融形势仍然剧烈动荡，国际宏观经济与政策不确定性不断增加，中美贸易出现摩擦，欧债危机阴影仍挥之不去，各国量化宽松的货币政策难以完全退出，我国面临极其复杂的外部环境，外部系统性金融风险极易对我国造成不利影响。与此同时，我国经济经历了改革开放后40多年的高速增长，目前面临较大的经济下行压力，但是金融体制改革尚未完全到位，而房地产、地方政府债务等领域风险又不断积聚，宏观经济杠杆率高企。我国金融机构顺周期行为严重，以商业银行理财业务为代表的我国影子银行监管套利不断，因此，引发我国系统性金融风险的因素仍然很多。宏观审慎政策作为我国维护金融稳定的主要政策手段，其政策效果直接决定了我国未来能否真正守住党中央、国务院一直强调的“不发生系统性金融风险”的底线，因此，需要持续深入地研究我国宏观审慎政策各领域的内容，特别是政策有效性问题。

政策是否有效以及如何提高有效性，是任何一种宏观经济调控方式和金融监管活动的核心命题。正如货币政策有效性始终是货币政策研究的焦点，宏观审慎政策有效性也必将成为宏观审慎政策研究的主要内容。从国内外的宏观审慎政策实践来看，仅有短短 10 年左右的时间，无论是我国还是西方的发达经济体，都处于探索期，在组织机构、政策工具设计和使用、政策协调等诸多领域还存在争议，需要进一步完善，因此，包括政策有效性在内的宏观审慎政策相关领域的研究，还是近年来国际经济金融领域比较有挑战性的前沿性研究课题之一。本书从政策有效性的视角系统地研究我国宏观审慎政策，将有利于探索建立符合我国国情的宏观审慎政策理论体系，而且我国作为世界第二经济体和最大的发展中国家，我国许多宏观审慎政策实践走到了世界前面，对我国宏观审慎政策有效性的相关研究将丰富国际层面的宏观审慎政策理论。因此，从理论意义上看，本书研究具有较高的学术价值。

随着国际范围内对实施宏观审慎政策这一问题达成广泛共识，以及巴塞尔协议Ⅲ的迅速推出，我国金融监管部门已经开始使用一系列宏观审慎政策工具进行逆周期调节，并对系统重要性金融机构和影子银行等机构进行监管等。然而由于各个国家经济发展阶段、市场结构、金融监管体系和融资模式等方面的不同，我国宏观审慎政策实践并没有现成的模式可以模仿。本书立足于我国经济金融实际，利用实证分析和规范分析相结合的方法，主要对我国系统性金融风险、宏观审慎政策工具、规则和政策配合有效性、影子银行发展与宏观审慎政策有效性、自贸区宏观审慎政策治理进行研究，并提出了推进宏观审慎政策治理改革和加强预期管理等各种提高政策有效性的政策建议。因此，从实际意义上看，本书研究对我国后续的宏观审慎政策调整、金融监管改革和宏观经济调控方式转变具有一定的参考价值。

1.3 重要概念界定和辨析

本书重要概念需要辨析的主要原因是，目前我国宏观审慎政策领域，一个概念下往往同时存在多个术语或者表达方式，通过进行简要的说明和比较，以便下文内容不会产生歧义。

宏观审慎政策是指宏观审慎政策管理部门为防范和化解系统性金融风险而实施的一系列措施的总和，进而实现金融稳定的目标。国内关于宏观审慎政策术语大致经历了从“宏观审慎”到“宏观审慎监管”“宏观审慎管理”，再到“宏观审慎政策”的转变。这一方面反映了宏观审慎政策涵盖的范围的不断扩大，另一方面也体现了各界对宏观审慎政策认识的不断加深。从宏观审慎政策的演变过程来看，其主要源自对微观金融监管不足的反思，宏观审慎政策工具多涉及金融监管的范畴，因而常被称为“宏观审慎监管”。同时，它的逆周期调节功能也使得宏观审慎政策成为一种新的宏观经济调控方式和管理手段，所以也可以称为“宏观审慎管理”。本书认为用“宏观审慎政策”术语比较好，首先它与国际通行术语“Macroprudential Policy”直接对应；其次它的内涵能够同时包含“宏观审慎监管”和“宏观审慎管理”；最后，使用该术语也便于与货币政策、财政政策术语直接进行比较。但文中引用他人文献时，如果其使用了“宏观审慎监管”或“宏观审慎管理”的术语，本书保留原有的表述方式。

宏观审慎政策有效性是指宏观审慎政策管理部门主要通过宏观审慎政策工具的使用，是否实现以及能够在多大程度上实现金融稳定的政策目标。宏观审慎政策有效性涉及诸多因素，包括政策目标设计是否合理，政策工具和政策规则设计是否科学，组织机构安排和治理是否恰当、国际合作能否形成、政策实施的成本效益权衡等。

系统性金融风险是指一种能够严重威胁金融体系整体稳定、持续累积将最终导致金融体系金融服务功能丧失和宏观经济严重受损的风险。其实宏观经济各个领域都存在系统性风险，但是本书所称的系统性金融风险范围主要涵盖金融市场以及宏观经济中涉及金融的领域。

影子银行是指具有商业银行信用、期限或流动性转化等功能，却在正规商业银行体系之外的一系列机构、工具、市场和方法。本书“影子银行”术语对应的国际上的通行术语有两个，一是“Shadow Banking”，二是“Shadow Banking System”（国内部分学者直译为影子银行体系）。其实上述国际上关于影子银行的两个术语的外延和内涵完全一致，本书借鉴国内大多文献的习惯，直接称为影子银行。

1.4 研究思路、研究方法和研究内容

1.4.1 研究思路

本书从次贷危机引发全球经济金融理论和实践深刻变革出发，第一，结合宏观审慎政策的历史演进和理论基础，介绍了国际组织、发达经济体和我国的宏观审慎政策最新实践进展，并从五个维度对国内外宏观审慎政策有效性研究进行了述评；第二，以系统性金融风险相关内容为背景，分析目前影响我国系统性金融风险形成的潜在因素，计算系统性金融风险指数和测度商业银行经营顺周期行为，分析我国的系统性金融风险状况；第三，建立一个含有金融加速器和宏观审慎政策的多部门 DSGE 模型，进行参数校准和贝叶斯估计，利用 DSGE 模型经济模拟分析我国逆周期宏观审慎政策工具有效性、最优政策规则、与货币政策的配合方式；第四，结合我国近几年来以银行理财业务为代表的影子银行发展迅速的背景，实证分析我国影子银行经济系统性影响，并提出加强和改进我国影子银行监管以提高宏观审慎政策有效性；第五，结合福建自贸区近年来的宏观审慎政策治理现状，设计福建自贸区宏观审慎政策治理体系和治理能力评估指标体系，利用层次模糊分析法进行实证分析，探索自贸区层面的宏观审慎政策治理有效性；第六，就未来我国宏观审慎政策治理改革、金融数据收集和信息共享机制、系统重要性金融机构监管、宏观审慎政策预期管理和国际合作等方面提出相应的政策建议。

图 1.1 为本书的技术路线图。

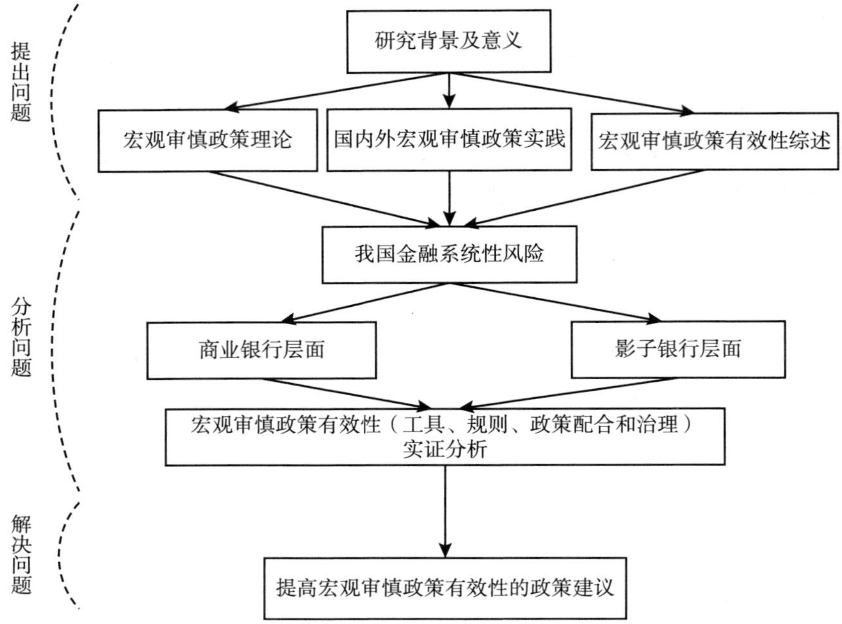

图 1－1　技术路线

1.4.2　研究方法

1. DSGE 模型

近一二十年以来，DSGE 模型已经成为宏观经济学的主流研究方法之一，其模型结构性建模特点不仅使其有效避免了卢卡斯批判，而且使其在政策分析和最优政策选择中发挥了巨大作用。因此，本书构建一个包含中央银行、宏观审慎政策管理部门、家庭、厂商、商业银行的多部门 DSGE 模型框架，写出微观经济主体的行为方程，确定模型稳态，再在稳态附近对数线性化，通过校准确定稳态参数，根据 1996～2018 年我国经济金融数据，通过贝叶斯估计技术确定动态参数。基于 DSGE 模型的经济模拟，实证分析我国逆周期宏观审慎政策工具的有效性、最优的政策规则和政策配合方式。

2. 计量经济模型

反映金融体系风险综合情况的综合指标法，在测度系统性金融风险中使用最为广泛，CDF—信用加权法能根据各部门信用规模的差异，在不同时期设置不同权重，这种合成方法使指数有现实经济意义，因此本书利用该方法测度 2013 ~ 2017 年我国系统性金融风险指数变化。面对纷繁复杂的经济问题，单纯使用时间序列数据或横截面数据估计经常存在一定的缺陷，面板数据则综合了上述两类数据，使得分析更全面，并能改进模型估计的有效性，而动态面板模型可以研究经济变量的动态行为。因此，本书根据 10 家商业银行 2008 ~ 2018 年季度面板数据，基于动态面板模型实证分析我国商业银行顺周期行为。在多经济变量关系研究中，向量自回归模型（VAR）取得巨大的成功，在经济中分析得到了普遍的应用，但是 VAR 模型中没有给出经济变量之间明确的结构性关系，而 SVAR 模型引入变量之间的当期关系，并对结构性残差根据相关经济理论进行约束，使得脉冲响应函数具有明确的经济学含义。因此，本书根据我国社会融资规模等 2003 ~ 2018 年宏观经济数据，基于 SVAR 模型实证分析我国影子银行的宏观效应。层次分析法（AHP）是一种定性和定量分析相结合的多准则决策方法，目前在理论界和实务界有非常多成功的应用。然而由于层次分析法在判断判断矩阵一致性等方面存在一定的缺陷，随着模糊数学的发展，层次分析法逐步发展出模糊层次风险法（FAHP）。因此，本书基于专家评分、问卷调查法和深度访谈获得数据，利用层次模糊分析法进行实证福建自贸区宏观审慎政策治理体系和治理能力情况。

3. 比较分析法

由于发达经济体金融市场较为发达，金融监管模式和宏观经济调控方法的缺陷在次贷危机中暴露得较为彻底，它们实施的宏观审慎政策在世界范围内相对来说时间较早也较为全面，因此本书通过对比美国、英国和欧洲等发达经济体宏观审慎政策的最新实践，分析其中改革的相同点和不同点，并与我国实施宏观审慎政策的情况进行比较，为我国后续相关改革提供参考。

4. 规范分析法

通过上述方法得出相关研究结论后，利用规范分析方法就提高我国宏观审慎政策有效性提出政策建议。

1.4.3 研究内容

本书共分为10章，其主要内容如下：

第1章为绪论。主要介绍本书的选题背景、研究目的及意义，以及本书的研究思路、研究方法、研究内容和主要创新点。

第2章为宏观审慎政策与政策有效性综述。以1997年亚洲金融危机和2007年美国金融危机为时间节点，分析两次金融危机前后宏观审慎政策的历史演进及其理论基础；介绍次贷危机之后以G20、FSB、BCBS和BIS为代表的国际组织层面和中国、美国、欧盟、英国为代表的国家或地区层面的各类宏观审慎政策实践；评述国内外学者基于宏观审慎政策目标、工具设计、组织安排、国际合作和成本收益权衡等方向进行的宏观审慎政策有效性研究，并指出今后宏观审慎政策有效性研究的可能发展方向。

第3章为我国系统性金融风险研究。首先，给出系统性金融风险的含义和动态演化机制，分别从时间和空间两个维度对系统性金融风险进行深入的分析，并对次贷危机后国内外系统性金融风险的新测度方法进行介绍；其次，结合我国经济金融发展的现状，分析目前可能影响我国系统性金融风险生成的潜在因素；最后，利用综合指标法和CDF—信用加权法，测度我国近年来系统性金融风险指数，采用动态面板模型，实证分析我国商业银行顺周期行为，探讨我国时间维度的系统性金融风险。

第4章为我国宏观审慎政策工具有效性研究。首先，介绍了我国宏观审慎政策工具箱的主要分类及我国特色宏观审慎政策工具；其次，概述新凯恩斯DSGE模型的历史演进和使用DSGE模型建模的主要步骤；最后，建立一个含有金融加速器的多部门DSGE模型，以贷款价值比为代表，分析我国逆周期宏观审慎政策工具的有效性。

第5章为我国宏观审慎政策规则有效性研究。从宏观审慎政策操作规范出发，基于规则与相机抉择这两个政策规则，讨论政策规则设计方式。根据我国宏观审慎政策的特点，设计不同形式的贷款价值比规则反应函数，利用DSGE模型实证分析我国最优的宏观审慎政策规则形式。

第6章为我国宏观审慎政策和货币政策配合有效性研究。从货币政策不足以维护金融稳定的现实出发，结合我国提出的“宏观审慎政策+货币政策”

双支柱调控框架，利用 DSGE 模型分析我国货币政策和宏观审慎政策协调配合的多种模式，探讨两者之间最佳的配合方式。

第 7 章为我国影子银行发展与宏观审慎政策有效性研究。结合影子银行导致次贷危机爆发的背景，概述国际影子银行发展和监管现状；根据我国金融市场特点，分析中国式影子银行的现状、高速发展原因以及对我国金融稳定性的影响；基于 SVAR 模型实证分析我国影子银行的经济系统性影响；结合我国影子银行系统性金融风险特点，提出加强和改进我国影子银行监管以提高宏观审慎政策有效性。

第 8 章为我国宏观审慎政策治理有效性研究。建设自由贸易试验区，是党中央在新时代实施的一项重大战略举措，结合福建自贸区近年来的宏观审慎政策治理现状，设计福建自贸区宏观审慎政策治理体系和治理能力指标体系，基于专家评分、问卷调查法和深度访谈获得数据，利用层次模糊分析法实证分析福建自贸区宏观审慎政策治理体系和治理能力，提出推进福建自贸区宏观审慎政策治理体系和治理能力现代化的政策建议。

第 9 章为提高我国宏观审慎政策有效性的政策建议。以完善我国宏观审慎政策组织安排推进其治理水平；完善我国金融统计信息的收集和信息共享机制；加强我国系统重要性金融机构的识别、监管和退出机制；结合宏观审慎政策预期管理的特殊性，重视宏观审慎政策预期管理；提升我国宏观审慎政策国际合作水平。

第 10 章为结论与展望。总结本书的研究结论，对未来该领域的研究发展进行了展望。

1.5 创新之处

全球范围内真正意义上开始实施宏观审慎政策，是在 2010 年之后。由于宏观审慎政策从形成到实践的时间非常短，该领域还处于实践远远快于理论发展的阶段，对于宏观审慎政策相关问题的研究大多处于初始的阶段。根据本人目前掌握的资料，国内外研究中系统性研究宏观审慎政策有效性的文献还非常有限，少数文献只是在部分内容或某些段落涉及了宏观审慎政策有效性，内容也相对简单且分散。本书充分借鉴货币政策有效性研究范式，并结合宏观审慎政策的自身特点，提出了宏观审慎政策目标、工具、政策配合、组织安排、国际配合和预期管理是影响宏观审慎政策有效性的核心因素，并利用实证分析和规范分析对上述内容进行了全面研究。因此，本书试图综合国内外宏观审慎政策有效性研究中的合理部分，并结合我国经济金融特点和监管发展趋势，将研究的落脚点放在我国宏观审慎政策是否有效以及如何提高政策有效性上。本书中各章具体研究内容的创新主要体现在以下几个方面：

一是以宏观审慎政策有效性为视角，对研究宏观审慎政策的文献进行了梳理。宏观审慎政策实践虽然只有短短几年的时间，但其作为当前国际经济和金融领域的热点问题，文献更新速度十分迅速，然而相关研究十分零散。鉴于国内外综述宏观审慎政策有效性的文献尚未出现，本书从宏观审慎政策目标、工具设计、组织安排、国际合作和成本收益权衡五个维度，综述了国内外宏观审慎政策有效性研究，指出了其中的不足之处，并对今后宏观审慎政策有效性研究的可能发展方向进行了展望。

二是在我国商业银行顺周期行为的研究中，有别于大部分文献使用普通面板模型，而资本充足率明显依赖于过去多期的情况，因此，本书使用动态面板模型，使得模型更符合现实。同时，设计引入了巴塞尔协议Ⅲ、经济周期等虚拟变量，实证结果显示宏观审慎政策法规的引入，使得我国商业银行部分降低了顺周期行为，但并未根本性改变顺周期行为，而且顺周期行为在不同经济周期具有非对称性，该研究结论对我国后续商业银行监管改革具有启示作用。

三是在利用我国经济金融数据进行贝叶斯参数估计的 DSGE 模型中，以贷款价值比为代表，设计了多种泰勒规则形式的宏观审慎政策规则，特别是比较了非前瞻性和前瞻性政策规则形式，并根据宏观审慎政策特点，提出了宏观审慎政策规则的比较标准，从而得出了最优的宏观审慎政策规则形式，以及宏观审慎政策与货币政策的配合方式。

四是针对我国缺乏影子银行规模连续时间序列数据的问题，本书提出可以充分利用中国人民银行公布的社会融资规模数据来研究我国影子银行的宏观效应。基于 SVAR 模型实证分析结果显示我国影子银行发展在一定程度上阻碍了 GDP 增长，说明了我国影子银行部分资金在金融市场内空转，没有完全服务于实体经济发展。上述研究结论为我国金融监管部门加强影子银行监管提供了重要支撑。

五是目前国内外实证分析宏观审慎政策治理有效性的研究还非常少。本书结合自贸区宏观审慎政策治理现状，利用层次模糊分析法实证分析福建自贸区宏观审慎政策治理体系和治理能力，无论是研究视角和研究内容，都有较高的创新性。

第 2 章

宏观审慎政策与政策有效性综述

国际社会每爆发一次严重的金融危机，都会催生新的经济金融理论，并带来宏观经济调控方式和金融监管模式的深刻变革。1929～1933 年的美国“大萧条”的出现，直接动摇了崇尚“看不见的手”的古典经济学的正统地位，诞生了凯恩斯主义学派，发达经济体由此开始了对金融业长达半个世纪的严格分业监管。20 世纪 70 年代西方发达国家相继爆发金融危机并出现“滞胀”问题，又导致了新古典经济学特别是理性预期学派的兴起，并催生了金融自由化浪潮以及金融监管的放松。2007 年美国爆发次贷危机，并迅速蔓延到其他国家，引发全世界经济严重衰退，并充分暴露出现有宏观经济调控方式和金融监管模式存在重大缺陷，即以控制通货膨胀为目标的货币政策加上以资本充足率监管为核心的微观金融监管，尚不足以维护金融体系的稳定。为了防范和化解系统性金融风险，在国际和国家层面都必须建立宏观审慎政策。随着世界各国开始实施宏观审慎政策，政策的有效性又成为一个无法回避的问题。

2.1 宏观审慎政策的历史演进及理论基础

2.1.1 宏观审慎政策的历史演进

1. 萌芽阶段

根据克莱门特（Clement，2010）的研究，单词“宏观审慎”第一次出现，最早可以追溯到库克委员会（巴塞尔银行监督委员会的前身）1979 年 6 月一份未公开的会议纪要中，该会议主要议题为如何收集潜在的跨国银行借贷期限转化的数据。上述会议纪要涉及宏观审慎部分的表述为："主席说到委员会关注的微观经济问题一旦上升为宏观经济问题，那些微观审慎问题就成了宏观审慎问题了。委员会已经对宏观审慎问题保持了合理关注，并将这些宏观审慎问题与委员会关注范围内的宏观经济问题联系起来。"1979 年 10 月，以英格兰银行名义公布的由莱姆法路西（Lamfalussy，时任欧洲货币常设委员会主席）负责的一份背景文件中，国际上第二次出现了宏观审慎术语。该文件对比了针对单个银行典型的微观审慎监管与宏观审慎方法的区别，文中提道："审慎监管方法，主要是关注了单个银行的稳健经营和存款人的保护，上述可称为微观审慎银行监管的大部分工作已经完成。然而，这种微观审慎监管需要与具有更大视野的审慎考虑相匹配。宏观审慎监管是从整个市场的角度考虑问题，而不是单个银行，而这些问题如果从微观审慎的角度考虑可能并不明显。"由于上述文件为内部资料，均未出现在公众面前。

1986 年"宏观审慎"和"宏观审慎政策"术语第一次出现在公开发表的文件中，国际清算银行（BIS）辖下的 4 个常设委员会之一的欧洲货币常设委员会（ESEC）在其发布的《当前国际银行的创新》报告中，专门用了几个段落讨论宏观审慎政策的概念，将其定义为一种可以推动金融体系和支付体系安全与稳定的政策。随后几年，涉及宏观审慎的相关提法或研究基本消失。值得注意的是，这一时期国际金融监管重要文件——巴塞尔协议 I 开始实施，然而从该协议监管指标设计上基本看不出宏观审慎的成分。1992 年、1995 年和 1996 年宏观审慎又相继出现在 BIS 公开发布的报告里，分别提出了"对金融机构和金融市场之间的联系要予以宏观审慎的关注""衍生品市场规模和宏观审慎风险计量"和"利用宏观审慎增强金融系统作为一个有机整体的稳定性"等思想。

2. 起步阶段

1997 年亚洲金融危机的发生，促使国际社会开始关注和反思原有金融监管模式的不足，宏观审慎理念因此获得了一定范围内的关注。1998 年 1 月，世界货币基金组织在《建立一个更加稳健的金融系统》报告中，强调要从微观审慎和宏观审慎两个层面加强对商业银行的有效监管；同时提出要加强宏观审慎分析，即通过市场情报和宏观经济信息，关注重要资产市场、其他金融机构、宏观经济发展水平和潜在失衡情况，以增强金融体系整体的稳定性。1999 年，国际货币基金组织（IMF）联合世界银行（WBG）推出金融部门评估项目（Financial Sector Assessment Program，FSAP），主要使用宏观审慎指标（Macroprudential Indicators，MPIs）和压力测试等方法评估各国金融系统的薄弱环节。

2000 年在宏观审慎政策理论的发展演变中，具有里程碑意义。2000 年 10 月，时任 BIS 总经理的克罗科特（Crockett）在国际银行监管会议上发表一篇专题演讲，就银行监管的微观审慎方法和宏观审慎方法进行了系统性对比分析，在国际范围内第一次对宏观审慎监管作出了系统性阐述，之后学术界和实务界关于宏观审慎政策的研究和实践基本上都是在他研究的基础上进行的扩展，至此宏观审慎作为一个学术概念开始被广泛使用和讨论。克罗科特认为宏观审慎层次和微观审慎层次的金融稳定的最大区别在于各自目标的不同，在于它们对金融影响经济运行结果机制的理解的不同，而与实现这些目标所使用的工具无关。他进一步了提出宏观审慎监管着眼于整个金融体系，目标是降低金融危机的成本；而微观审慎监管的目标是降低单个银行破产的风险，最佳的衡量指标是对储户和投资者的保护，而且微观审慎监管排除了在个人理性的前提下集体不理性的可能性。此外，他还认为宏观审慎监管应该重点关注两个领域的风险：一是研究风险如何随着时间的推移而不断变化（Risk Over Time），对此需采用逆周期的政策工具；二是研究某一时点（At a Point in Time）风险在金融体系内部是如何分布的，因此要关注系统内具有相似风险的金融机构，尤其是那些资产规模大并且业务复杂的金融机构，要采用一系列严格的风险监管措施。

2005 年 BIS 经济学家博里奥（Borio）在克罗科特研究的基础上，进一步完善了相关的宏观审慎监管理论。博里奥以宏观审慎监管和微观审慎监管的区别对比为切入点，对宏观审慎监管进行了界定（见表 2－1）。他提出了两个维度系统性金融风险的术语并进行了相关分析：一是时间维度的系统性金融风险，考察的是系统性金融风险如何随着时间而发展，宏观审慎监管的关键问题是限制系统性金融风险在金融体系和实体经济之间的反馈放大机制；二是空间维度的系统性金融风险，考察的是在特定时间内风险在金融机构之间的分布和相互作用，宏观审慎监管的关键是处理各金融机构面临的共同风险敞口，限制整个金融体系中大部分机构可能都要遭受损失的风险，特别是尾部风险。博里奥对系统性金融风险的分类，成为系统性金融风险的基本分类。其他的一些代表性研究，如怀特（White，2004）和柯尼特（Knight，2006）等，则进一步丰富了宏观审慎政策的研究。

表 2－1　　宏观审慎监管与微观审慎监管的区别

区别	宏观审慎监管	微观审慎监管
直接目标	抑制整个金融系统的危机	抑制单个金融机构的危机
最终目标	避免产出（GDP）的损失	保护投资者/存款者的利益
风险模型	部分内生	外生
金融机构之间的相互关联和共同风险敞口	相关	不相关
校准审慎控制的方法	自上而下	自下而上

资料来源：Borio C. Towards a Macroprudential Framework for Financial Supervision and Regulation? [J]. Social Science Electronic Publishing，2005，49（2）：1－18.

3. 形成与实践阶段

上述 2007 年美国次贷危机前，宏观审慎政策的理论发展主要呈现出如下特点：一是部分国际组织基于它们的理论研究和大量的金融监管实践经验，发现了微观金融监管存在巨大缺陷，国际清算银行（BIS）是宏观审慎理念的主要推手；二是由于宏观审慎理念在当时历史条件下具有一定的超前性，无论是发达经济体还是新兴经济体，宏观审慎实质上并没有转化为各国金融监管的具体实践，大多也只是出现在一些国际组织的研究报告和少数学者的理论研究中。

从金融监管改革的历史来看，世界各国往往只有爆发了本国或全球性金融危机才能产生足够的决心和动力来进行相应变革，这也是为什么全球金融监管改革的时间窗口启动都在金融危机发生之后。次贷危机的发生，使得国内外理论界和实务界不得不重新审视传统的金融监管模式和宏观经济调控方式的缺陷，宏观审慎由此得到了空前的重视，涵盖的内容不断丰富，并从理论研究的范畴走上了实践，成为宏观审慎政策，并成为一种与货币政策、财政政策相类似的宏观经济调控方式（见表 2－2）。同时，由于它的监管工具大多直接针对金融市场或金融机构，所以也是一种金融监管模式。

表 2－2　　　　宏观审慎政策与货币政策的比较

区别	宏观审慎政策	货币政策
政策目标	金融稳定	物价稳定
政策工具	逆周期资本缓冲、贷款价值比、前瞻性拨备、系统重要性金融机构资本附加要求等	利率、货币供应量
管理部门	联合委员会或中央银行	中央银行
政策配合	需要	需要
法律授权	部分国家有	有

资料来源：根据相关资料整理而成。

怀特（2010）认为宏观审慎政策是指运用潜在工具为达到促进金融系统稳定目的而制定的所有政策。2011 年 11 月，FSB、IMF 和 BIS 联合发布了《宏观审慎政策工具和框架》报告，从三个角度对宏观审慎政策进行界定，一是它的目标是防范系统性金融风险，二是其视金融系统为一个有机整体（包括金融部门和实体经济的相互关联），三是需要必要的宏观审慎政策工具和治理结构作为支撑。周小川（2011）认为宏观审慎政策的主要目标是维护金融稳定、防范系统性金融风险，其主要特征是建立更强的、体现逆周期性的政策体系，主要内容是对银行的资本要求、流动性要求、杠杆率要求、拨备规则、系统重要性机构的特别要求、会计标准和衍生产品交易的集中清算等。李拉亚（2016）认为宏观审慎管理的根本任务是预防与化解系统性金融风险，有两大基本任务，一是对金融系统的监管，二是对宏观经济系统的调控。

2.1.2 宏观审慎政策的理论基础

次贷危机前，国际社会普遍放松了对金融机构的监管，这主要是受到新古典经济学特别是有效市场理论的影响。在有效市场理念下，监管机构认为每个市场参与者都是理性预期，均衡的市场价格已经完全和正确地反映了所有的信息，个体的自利行为使得“看不见的手”自动实现市场均衡，因此金融监管的一个关键目标就是排除造成市场非有效的各种因素，让市场机制充分地发挥作用，其他时候要少监管甚至不监管。同时，新古典经济学不承认经济系统内部能产生不确定性，仅把不确定性视为经济系统外部的随机冲击。次贷危机的爆发以及之后产生的系列严重后果，说明了新古典经济学派和有效市场理论存在缺陷。首先，系统性金融风险来自经济和金融系统内部；其次，大量金融机构为了短期利益，放弃长期利益，甘冒风险，完全缺乏自律约束；再次，金融机构大到不能倒，不能靠其破产来惩罚其投机行为，最终靠政府接管，需要使用纳税人的钱帮其渡过难关。市场机制本身不能克服金融机构高管们的道德风险，也不能克服其导致的严重后果，即市场机制不能自行克服危机，自己恢复市场均衡。在美国金融危机中，若不是美国政府最终接管那些大到不能倒的金融机构，美国金融系统和经济系统会全盘崩溃。以新凯恩斯经济学派为代表的传统宏观经济理论也不能完全解释次贷危机。新凯恩斯经济学派认为市场不能完全解决资源最佳配置，仍需要政府进行干预。政府不能仅仅控制住通货膨胀，还要促进经济增长和稳定就业。宏观经济调控模式是弹性通货膨胀目标制，即政府既要控制通货膨胀，也要控制住失业率，实质是一种双目标制。但是，次贷危机恰恰是通货膨胀和失业率均较低的情况下爆发的，反映了新凯恩斯经济学派宏观经济调控模式的盲区（李拉亚，2016）。因此，宏观审慎政策应该另起炉灶，粘性预期理论、金融加速器理论、金融负外部性理论和行为金融学可以成为其理论基础。

1. 粘性预期理论

与新古典经济理论不同，宏观审慎政策承认金融系统内部能产生导致市场崩溃的系统性金融风险，它的管理对象也是这种系统性金融风险。造成系统性金融风险累积以致引发金融危机的诱因很多，银行之间、银行与非银行金融机构之间、金融市场之间日益密切的联系，过度宽松的货币政策或者国家债务高企，金融机构预算软约束导致的道德风险，金融监管缺失，个体金融机构因经营不善、流动性不足导致倒闭，资产价格大幅波动都有可能导致系统性金融风险，但是上述系统性金融风险的诱因和最终结果并没有直接线性关系，事先也无法确定金融危机发生的概率，系统性金融风险最大特征就是具有不确定性。其实，在经济理论史中，马克思经济理论是重视不确定性的。凯恩斯本人也是重视不确定性的。在很长一段时期内，经济学家们是重视不确定性的。在重视不确定性这一点上，宏观审慎政策是经济理论发展上的回归。

既然宏观审慎政策把系统性金融风险作为内生变量看待，用理性预期理论来解释宏观审慎政策是不适合的。可以考虑用粘性预期理论来解释宏观审慎政策。粘性预期的粘性和突变性来自信息不完备性。当信息严重不足时，经济人就无法调整预期，这时预期呈现粘性，或者经济人也可能大规模调整预期，这时预期又呈现突变性。究竟何时预期的粘性会从较低水平变到较高水平，是很难确定的，受多种因素影响，特别受不确定性因素影响。预期突变带来经济的剧烈变化，防不胜防。如果政府能执行稳定的政策操作，可以减少预期突变的可能性。粘性预期的粘性特征对应了系统性金融风险的累积，而粘性预期的突变特征对应了系统性金融风险的爆发。用粘性预期理论解释系统性金融风险的累积和突发，要比用理性预期理论解释系统性金融风险的累积和突发更为实际一些。这次美国金融危机的一大教训是要重视预期突变的破坏力和冲击力，将预期突变牢记在心，严防预期突变发生。对宏观审慎政策而言，严防预期突变是严防系统性金融风险突变的重要环节，由此也可以看到宏观审慎政策和预期管理在粘性预期理论基础上的内在联系。预期管理是一种新的宏观经济管理方法，这一内在联系为把宏观审慎政策和货币政策置于一个统一框架内提供了基础。

2. 金融加速器理论

金融加速效应的研究最早可以追溯到费希尔（Fisher，1933）关于债务和通货紧缩的开创性研究之中，他通过观察美国经济“大萧条”时期的经济运行情况，发现企业过度负债会产生经济的恶性循环机制。当经济紧缩来临时，企业债务增加，而公司债务增加又导致公司进一步借债的困难，投资产出减少，价格下降，最终导致通缩的产生。然而由于当时凯恩斯主义的盛行，他的这种观点没有引起学术界足够的重视。随着金融在现代经济中的作用越来越明显，金融加速器理论在 20 世纪 80 ~ 90 年代得到了快速的发展，尤其是伯南克、格特勒和吉尔克里斯特等（Bernanke、Gertler & Gilchrist et al.，1983、1989、1994、1995、1999）通过一系列论文系统地提出了金融加速器概念，构建了信贷市场中的金融加速器理论，并利用 DSGE 模型将其引到宏观经济的分析框架中。他们认为企业的投资回报是私人信息，银行必须付出一定的监督成本后才能获得；企业的外部融资溢价（External Financial Premium）和企业净值（Net Worth）之间是负相关关系，也就是企业的融资成本取决于企业的资产负债表；当企业资产遭受正向或负向冲击时，净值随之升高或降低，外部融资溢价下降或上升，并导致企业投资、净值和社会产出进一步扩张或紧缩，对经济产生的最终影响要远大于初始冲击。

随着金融加速器理论的发展，不同的学者发现金融领域还存在其他形式的金融加速器机制。第一是抵押物形式的金融加速器，主要的研究方向是以约塔基和摩尔（Kiyotaki & Moore，1997）的信贷周期理论为基础。该金融加速器机制主要体现为企业或家庭的借款行为受到抵押物价格的限制，当这些抵押物受到负向冲击的影响，抵押物价值的下降使得企业被迫减少投资，而投资需求的下降引发企业产出和收入的下降，并导致抵押物价格的进一步下降。第二是银行资本的金融加速器机制。实际上无论是外部融资溢价形式还是抵押物形式的金融加速器理论，都只关注信贷需求一方，而忽视了信贷供给方，即银行部门及其行为对于金融周期和经济周期的影响。次贷危机后，通过界定一个结构化银行来研究银行资本的金融加速器机制，成为当前研究金融加速器的热点领域之一。麦贺和莫兰（Meh & Moran，2010）的研究表明，银行资本渠道会极大地放大和加速技术冲击对产出、投资和通胀的影响，在遭遇银行资本冲击后，经济体产出和投资会明显地下降，资本充足率在冲击推动过程中作用明显。该金融加速器机制的提出也为研究资本充足率和逆周期资本缓冲对宏观经济的影响提供了有效理论工具。马勇（2017）认为，金融部门作为一个独立的部门进入主流的DSGE框架，标志着金融体系在宏观经济中的重要地位得到进一步的确认。

3. 金融负外部性理论

市场经济中，企业经营行为在产生正外部性的同时，往往会产生一定的负外部性。市场监管者在发现企业存在负外部性时往往可以让其内部化，比如企业生产过程中产生污染问题，政府便可以让企业治理污染或者交罚款，甚至可以直接关停企业。然而次贷危机的发生，使得各国金融监管部门和学术界意识到金融机构特别是系统重要性金融机构的负外部性，具有较大的特殊性。随着金融机构经营规模越来越大和经营业务范围越来越广，当系统重要性金融机构如果因为经营高风险业务或其他原因而面临关闭、破产等情况时，则会因其在金融系统中的重要节点作用以及与宏观经济之间的密切关系，给金融市场带来严重不利影响甚至导致金融危机，引发巨大的社会成本，其产生负外部性实际上是无法内部化的。因此，次贷危机中当各国系统重要性金融机构经营出现问题时，往往最终都由政府参与解决，而政府一般的做法是充当最后贷款人的身份，以公共财政资金弥补该金融机构的损失，从而形成了系统重要性金融机构

“大而不倒”和“道德风险”的出现。从整个社会的角度来看，金融负外部性无法内部化，往往导致一系列问题，一是导致了国民财富分配不公平，二是金融机构的高管未能付出相应代价，不能建立相应约束机制。因此，加强对系统重要性金融机构的监管，建立完善风险处置的成本分担机制和退出机制，是宏观审慎政策应对系统重要性金融机构负外部性的重要手段。

4. 有限理性与集体谬误

从现实情况看，金融市场参与者每天面临海量信息，从信息科学和计算复杂性的角度上看，海量信息的获取、吸收到应用存在时间、成本和可计算性的问题，因此市场参与者是有限理性的。有限理性（Bounded Rationality）的概念是阿罗（Arrow，1951）率先提出的，他认为有限理性就是人的行为“即是有意识地理性的，但这种理性又是有限的”。西蒙（Simon）是西方经济学者中有限理性研究的集大成者，对于有限理性的相关研究，在组织理论上产生很大的影响，使他获得了 1978 年诺贝尔经济学奖。

西蒙指出，有限理性是那种把决策者在认识方面的局限性考虑在内的合理选择，包括知识和计算机两方面的局限性。西蒙还认为，有限理性理论是考虑限制决策者信息处理能力约束的理论，他提议将不完全信息、处理信息的费用和一些非传统的决策者目标函数引入经济分析。换句话说，由于人的大脑只有极其有限的计算能力，只能进行有限的、实际的和内植于环境的推理，市场中的行为决策者不能像古典及新古典模型或理论描述的那样，在已知效用函数或偏好的条件下追求效用最大化。

20 世纪 80 年代国内外学者对金融市场的大量实证研究发现了许多现代金融学无法解释的异象（Anomalies）。为了解释这些现象，一些金融学家将认知心理学的研究成果应用于对投资者的行为分析，20 世纪 90 年代，这个领域涌现了大量高质量的理论和实证研究，形成十分具有活力的行为金融学派。1999 年克拉克奖得主马修（Matthew）、2002 年诺贝尔经济奖得主丹尼尔·卡尼曼（Daniel Kahneman）和弗农·史密斯（Vernon L. Smith）、2017 年诺贝尔经济学奖得主理查德·塞勒（Richard H. Thaler）都是这个领域的代表人物，为行为金融学的基础理论作出了重要贡献。

行为金融学认为有限理性使得市场参与者很容易存在依赖心理，进行投资决策时往往参考评级公司、研究机构、学者或投资理财顾问的建议，这样容易形成“羊群效应”。“羊群效应”使得许多市场投资者的行为大致相同且彼此强化，从而产生从众特征的狂热和恐慌，这样就形式了金融体系中集体性行为的非理性行为，这是第一种集体失误的行为。同时，人类还普遍存在“动物精神”。“动物精神”最早是由凯恩斯提出的，后被阿克勒夫和席勒对其内涵和外延进行了进一步的扩展。人类的“动物精神”往往有好的一面，它使得人们积极承担风险，不断创新，但是“动物精神”又容易让人产生非理性躁动行为，一旦市场出现向下信号，“动物精神”将引发市场主体竞相出售资产，引发市场恐慌和资产价格“跳水”，投资者也将损失惨重，这是第二种集体失误的行为。上述两种集体失误都是从行为金融学的角度研究了金融体系顺周期行为的相关问题。还有第三种集体失误行为，也就是“程序化交易”。由于人类人工处理信息能力有限，而且十分费时费力，当前大量金融市场交易依靠计算机进行程序化交易。然而当前大部分程序交易的模型基本一样，信息加工的来源渠道基本是一致的，导致投资行为高度一致，一旦市场出现极端情况或者仅仅是某个投资公司交易系统出现错误，就可能导致大家竞相出售资产，导致灾难性的后果，这样的例子在国内外证券市场发展历史中比比皆是。

2.2　次贷危机后国内外宏观审慎政策实践

2.2.1　国际组织宏观审慎政策实践

次贷危机前，国际社会其实已经形成了多层次的全球金融监管体系，建立了许多著名的国际性的经济机构和金融监管规则，对各成员国的金融发展情况进行了详细的跟踪评价，如 IMF、WBG、BIS 和 BCBS、巴塞尔协议Ⅰ和Ⅱ和 FSAP。然而国际经济组织虽然数量众多，但是往往缺乏有效的沟通，如上述微观金融监管存在较大问题其实 BIS 很早就进行了详细研究，但是 BCBS 并未因此调整相应监管规则；国际组织形成的金融监管制度由于各国参与制定者的层级较低，往往缺乏实质性的执行力，2004 年之前 BCBS 关于修改最低资本要求的讨论就进行了 12 年，许多成员国还以各种理由变相不遵守最终达成的资本协议；监管理念中也缺乏宏观审慎视野。次贷危机后，国际社会迅速对全球经济金融相关制度安排作出了调整，形成了新的全球协调方式，即 G20 峰会加 FSB 模式，共同推出以巴塞尔协议Ⅲ、影子银行监管、系统重要性金融机构监管为主要代表的宏观审慎政策。

首先，以 G20 峰会作为全球金融监管改革的主要决策主体，成员国涵盖了世界上主要发达经济体和新兴市场经济体，会议一般由各国首脑、中央银行行长和财政部长参加，使得会议最终形成的共识和纲领性文件都具有很高的权威性，容易被各成员国接受并积极实施。其次，G20 峰会内容的提出、协调和落实必须有一个合适的机构来执行决策，这就是金融稳定理事会（以下简称 FSB）。FSB 成立于 2009 年 4 月，是在原金融稳定论坛（FSF）基础上，增加了中国、印度等国家以及 BCBS 和欧盟委员会等组织为成员后升级改制而形成的。目前，FSB 在全球金融监管中扮演了非常重要的作用，主要体现在以下三个方面：一是 FSB 的成员基本上涵盖了世界上 70 个主要的、有影响力的部门，成员包括 58 个国家或地区的政府的金融财政机构，还有 12 个世界主要经济组织，即欧洲中央银行，以及 BCBS、国际会计准则委员会等国际标准制定机构；二是在 G20 峰会达成协议的基础上，FSB 是本次国际金融监管改革原则和方向的主要制定者之一，包括全球改革时间表的制定、宏观审慎政策框架设计、影子银行监管、系统重要性金融机构跨境监管协作和薪酬改革等；三是 FSB 是制定和推行巴塞尔协议Ⅲ的主要协调者，特别是各成员国之间对于巴塞尔协议Ⅲ中资本充足率计算方法、流动性资产指标等方面的不同看法，并定期向 G20 峰会汇报改革进程。次贷危机后，国际经济金融改革内容很多，单从宏观审慎政策来看，无论是 G20 峰会，还是国际各大经济组织或国际标准制定机构，整个国际社会都形成了制定和实施宏观审慎政策的广泛共识，并形成了一系列的协议安排。

针对巴塞尔协议Ⅱ和次贷危机暴露出来的商业银行资本质量不高、顺周期行为和杠杆率过高、系统重要性金融机构监管缺失等问题，2009 年 12 月，BCBS 决策委员会（GHOS）发布了《增强银行业抗风险能力（征求意见稿）》，BCBS 在前期一系列定量测算和征求意见反馈的基础上，于 2010 年 12 月 16 日正式发布了《巴塞尔第三版协议：更加稳健的银行和银行体系的全球监管框架》和《巴塞尔第三版协议：流动性风险计量、标准和监测的国际框架》（以下简称巴塞尔协议Ⅲ）。巴塞尔协议Ⅲ包含了金融监管的宏观审慎理念和一系列的宏观审慎政策工具，同时细化了从 2013 年开始正式实施至 2019 年的整个过渡期的实际安排（见表 2－3）。2017 年 12 月，巴塞尔银行监管委员会（BCBS）发布《巴塞尔协议Ⅲ：危机后改革的最终方案》，标志着危机后全球银行体系的核心国际监管规则改革完成，包括商业银行计算风险的方法、所需保持的资本充足率等指标等一揽子监管改革内容达成一致，将从 2022 年 1 月 1 日起实施。总体来看，巴塞尔协议Ⅲ是以资本和流动性监管为核心，兼顾宏观审慎管理和微观审慎监管，覆盖银行监管各项要素的全球最新监管规则体系。

表 2－3　巴塞尔协议Ⅲ的资本监管标准及过渡期安排　单位：%

实施时间表（年）	2013	2014	2015	2016	2017	2018	2019
核心一级资本	3.5	4.0	4.5	4.5	4.5	4.5	4.5
留存资产缓冲	—	—	—	0.625	1.25	1.875	2.5
两项合计	3.5	4.0	4.5	5.125	5.75	6.375	7
一级资本	4.5	5.5	6	6	6	6	6
最低总资本	8	8	8	8	8	8	8
最低总资本＋留存资本缓冲	8	8	8	8.625	9.125	9.875	10.5
逆周期资本	0～2.5						
系统重要性资本	X，最低为 1						

资料来源：根据巴塞尔协议Ⅲ整理而成。

巴塞尔协议Ⅲ设计了对系统重要性金融机构征收额外资本要求，因此需要对系统重要性金融机构监管制定统一的标准。2011 年 11 月，BCBS 出台《全球系统重要性银行：评估方法和额外损失吸收要求》，从系统重要性评估方法、额外损失吸收能力要求及满足额外损失吸收能力的工具等方面提出了全球系统重要性银行（以下简称 G－SIBs）的政策框架。BCBS 于 2017 年 10 月发布的进展报告显示，所有 27 个 BCBS 成员经济体，均已按要求执行了巴塞尔协议Ⅲ风险资本要求、流动性覆盖比率要求和储备资本要求；26 个成员经济体已经发布了逆周期资本缓冲要求并已经或正在制定国内系统重要性银行监管框架，G－SIBs 母国均已经发布了对 G－SIBs 的监管要求；但部分成员经济体在落实对手方信用风险以及对中央对手方（CCPs）风险暴露的资本要求等改革方面的进度落后。

FSB 从 2011 年开始，每年公布一次全球系统重要性银行（G－SIBs）名单，我国四大国有商业银行一直位列其中。2013 年 7 月，FSB 公布了首批全球 9 家系统重要性保险公司（G－SII）名单，我国平安保险集团是发展中国家及新兴保险市场中唯一入选的保险公司。2018 年 11 月，FSB 公布了基于 2017 年末数据测算的 G－SIBs 名单，共有 29 家银行入选，数量比 2017 年减少一家，系统重要性得分在 130 分以上的银行得以进入名单。我国的中国工商银行、中国农业银行、中国银行、中国建设银行四家银行连续进入 G－SIBs 名单，中国银行和中国工商银行排在第二级，中国建设银行由第二级降至第一级，中国农业银行在第一级。每年 11 月 G－SIBs 名单更新后，入选的 G－SIBs 将于 14 个月后的 1 月开始实施更高的资本要求。

影子银行作为次贷危机的“罪魁祸首”，其巨大的系统性金融风险隐患也得到了国际社会普遍关注。2011 年 4 月和 10 月，FSB 先后发布《影子银行：内涵和外延》《关于加强影子银行监管的政策建议》，提出了加强影子银行监管的一系列政策建议。2012 年 11 月，FSB 发布《加强影子银行监管（征求意见稿）》系列报告，提出了加强影子银行监管的总体路径、监测影子银行的建议方法以及监管影子银行的可选措施，并于 2013 年 9 月对外公布了最终稿。2018 年 3 月 FSB 发布《2017 年全球影子银行监测报告》，狭义估算结果显示，全球影子银行规模达 45.2 万亿美元，75% 以上集中于影子银行规模最大的 6 个经济体。其中美国影子银行规模最大，占总规模的 31%，欧盟次之；我国位列第三，影子银行规模超过 7 万亿美元，占总规模的 16%。

金融机构作为市场主体，难免会出现经营失败，对于濒临倒闭或倒闭的金融机构，应当构建有效的处置机制，确保其不良的情况时能够恢复正常运营或顺畅退出市场，降低其对整个金融体系的冲击，避免出现“大到不能倒”，并真正实现市场经济的优胜劣汰，最大限度地保护存款人和纳税人权益。2011 年 11 月，FSB 发布了《金融机构有效处置的核心要素》，明确了系统重要性金融机构有效处置机制的基本特征。2013 年 3 月，FSB 初步完成首轮成员国处置机制同行评估。2017 年 12 月，FSB 发布了保险业《有效处置机制核心要素评估方法》征求意见稿，对保险业落实《核心要素》情况进行评估制定了框架。自 2015 年发布总损失吸收能力（Total Lost Absorb Capability，TLAC）要求以来，FSB 完善相关政策要求，确保 G－SIBs 得到有序处置，避免动用纳税人的资金。FSB 计划于 2019 年末对现行 TLAC 框架的落实情况进行评估。

2.2.2 主要发达经济体宏观审慎政策实践

1. 美国宏观审慎政策实践

美国作为次贷危机的发源地，付出了巨大的代价，2008 年和 2009 年 GDP 实际同比增速出现负增长，分别为 -0.29% 和 -2.8%，2009 年美国共有 130 家银行被迫关闭，失业率创 26 年新高，华尔街五大投行全军覆没，第五大投行贝尔斯登因濒临破产被摩根大通收购，第四大投行雷曼兄弟公司宣布破产，第三大投行美林公司则被美国银行收购，高盛和摩根士丹利被美联储批准从投资银行转型为银行控股公司。为帮助美国经济摆脱金融危机的影响，美联储先后实施了三轮量化宽松的货币政策，目前还难以完全退出。鉴于金融危机的惨痛教训，美国政府对金融监管体系进行了全面重塑。2009 年 6 月，美国财政部颁布《金融监管改革——新基础：重建金融监管》的金融监管改革报告，2010 年 7 月奥巴马签署了国会投票通过的《多德—弗兰克华尔街改革与消费者保护法案》（以下简称《法案》）。《法案》最核心的内容就是美国加强对系统性金融风险的防范，实施宏观审慎政策，维持美国金融稳定。

次贷危机前美国的金融监管体系主要是建立在《美国联邦储备法》《格拉斯—斯蒂格尔法案》和《1999 年金融现代化服务法案》之上，属于典型的分业多头监管方式。《法案》涉及的最大改革之一就是打破了美国原有的多头维护金融稳定的局面，成立跨部门的金融稳定监督委员会（Financial Stability Oversight Council，FSOC），负责具体制定和实施针对整个金融体系的宏观审慎政策。2010 年 10 月 FSOC 正式成立，并通过制定《FSOC 组织原则》，现有 10 个投票委员和 5 个非投票委员，投票委员包括财政部部长（主席）、美联储主席、货币监察官、消费者金融保护署总裁、证券交易委员会主席、联邦储蓄保险公司主席、商品期货交易委员会主席、联邦房屋金融署总裁、国家信用合作社总裁和一名独立成员；非投票委员包括金融研究办公室总裁、联邦保险办公室总裁以及州保险、银行和证券业委员各一名。FSOC 主要的职责有三项：一是识别威胁美国金融稳定的各种因素；二是促进金融市场的自律，降低金融机构对政府救助的期待和道德风险；三是有效应对危及美国金融体系整体稳定的各类新风险。在 FSOC 日常工作机制中，通过下设执行委员会（Deputies Committee）、系统性金融风险委员会（Systemic Risk Committee）和常务功能委员会（Standing Function Committee）来完成（见图2-1）。

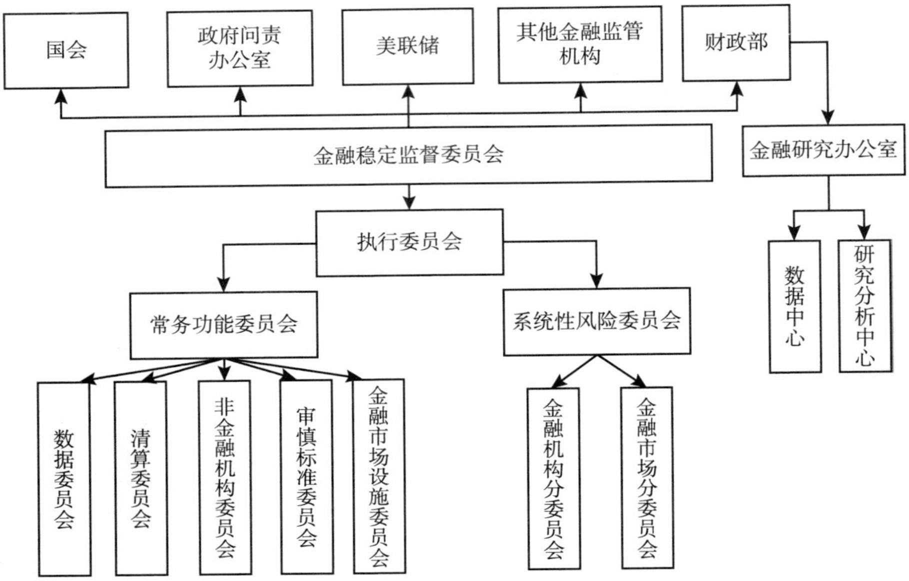

图2-1　美国宏观审慎政策组织框架

资料来源：根据FSOC相关资料整理而成。

《法案》另一个重大改革就是提升了美联储在防范系统性金融风险和维护美国金融稳定的地位，赋予美联储不仅监管资产超过500亿美元的银行，还监管所有具有系统重要性的金融控股公司、证券公司和保险公司。如果对冲基金和私募基金被认为规模过大或风险过高，也置于美联储的监管之下。经过FSOC 2/3委员投票通过，美联储甚至可以强制拆分对美国金融稳定构成严重危险的金融机构。美联储有权对金融控股公司及其任何一个子公司（包括非存款类子公司）进行直接检查，有权直接从金融控股公司获取信息，还可以对金融机构高管薪酬进行监管。自此，美国搭建起了以美联储为核心、FSOC为中枢、各监管部门配合的宏观审慎政策组织框架。

美国监管制度也处在不断调整中，特朗普就任美国总统以来，认为上述《法案》监管过严，存在不利于金融业发展的弊端，一直提出要放松对金融业的监管。2017年美国参议院提出《经济增长、放松监管和消费者保护法案》，重点关注中小型金融机构的监管放松。2018 年 5 月特朗普签署通过该法案，对监管法律法规进行了重大修订，将适用审慎监管标准的银行控股公司资产规模从 500 亿美元提高到 2500 亿美元，并简化了小型金融机构的监管规则。

2. 英国宏观审慎政策实践

英国伦敦作为仅次于纽约的世界金融中心，也是次贷危机的重灾区，2007 年以来，多家商业银行引发英国百年一遇的银行挤兑风潮，英国中央银行——英格兰银行不得不出资拯救陷入困境的金融机构。更重要的是，金融服务业作为英国经济的支柱产业，由于受金融危机影响，英国各大银行一方面需要大量资金改善其资产负债表，另一方面又担心借款人违约风险上升，因此放贷意愿大幅下降，而一旦金融业不能正常运转，英国经济也就随之“失灵”，2008 年和 2009 年英国 GDP 实际同比增速出现负增长，分别为 -0.77% 和 -5.17%，为 1992 年以来的最低水平。英国金融机构在金融危机中所表现出来的严重问题，也充分暴露了英国原有的以财政部、金融服务局（Financial Services Authority，FSA）和英格兰银行为代表的三方金融监管模式存在严重缺陷，即英国金融监管体系中没有机构来全面负责金融稳定。有鉴于此，2009 年 2 月英国议会修改了 1998 年的英国银行法，2010 年英国政府开始对金融监管制度框架进行了实质性重建，其后公布了一系列金融改革的咨询文件。2012 年 1 月财政部将《2012 年金融服务法》正式提交议会，12 月法案获得最终通过。

根据《2012 年金融服务法》，确立了英国财政部财政大臣的危机管理（Crisis Magagement）权力，即一旦发生金融危机，由财政大臣负责危机控制，指导英格兰银行的行动。与此同时，在英格兰银行下设金融政策委员会（Financial Policy Committee，FPC），负责宏观审慎政策，主要职责为监测金融系统，识别系统性金融风险，采取措施解决系统性金融风险和不平衡性，并就其行为向国会和公众披露信息。英格兰银行下面增设审慎监管局（Prudential Regulation Authority，PRA）负责微观审慎监管，撤销 FSA 增设金融管理局（Financial Conduct Authority，FCA），来负责确保金融服务和金融市场的良好运作，以保护消费者，促进金融市场有序竞争。由于 PRA 和 FCA 都负责微观监管，所以两个机构的协调就显得尤为重要，根据《法案》，二者通过董事会成员交叉、信息共享、法定功能的协调执行以及谅解备忘录（MOU）的签署，来相互协调配合工作。在新的组织框架下，英国金融体系的监管责任几乎全部集中到了英格兰银行身上，同时还要负责维护和监管整个金融体系基础设施（见图 2－2）。FPC 包括 11 个有投票权的委员，5 位来自英格兰银行（总裁、副总裁等），还有 FCA 和 PRA 首席执行官，以及 4 位外部委员。财政部的代表也参加会议但不具投票权。FPC 委员会的主席为英格兰银行总裁，他同时是货币政策委员会主席。

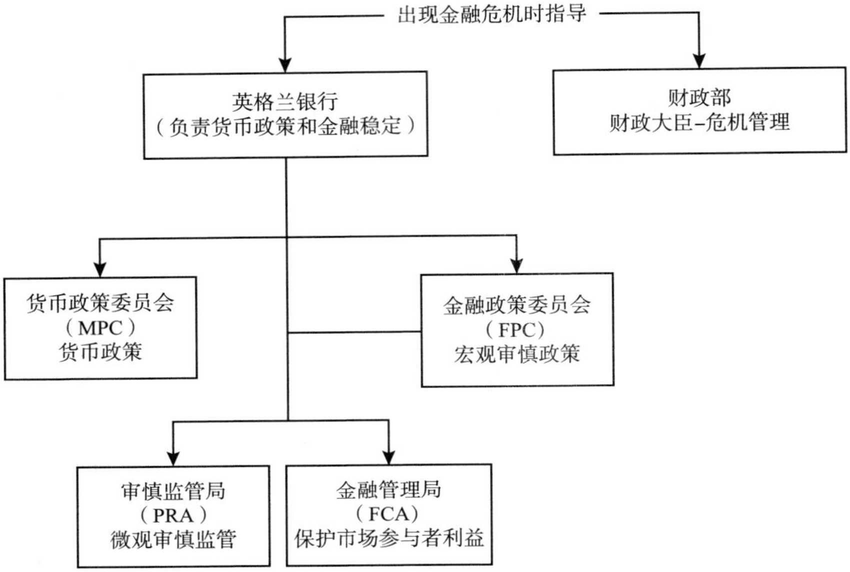

图 2－2　英国宏观审慎政策组织框架

资料来源：根据相关资料整理而成。

3. 欧盟宏观审慎政策实践

次贷危机前，欧盟作为全球第一个跨主权国家的经济体，宏观经济调控建立了欧洲央行（ECB）统一负责欧盟区的货币政策，微观金融监管则主要是由各国自行负责，然而这一体系既没有阻止金融危机在欧洲的蔓延，也没有降低各个成员国金融体系的系统性金融风险。金融危机对欧盟的影响尤为深远，导致希腊等国家政治和社会矛盾不断，经济负增长，引发的欧元区主权债务危机至今尚未结束。2009 年 9 月，欧盟委员会通过了《欧盟金融监管改革法案》，提出分别建立宏观层面的欧洲系统性金融风险委员会（European Systemic Risk Board，ESRB）和微观层面的欧洲金融监管系统（European Systemic of Financial Supervisors，ESFS）。2010 年 12 月欧盟通过“欧洲议会和欧洲理事会关于欧盟金融体系宏观审慎监管和建立欧洲系统性金融风险委员会的法案”，2011 年 1 月 1 日开始实施，首个超国家性质的宏观审慎政策组织框架在欧洲正式成立。

ESRB 负责欧盟范围内的宏观审慎政策，防止和减少欧洲金融体系的系统性金融风险以确保金融稳定，具体包括系统性金融风险监测、风险评估以及必要时采取的政策反应。ESRB 的政策反应通常有“警告”（Warning）和“建议”（Recommendations）两种方式。建议方式虽然不具备法律约束力，但金融机构必须执行或解释（如果不执行）。ESRB 的决策机构是总委员会（General Board），由欧洲央行总裁担任委员会主席，成员 65 个，37 个投票成员包括欧洲央行总裁和副总裁，27 个成员国的央行总裁，三个微观监管部门的主席等，无投票权的委员 28 个包括每个成员国的高级代表，以及欧洲经济金融委员会总裁。决策规则为多数赞成制而不是全体一致。总体委员会下有一个由 14 个总体委员会委员组成的小型操作委员会（Steering Committee）来协助支持总体委员会。ESRB 设立了两个咨询机构，技术咨询委员会（ATC，各部门的负责人）和科学咨询委员会（ASC，专家学者）以及秘书处（见图 2－3）。

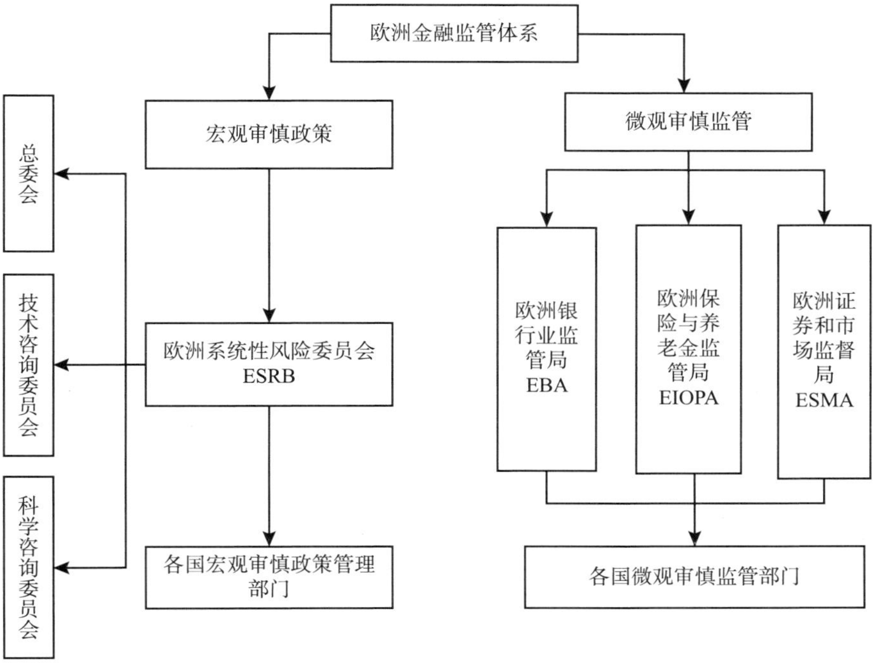

图 2－3 欧盟宏观审慎政策组织框架

资料来源：根据相关资料整理而成。

2.2.3 我国宏观审慎政策实践

我国金融体系在次贷危机中经受了考验，令世界刮目相看。然而无论是我国金融监管部门还是学术界，都明白这一表象下主要还是因为我国作为以间接融资为主的国家，目前金融市场无论是发育程度还是金融创新水平，以及金融市场开放程度都与欧美发达经济体存在一定的差距。我国金融系统中同样存在着一定的顺周期行为、影子银行监管套利、系统重要性机构监管有待加强等问题，防范和化解系统性金融风险仍是当前中国在经济转型时期面临的一项复杂而艰巨的任务。面对后金融危机时代国际社会宏观经济调控和金融监管模式改革浪潮，我国政府和金融监管部门积极参与国际社会关于宏观审慎政策的研究和设计，加强与其他主要经济体金融监管部门的联系与协调，并积极在我国宏观经济调控和金融监管实践中实施宏观审慎政策，部分领域甚至已经走在了世界各国的前列（张晓慧，2017）。无论是中国人民银行、证监会，还是后面合并成立的银保监会，都极其重视宏观审慎政策，根据党中央和国务院的要求，对相应的内设机构和职能根据实施宏观审慎政策的要求进行了调整，中国人民银行从 2010 年开始，每年公布一次的《中国金融稳定报告》，专门用一章的内容来分析国内外宏观审慎政策的最新进展。

1. 成立国务院金融稳定发展委员会，统筹金融稳定

2017 年 11 月，经党中央和国务院批准，国家层面的国务院金融稳定发展委员会（以下简称金融委）正式成立，目前国务院副总理刘鹤任金融委主任。金融委办公室设在人民银行，办公室主任由中国人民银行行长兼任。金融委作为国务院统筹协调金融稳定和改革发展重大问题的议事协调机构，其主要职责是：负责落实党中央、国务院关于金融工作的决策部署；审议金融业改革发展重大规划；统筹金融改革发展与监管，协调货币政策与金融监管相关事项，统筹协调金融监管重大事项，协调金融政策与相关财政政策、产业政策等；分析研判国际、国内金融形势，做好国际金融风险应对，研究系统性风险防范处置和维护金融稳定重大政策；指导地方金融改革发展与监管，对金融管理部门和地方政府进行业务监督和履职问责等。金融委成立，对我国金融稳定与发展是一个里程碑的事件，对加强金融监管协调、补齐监管短板和促进我国金融发展具有重要意义。

2. 巴塞尔协议Ⅲ和影子银行监管快速进入我国金融监管实践

我国金融资产主要集中在商业银行，系统性金融风险也主要集中于商业银行系统，因此银保监会（前身是银监会）是目前我国宏观审慎政策主要的实施部门之一。银保监会一直坚持将国际监管标准与我国银行业的具体实际相结合，目前已建立起一整套较为完整的针对银行业的宏观审慎政策体系，同时也积极促使宏观审慎监管理念成为规范和指导商业银行经营行为的基本准则。2013年1月1日开始实施的《商业银行资本管理办法（试行)》，就是我国积极落实巴塞尔协议Ⅲ的典型事件。该办法规定了我国商业银行应当在最低资本要求的基础上计提储备资本；储备资本要求为风险加权资产的2.5%，由核心一级资本来满足；特定情况下，商业银行应当在最低资本要求和储备资本要求之上计提逆周期资本；逆周期资本要求为风险加权资产的0~2.5%，由核心一级资本来满足；系统重要性银行还应当计提附加资本，国内系统重要性银行附加资本要求为风险加权资产的1%，由核心一级资本满足；若国内银行被认定为全球系统重要性银行，所适用的附加资本要求不得低于BCBS的规定。另外，银保监会也对针对我国信贷不断扩张的情况，建立动态风险拨备制度，要求的拨备覆盖率从100%提到130%再到150%，“以丰补歉”，实施逆周期调节。

随着我国近年来影子银行快速发展，以银保监会为代表的我国金融监管部门加强了对影子银行的监管。我国影子银行规模其背后隐含的系统性金融风险引起了全社会的广泛关注，2013年12月，国务院办公厅印发《关于加强影子银行监管有关问题的通知》，要求对日益活跃的影子银行全面加强监管，说明我国影子银行问题已经从金融监管层面上升到国家层面。金融监管部门2013年出台了《中国银监会关于规范商业银行理财业务投资运作有关问题的通知》，2014年出台了《关于规范金融机构同业业务的通知》等，2018年出台了《关于规范金融机构资产管理业务的指导意见》《商业银行理财业务监督管理办法》和《商业银行理财子公司管理办法》等，当前我国影子银行规模已得到了有效控制，高风险产品和业务得到有效监管。

3. 将差别准备金动态调整机制“升级”为宏观审慎评估

维护金融稳定，是中国人民银行的法定职责之一。中国人民银行自2011年正式引入差别准备金动态调整机制以来，在加强宏观审慎管理、促进货币信贷平稳增长、维护金融宏观稳定方面发挥了重要作用。为进一步完善宏观审慎政策框架，更加有效地防范系统性风险，发挥逆周期调节作用，顺应资产多元化的趋势，2016年中国人民银行研究构建了具有我国鲜明国情特点的金融机构宏观审慎评估（Macroprudential Assessment，MPA）体系，作为差别准备金动态调整机制的“升级版”，该体系于2015年12月公布，2016年正式开始实施。中国人民银行的MPA不断根据情况进行调整升级。与此同时，中国人民银行建立了金融机构评级体系，《央行金融机构评级管理办法（试行）》于2018年1月1日开始实施，完成了首次评级工作。

4. 我国系统重要性金融机构监管和风险处置机制不断完善

随着我国经济总量不断提升，金融市场发展迅速，我国多家金融机构已进入全球系统重要性金融机构名单，而一大批金融机构具有国内系统重要性。为此，针对我国金融不同行业的特点，我国金融监管部门已将商业银行、证券公司、保险公司和金融控股公司纳入了系统重要性金融机构评估方法。2018年11月，中国人民银行、银保监会、证监会联合发布《关于完善系统重要性金融机构监管的指导意见》。中国人民银行一直以来不断强化最后贷款人职能，通过发放紧急贷款、风险处置再贷款等多种方式，化解问题金融机构风险，推出存款保险制度。

综合上述我国宏观审慎政策的实践来看，一是我国政府和金融监管部门高度重视，我国实施宏观审慎政策的进程安排与国际社会保持高度一致，甚至采用了更高的标准；二是国际各大组织提出的宏观审慎政策工具基本上都已在我国相关监管实践中加以应用；三是我国并没有和西方主要发达经济体一样，在实施宏观审慎政策过程中一开始就大幅修改相关法律法规和调整组织安排，但是2017年以来，改革开始加速，对我国的金融监管部门进行了重大组织结构调整，国务院金融稳定发展委员会和“一行两会”成为我国主要防范和化解系统性金融风险的机构或部门。

2.3　宏观审慎政策有效性综述

无论是货币政策还是财政政策，政策是否有效一直是最受关注的问题，也是相关学术研究的焦点。伴随着国内外宏观审慎政策的不断实施，理论界和实务界也开始关注宏观审慎政策有效性问题（Galati & Moessner，2014；Bruno et al.，2017；王兆星，2012；廖岷等，2014；李拉亚，2016；程方楠和孟卫东，2017）。

就宏观经济政策而言，政策有效性一般被定义为宏观经济政策管理部门通过政策工具能否实现以及能够在多大程度上实现其政策目标。因此，宏观审慎政策是否能够实现金融稳定的目标，涉及诸多因素。本书对比国内外涉及宏观审慎政策有效性的文献，从宏观审慎政策目标、工具设计、组织安排、国际合作和成本收益权衡五个维度展开综述，并评价当前宏观审慎政策有效性研究的不足之处，并指出今后宏观审慎政策有效性研究的可能发展方向。

2.3.1　宏观审慎政策目标的有效性

宏观审慎政策目标的有效性包含两个层面的内容：一是宏观审慎政策目标的设置是否合理，二是宏观审慎政策目标实现程度如何测度。宏观审慎政策目标是判断宏观审慎政策有效性的客观依据，研究宏观审慎政策目标的有效性具有重要意义。

1. 宏观审慎政策目标的设置

从理论研究和各国的金融监管实践上看，各界均认为宏观审慎政策的目标就是维护金融稳定（FSB et al.，2011，2016；Agur & Sharma，2013；Galati & Moessner，2014；周小川，2011；陈雨露和马勇，2012；李扬，2013；张朝洋，2019）。然而金融稳定是个易于理解但非常宽泛的概念，比货币政策目标（可用物价稳定或经济增长等经济指标来衡量）要难判断得多。所以相关研究往往从金融稳定的反方向也就是系统性金融风险的角度对宏观审慎政策目标进行阐述。金融稳定理事会等（FSB et al.，2011）认为宏观审慎政策目标是限制能造成大范围金融服务中断并对宏观经济产生严重影响的系统性金融风险。博里奥（2011）提出宏观审慎政策目标是限制发生系统性金融危机的风险，并避免或减轻由此对实体经济造成的不利影响。韦斯特罗夫等（Weistroffer et al.，2012）将阻止日益形成的系统性金融风险，并增加金融体系应对系统性冲击的弹性作为宏观审慎政策目标。刘仁伍（2012）认为宏观审慎政策是以防范系统性金融风险和维护金融体系稳定为目标，是与以防范单一金融机构异质性风险的微观审慎监管目标相对应的。马勇（2017）认为宏观审慎政策总体目标是控制系统性风险和降低产出损失。

从次贷危机的爆发和持续深化来看，传统的货币政策和微观金融监管在防范和化解系统性金融风险方面存在严重不足。因此，宏观审慎政策把整个金融体系视为一个有机整体，把金融稳定作为政策目标。与测度金融稳定比较，测度系统性金融风险较为容易，更具有可操作性。因此，防范和化解系统性金融风险是宏观审慎政策目标的另一种表述方式。

2. 宏观审慎政策目标实现程度的测度

从上述宏观审慎政策目标的设置来看，宏观审慎政策目标的实现与如何测度，均与系统性金融风险的识别与监测密切相关：一是系统性金融风险的高低和不同来源直接决定了宏观审慎政策使用的时机、强度以及不同宏观审慎政策工具的搭配；二是实施宏观审慎政策之后系统性金融风险水平的下降程度直接反映了宏观审慎政策目标的实现程度。菲茨（Fic，2012）认为宏观审慎政策的有效性必须通过降低系统性金融风险的幅度来衡量，因此可通过设置可数量化的系统性金融风险指标来量化宏观审慎政策有效性。

理论界、实务界都知道金融领域会形成系统性金融风险，并对此做了很多研究，积累了大量研究系统性金融风险的文献，但仍无法完全洞悉系统性金融风险的来源、特征与变化趋势，对什么是系统性金融风险也尚未取得十分一致意见（Brunnermeier & Oehmke，2012；Weistroffer，2012；Freixas et al.，2017；胡海峰和代松，2012；陶玲和朱迎，2016）。由于系统性金融风险的复杂性与多面性，当前研究多是针对系统性金融风险某些特征展开分析，如负外部性、资产泡沫、顺周期行为、危机传染效应、衍生品交易、影子银行监管套利和共同风险敞口等，也开发了许多新的识别和监测系统性金融风险的工具，如CoVaR、Shapley、MES 和 Cimdo－Copula 法等。比西亚斯等（Bisias et al.，2012）

认为只用单一的方法来识别金融整体的系统性金融风险不具有可行性，需要使用多种方法才有可能把握复杂多变的金融系统特征，并总结了近年来文献中出现的31种不同的系统性金融风险监测模型和方法，将它们归类为宏观经济监测法（Macroeconomic Measures）、前瞻性风险监测法（Forward - Looking Risk Measurement）、离散基础和网络监测法（Granular Foundations and Network Measures）、跨部门监测法（Cross - Sectional Measures）、压力测试（Stress Tests）和非流动性与无偿债能力监测法（Measures of Illiquidity and Insolvency）等6大类。安吉利尼等（Angelini et al.，2013）认为当前许多模型能够抓住系统性金融风险的特征，但是太过于抽象，没有政策使用价值，而有些模型适用于政策使用但又没能抓住系统性金融风险的特征。黄聪和贾彦东（2010）借鉴矩阵模型的思路构建中国金融网络的风险传递模型，并以单一时点压力测试的方式衡量金融网络稳定性，发现我国银行间网络表现出明显的重要节点与局部团状结构共存的结构特征，且网络稳定性表现出一定条件与范围内的均衡。另外，国际组织以及各国中央银行、金融监管机构分别开发的监测预警工具，如欧洲央行采用的改进的综合指数法（CISS）、IMF系统性风险早期预警系统（EWE）、英国系统性机构风险评估系统（RAMSI）、韩国央行的宏观审慎政策系统性风险评估模型（SAMP）等。

综上所述，根据宏观审慎政策目标来判断宏观审慎政策有效性，要比判断货币政策、财政政策有效性更为困难。首先，无论是金融稳定还是系统性金融风险，都无法像CPI或GDP那样相对容易量化，系统性金融风险也不是单个金融市场或金融机构风险的简单加总。国际社会至今仍深陷金融危机泥潭，说明对系统性金融风险监测与处置还远远没有达到理想的状况。因此，判断宏观审慎政策是否实现政策目标，仍然是值得研究的问题。其次，由于系统性金融风险具有多样性，所需的宏观审慎政策工具类型远远多于财政政策和货币政策工具，因此宏观审慎政策有效性评估的难度又大为提高。最后，其他宏观经济政策如货币政策通过数十年的实践和研究，在最终目标之前设置了中介目标和操作目标，中央银行往往只需盯住这些中介目标和操作目标，通过货币政策工具操作就能实现最终政策目标。从理论和实践角度看，当前宏观审慎政策的中介目标与操作目标的设置与检验，基本上还处于空白阶段。

2.3.2 宏观审慎政策工具的有效性

宏观审慎政策的功能是通过政策工具操作来实现的，因此，宏观审慎政策工具是宏观审慎政策框架最重要的组成部分。宏观审慎政策工具有效性研究主要围绕工具开发、规则的设计和使用、效果评估等问题展开。在次贷危机爆发的前后，包括 BCBS 在内的国际组织和世界各国提出了很多宏观审慎政策工具的构想，当前许多国家已开始使用各类型的宏观审慎政策工具。对这些工具的有效性研究也随之展开。

1. 宏观审慎政策工具的开发

宏观审慎政策工具指那些主要被用来应对一种或几种系统性金融风险来源的审慎工具（许多其他的宏观经济政策工具通常也与金融稳定相关，但维护金融稳定并不是它们主要的政策目标）（FSB et al. , 2011，2016；CGFS，2012；于震，2018）。宏观审慎政策作为一种新的政策形态，传统的以静态资本充足率为代表的金融微观监管工具必然不能满足其要求，必须有针对性地开发能够抑制时间和空间两个维度系统性金融风险的政策工具。宏观审慎政策工具必须简单透明，易于操作，还应富有弹性，能够有效防止监管套利。金融稳定理事会等（2011）总结了宏观审慎政策工具的主要来源：一是某些国家或地区在相当长的时间内为控制系统性金融风险已经在使用的工具，而金融危机的爆发使得更多的国家使用这些工具，如动态拨备、贷款价值比、随时间变化的资本要求等；二是为了应对金融危机，当前国际社会共同开发了一些新的政策工具，如为了处置时间维度的系统性金融风险，巴塞尔协议Ⅲ提出了最大杠杆率、留存资本缓冲和逆周期资本缓冲三种工具来管理顺周期性，为应对空间维度的系统性金融风险，设计了全球系统重要性金融机构制度。英格兰银行（Bank of England，2011）认为需要开发不同类型的工具来解决不同性质的系统性金融风险，并将宏观审慎政策工具分为三种类型：一是影响金融机构资产负债表的工具，二是影响贷款以及其他金融交易条件和期限的工具，三是影响市场结构的工具，前两类政策工具管理时间维度的风险，第三类政策工具应对空间维度的风险。刘志洋（2017）认为宏观审慎政策工具应该简单有效且容易实施，并使其对市场造成扭曲降到最低，也应与其他宏观经济政策目标保持一致；经济与金融体系的发展阶段、汇率政策、冲击的类型等因素都影响宏观审慎政策工具的选择。

2. 宏观审慎政策工具的使用规则

在任何类型的宏观经济政策和金融监管中，政策规则都是其重要组成部分。政策规则不同设计会对政策行为的结果产生十分显著的影响，所以监管部门历来都十分重视政策规则的设计。货币政策的使用一直存在着是基于规则或相机抉择的争论，这也是货币政策 30 多年来研究的热点。从宏观审慎政策工具的使用规则上看，菲茨（2012）认为基于规则使用有许多优点：第一，它将促使系统性思考宏观审慎政策该如何组织；第二，它将增加宏观审慎政策决策的透明性和与公众交流的方便性，使得政策制定者从政策调整的压力中解脱出来。特别是在经济扩张的阶段，任何相机抉择式的收紧政策都将由于公众的短视行为受到挑战。雅基和夏尔马（Agur & Sharma，2013）提出由于金融系统内部以及金融与实体经济之间的关系异常复杂，许多系统性金融风险都是内生的，早期预警指标难以设计，而宏观审慎政策又必须在系统性金融风险变成实际危机前提前采取行动，所以完全基于规则的宏观审慎政策难以设计。与此同时，他们又认为，由于系统性金融风险监测的不确定性，相机抉择的规则会使得实施宏观审慎政策时监管部门面临巨大的压力，许多措施将由于利益集团的反对难以实施，政策也由于缺乏规则无法很好地与公众交流。因此，他们建议设立一种基于规则的基准政策在正常状态下使用，而时变的部分也就是相机抉择的内容可根据事前设置好的条件，当情况满足时附加上去。

不同经济体所处的发展阶段、所面临的系统性金融风险的来源与监测能力、对监管成本的忍受度以及其监管的强度和控制力有所不同，各国宏观审慎政策工具的使用规则肯定有所区别。利姆（Lim，2011）根据各国的实际情况，从更广的视角提出了宏观审慎政策工具的使用规则：（1）政策工具单独使用或者联合使用，单独使用便于评估政策效果，同时政策成本较低，但对于多原因的风险通常效果不好，联合使用效果情况恰恰相反；（2）政策工具无特定目标或有特定目标，无特定目标通常影响巨大，但副作用也大，针对特定目标需要大量的微观数据，而且管理成本和管理水平要求都比较高；（3）政策工具固定使用或随时间变化使用，固定使用无须识别经济周期，管理成本较低，但无法进行逆周期调节，特别是在快速变化的环境下容易失效；（4）政策工具使用基于规则或相机抉择，基于规则通常能够提高宏观审慎政策的透明性，有利于稳定公众的预期，但相机抉择往往能够在不同的环境中有所作为；(5) 与其他政策的合作，与其他政策的配合能够提高宏观审慎政策的效果，但是必然导致某种程度上的政策冲突。黄亭亭（2010）认为基于规则的方法可以减少金融失衡判断的不确定性带来的社会成本，提高政策的有效性。如果宏观经济形势和金融周期的异常变动显示规则的设计存在缺陷或者有效性降低，可以通过相机抉择的政策措施进行实时调整。同时，灵活的政策还难以被市场主体所规避，很难发生监管套利。因此两种方法应相互补充。罗娜和程方楠（2017）研究双支柱政策协调效应时，引入了对信贷作出反应的 LTV 动态规则，认为其对房价调控具有结构性功能。詹森等（Jensen et al.，2018）认为，简单静态的 LTV 规则会加大抵押约束成为紧约束的概率，不利于防范金融风险的效果，并提出了 LTV 动态调整规则的设想。

3. 宏观审慎政策工具的效果评估

伴随各国宏观审慎政策实践，近年来宏观审慎政策工具效果评估取得了一定的进展。相关的实证研究主要从两个方向展开：一是基于传统的计量经济学方法，利姆（2011）利用 49 个国家的数据，使用面板回归的方法发现限制贷款价值比、限制债务收入比、限制信贷或信贷增长、储备要求、逆周期资本缓冲、动态拨备都能抑制金融机构顺周期行为；限制净现金头寸、限制现金或期限的错配能够减少金融机构与市场之间的共同风险敞口；宏观审慎政策工具的有效性并不依赖于各国经济发展水平、汇率制度或金融部门规模的大小，但政策效果与冲击类型相关。黄等（Wong et al.，2011）发现中国香港使用的贷款价值比这种政策工具十分有效，能够对房产持有者的债务和交易量产生显著的效果，但是对房地产价格的影响不直接，或者影响要延迟一段时间。焦尔达纳和舒马赫（Giordana & Schumacher，2011）则从微观数据出发，利用 2003 ~ 2011 年卢森堡银行的面板数据，实证得出流动性监管降低了银行的平均违约率，发现流动性覆盖比率（LCR）的要求对银行盈利没有产生显著性的影响，高净稳定融资比率（NSFR）的银行反而更挣钱；并模拟了巴塞尔协议Ⅲ如果于 2003 年第一季度开始实施，卢森堡银行若能够遵循巴塞尔协议Ⅲ标准调整资产负债表，便能降低违约风险。李文泓和罗猛（2010）采用我国银行业的数据，对资本缓冲政策框架进行了实证分析，发现逆周期资本缓冲的计提有助于提升我国银行业整体风险抵御能力。柯孔林等（2012）利用我国上市银行的数据，使用动态面板数据模型对银行资本缓冲与经济周期及相关决定性因素的关系进行估计，研究结果表明 2002～2009 年中国上市银行资本缓冲具有逆周期行为，该特征并未因商业银行产权性质不同而存在显著差异。辛克莱等（Sinclair et al.，2014）以中国为研究背景，检验了利率、LTV 率和法定准备金的有效性，结论表明将法定存款率和 LTV 率结合是实现价格和金融两者稳定的最优方法。克拉森等（Claessens et al.，2014）实证检验 48 个国家的宏观审慎政策对于 2800 家银行资产负债表的影响，结果发现，贷款价值比和债务收入比等工具能够有效降低银行资产增长率。艾亚尔等（Aiyar et al.，2016）、马勇和姚驰（2017）的研究强调，较高的资本要求会帮助银行抑制贷款增长和增加资本缓冲。荆中博和方意（2018）利用定性向量自回归模型和历史方差分解，发现贷款价值比政策对靶向目标的有效性较强，对非靶向目标的有效性较弱，法定准备金率政策对两个靶向目标的有效性均较强。

二是利用宏观经济模型特别是新凯恩斯动态随机一般均衡模型（Dynamic Stochastic General Equilibrium，DSGE）进行研究。芬克和佩茨（Funke & Paetz，2012）利用 DSGE 模型，发现非线性贷款价值比能够限制中国香港房地产价格周期对宏观经济的冲击。徐（Suh，2012）使用含有金融加速器的 DSGE 模型，发现逆周期资本缓冲能够稳定信贷周期，而针对特定部门的贷款价值比这种宏观审慎政策工具却导致了监管套利，信贷资金从高监管强度的房地产市场转移到低监管强度的商业部门。热兰等（Gelain et al.，2012）认为标准 DSGE 模型中代理人拥有完全理性预期假设不合理，因此，他们使用非标准 DSGE 模型（部分代理人使用简单移动平均预测规则）评估货币政策工具和宏观审慎政策工具抑制房地产价格波动的效果，研究结果显示，如果中央银行利率规则直接对房地产价格增长或信贷增长作出反应，将严重地放大通货膨胀的波动性；而如果通过下降贷款价值比例收紧信贷标准，将小幅地提高产出、劳动时间、通货膨胀和消费的波动性，但能够减少家庭债务的波动性，因此，没有一种政策工具是完美的。贝利奥和张（Bailliu & Zhang，2012）利用包括金融摩擦的 DSGE 模型，发现针对金融不平衡使用宏观审慎政策工具能够大幅提高福利水平，特别是存在金融冲击的情况下。

全球金融系统委员会（CGFS，2012）提出宏观审慎政策工具评估主要分为两种，一是自上而下的系统性金融风险方法（Top-down Systemic Risk Approach），二是自下而上基于工具的方法（Bottom-up Tools-based Approach）。在自上而下的方法中，需要建立包括一系列指标和预测功能的模型，该模型能检验不同政策工具降低系统性金融风险的有效性，并与其他宏观经济政策及其政策成本、政策副作用相联系。然而该方法虽然理论上具有先进性，但现有模型还无法完全满足上述要求。自下而上的方法比较容易评估宏观审慎政策不同政策工具所能达到的效果，也可以利用各种指标指导政策工具开始实施和停止的时间点。但是利用该方法评估缺乏系统性，政策的潜在溢出效应、第二阶段效应（Second-round Effects）和总体均衡效应都无法监测，也无法与同时实施的其他宏观经济政策目标联系起来。

潘敏和周闯（2017）通过构建存在融资约束金融摩擦、异质性家庭和房地产生产商的多部门 DSGE 模型，引入逆周期调节因子的 LTV 动态调整规则比现行的静态规则具有更显著的金融稳定效果。李伟航和许玲（2018）在 DSGE 模型比较引入资产充足率下限和 LTV 率上限这两种代表性宏观审慎监管政策工具的有效性。实证结果表明，两种工具面对不同类型冲击时各有优势和不足，整体上资本充足率下限工具的适用情况更为普遍；两者结合使用如果是取长补短，增进政策实施收益。

总的来说，当前宏观审慎政策工具有效性研究还处于初始阶段，离为宏观审慎政策制定提供一个非常可靠的分析基础还有较长的距离：一是国际范围内对不同类型的宏观审慎政策工具的性质、作用和传导机制尚不完全明确，巴塞尔协议Ⅲ中的许多政策工具尚未或刚刚开始实施，效果还有待评估；二是由于金融微观数据难以获得以及建模的难度，大部分现有研究只关注了时间维度的政策工具效果，对空间维度的政策工具效果还很少涉及；三是虽然部分研究通过建模与实证分析得出某些政策工具相对有效，但并没能证明它们就是最优的宏观审慎政策工具；四是由于缺乏较好的自上而下的宏观审慎政策工具评估方法，目前研究基本没有考虑实施政策工具的成本，也未能将同时执行的货币政策、微观金融监管的政策效力分离出来。

2.3.3 宏观审慎政策组织安排的有效性

宏观审慎政策作为一种政府或金融监管部门的政策行为，需在特定的组织架构上开展活动，因此，提高宏观审慎政策有效性需要合理的组织安排。宏观审慎政策组织安排主要解决以下三个基本问题：一是由哪个机构来负责管理系统性金融风险，制定宏观审慎政策；二是该机构有哪些权责，该如何有效管理宏观审慎政策；三是宏观审慎政策与其他政策如何配合。

1. 宏观审慎政策管理部门的确立

宏观审慎政策管理部门是宏观审慎政策的制定者和执行者。从国际实践来看，许多国家或地区纷纷建立了各自的宏观审慎政策管理部门。上述美国成立了 FSOC，并赋予美联储在系统性金融风险监管中的核心地位。欧盟成立了 ESRB，明确欧洲中央银行在宏观审慎政策管理中发挥领导作用，英国在英格兰银行下设 FPC，并成立 PRA。从上述安排可以看出，各国中央银行由于长期制定和执行货币政策，具有丰富的宏观经济调控经验，并且天然地承担问题金融机构最后贷款人的职责，因此中央银行作为宏观审慎政策管理部门的主要参与者，得到了各界的普遍认可（Borio，2011；Angelini et al.，2013；周小川，2012；马新彬，2014），但是对于是否就该由中央银行一家垄断宏观审慎政策的管理权，还有较大争议。周胜强等（2012）通过我国央行货币政策麦克洛姆规则的检验，证明中央银行在宏观审慎监管框架中具有有效调控的能力，因此我国中央银行应在宏观审慎监管框架中扮演监管主体角色。

奥辛斯基等（Osiński et al.，2011）基于 2010 年 IMF 对 62 个国家或地区调查结果，通过 5 个指标即中央银行参与金融监管的程度、宏观审慎政策的所有权、财政部的角色、宏观审慎政策制定与执行的分离程度、是否存在政策执行过程中的机构配合，把上述国家宏观审慎政策机构安排分为 8 种典型模式，发现每种模式都有优点和缺点。上田和瓦伦西亚（Ueda & Valencia，2012）基于 DSGE 模型模拟，发现当宏观审慎政策不能和货币政策一样频繁调整，即便中央银行具有独立性，中央银行如果同时负责价格稳定与金融稳定，新的时间不一致性问题可能出现：为了减少私人债务水平，中央银行会违背前期制定的最优通货膨胀率，中央银行选择的通货膨胀率将高于原定的最优通货膨胀率。只要宏观审慎政策管理部门与中央银行中的任何一方没有独立性，即便分别由中央银行负责价格稳定，宏观审慎政策管理部门负责金融稳定，这样制度安排下的通货膨胀率和债务水平也无法实现社会最优状态。阿里汉等（Haan et al.，2012）从政治现实出发，认为宏观审慎政策管理部门采用包括财政部、中央银行、微观金融监管部门的协调委员会模式将减少政策协调的难度，提高信息交换的效率。雅基和夏尔马（2013）认为如果中央银行同时负责货币政策和宏观审慎政策，由于中央银行难以判断资产泡沫的程度，中央银行可能会选择不去刺破它，而是等到出现不好状况时再通过增加流动性来应对；宏观审慎政策管理部门如果采用协调委员会的形式，那么每个部门都可以表达他们的意见，这可有效防止武断的决策，而且它们之间不同的背景和经验将有利于提高政策决策的水平，而且能减少监管机构之间的冲突，降低其他监管部门出现抵制宏观审慎政策的可能性。马新彬（2015）建立了治理安排衡量指标，构建了衡量治理安排与响应时间关系的模型方程，宏观审慎政策治理安排是一国经济社会发展、金融稳定框架、金融监管体制等因素的综合体现，需考虑政策响应时间。

2. 宏观审慎政策管理部门的权责设置与管理

宏观审慎政策管理部门的权责设置，决定了其是否有能力、有动力管理好宏观审慎政策。金融稳定理事会等（2011）认为一个有效的宏观审慎政策制度安排必须涵盖以下几个方面：清晰的目标；为该机构提供相对称的动机和政策工具来实现目标；决策执行过程的可问责性和透明性；确保有效的政策协调。阿里汉等（Haan et al.，2012）提出宏观审慎政策管理机构只能被授予单一的政策目标，并需要保证该机构的独立性和提高决策过程的透明性。这样既可以减少它受到其他政策的干扰，也能很好地衡量该机构的责任。与此同时，宏观审慎政策管理机构需要高超的公众交流技巧和实施有效的预期管理，增加公众对宏观审慎政策的理解，使得广大的公众和政治家对宏观审慎政策这种新政策的效果有一个现实的看法，以免预期太高，防止政策目标没有达到导致他们过度失望，对政策失去信心。博里奥（2011）认为对宏观审慎政策管理部门的授权不宜过细，否则将起到适得其反的作用，而且其权责应与其能够使用的政策工具保持一致。李文泓和周皓（2014）认为，在货币政策与监管职能分设或监管职能分设的国家或地区成立更高层面的金融稳定委员会，既有利于加强系统性风险评估和政策协调，也有利于充分发挥现有组织架构的作用。刘志洋（2017）提出宏观审慎政策管理当局应该具有清晰授权来协调各家金融机构的动机以降低系统性金融风险；其授权一定要伴随着有效的监管权力，包括使用管理系统性金融风险工具的权力，当需要时，甚至可以放大这种权力。

3. 宏观审慎政策与货币政策的有效配合

宏观审慎政策组织安排的一个核心议题就是宏观审慎政策如何与货币政策进行有效配合，因为两种政策的目标都是维护宏观经济稳定，并且能够相互影响对方的政策工具和目标。次贷危机历程充分表明，物价稳定并不能保证金融稳定，因此宏观审慎政策与货币政策关系的讨论，实际上等价于对两个政策目标相互关系的研究。

对于这个议题，两位国际一流经济学家有个著名争论，伍德福德（Woodford，2012）认为具有双目标的弹性通货膨胀目标制仍然是目前在实践中运行最为良好的货币政策框架，利用利率政策维持金融稳定效果不亚于宏观审慎政策工具，只要后者无法为金融稳定提供完整的解决方案；而斯文松（Svensson，2012）认为货币政策负责稳定通货膨胀和资源配置，通过宏观审慎政策来维护金融稳定更有效率，因为宏观审慎政策工具比利率更能够直接影响杠杆率。王璟怡（2012）认为货币政策的变动和宏观审慎政策措施都会在相同或相近的路径上影响总供给、总需求以及金融条件。一方面，货币政策影响资产价格和金融市场；另一方面，宏观审慎政策有宏观经济外溢效用，例如直接影响信贷的供给，可能缓解或者放大经济周期。因此需要对两项政策的传导路径，影响变量进行必要的分析，避免潜在的矛盾。

安吉利尼等（2012）使用包括银行部门的 DSGE 模型讨论宏观审慎政策与货币政策的相关关系。研究发现，当经济周期是供给冲击引起时，相对于仅有货币政策的情况，增加宏观审慎政策的安排对宏观经济稳定的贡献有限，而且如果宏观审慎政策管理部门和中央银行缺乏合作，可能导致政策冲突，产生政策安排次优的结果。如果经济周期是由金融或房地产市场的冲击引起的，那么宏观审慎政策将发挥巨大作用，能够很好地降低经济波动，并且这时中央银行将“借只手”给宏观审慎政策管理部门，两者可以一起实现比价格稳定更远大的宏观经济目标，以提高经济整体的稳定性。比欧等（Beau et al.，2012）利用一个包括了金融摩擦、异质性代理人、房地产市场的 DSGE 模型，讨论货币政策与宏观审慎政策在什么条件下会对价格稳定有好的、中性或相互矛盾的影响。发现四种不同的政策制度安排下，宏观审慎政策大部分情况下对通货膨胀的影响很小，因此宏观审慎政策与货币政策的冲突较少。徐（2012）通过引入社会福利函数，实证结果表明货币政策只有通货膨胀这单一目标，宏观审慎政策也只有稳定信贷单一目标是福利最大化的安排。该研究也给出了相应的解释，其一信贷稳定往往伴随着更高均衡状态的信贷和资本，因此够提升社会福利；其二由于货币政策同时影响存款人和贷款人的决策，而宏观审慎政策可以更有针对性，仅影响贷款人的行为，因此货币政策相对宏观审慎政策而言，是稳定信贷的次优选择。贝利奥和张（Bailliu & Zhang，2012）也发现同时用利率和宏观审慎政策工具维护宏观经济稳定，这一政策组合能使社会福利最大化。

王作文（2013）使用 DSGE 模型进行模拟，实证结果表明当经济波动由供给冲击引起时，宏观审慎监管与货币政策存在冲突，表现为宏观审慎监管会因为仅关注金融稳定而加剧宏观经济的波动；当经济波动由金融冲击或房地产冲击引起时，宏观审慎监管与货币政策可以有效协调，且宏观审慎监管的执行效果优于货币政策，货币政策由于需要兼顾金融稳定，其原有政策目标的执行效果受到影响，表现为通货膨胀率的波动变大。王爱俭和王璟怡（2014）基于 DSGE 模型，得出宏观审慎政策对于货币政策能够起到辅助作用，特别是市场受到金融冲击的时候，辅助的效果最明显。基利和西姆（Kiley & Sim，2017）通过构建一般均衡模型，实证得出最优的货币政策与宏观审慎政策的配合方式中，货币政策不应该对信贷周期过度反应，逆周期的宏观审慎政策能够提高福利，但在面对如何实施的挑战时，政策规则设计应该简单。热兰和伊尔巴斯（Gelain & Ilbas，2017）基于 Smets - Wouters 模型发现宏观审慎政策与货币政策的冲突是否可以避免，取决于两种政策有没有被同样赋予对产出缺口进行调整的授权。程方楠和孟卫东（2017）构建了一个植入房价波动的 DSGE 模型，发现宏观审慎政策和货币政策在实施中均涉及“方向”和“力度”的选择，协调中需避免政策冲突和政策叠加问题，任何问题的出现不仅会影响政策协调的效果，而且会增加政策实施的成本，同时会增加社会福利损失。许先普和楚尔鸣（2017）运用 QVAR 模型和内嵌宏观审慎工具的 DSGE 模型，发现为实现宏观经济与金融体系的稳定，货币当局应采用盯住房价波动的货币政策来配合宏观审慎政策调控，充分发挥政策组合的协同效应。

部分学者也意识到处于不同发展阶段的国家，由于金融发展程度不同，货币政策和宏观审慎政策的关系并不能一概而论。阿格诺和席尔瓦（Agénor & Silva，2012）专门讨论了中等收入国家的货币政策规则，认为中等收入国家金融市场发育程度较低，信贷对本国经济发展至关重要，影子银行不发达，因此货币政策目标在中等收入国家除了关注传统的通货膨胀目标外，还应该包括应对时间维度的系统性金融风险。这将有利于维护金融稳定，并降低产出的不确定性。货币政策与宏观审慎政策不是一个互相替代的关系，因为货币政策无论如何也无法处理空间维度的系统性金融风险，因此两者之间是相互补充的关系。陈雨露和马勇（2012）提出，在目前的货币政策不改变其总量调节基础的情况下，货币政策和宏观审慎监管将具有相对独立的操作空间，它们不仅拥有不同的政策目标和工具，而且难以互相替代。程方楠和孟卫东（2017）基于中国经济数据的模拟分析，发现宏观审慎政策应根据信贷的不同对象和具体投放情况进行调整，货币政策应继续致力于物价稳定；两种政策均青睐标准的泰勒规则，而不是其他更为复杂的多目标规则；两种政策在实施中均涉及“方向”和“力度”的选择，协调中需避免“政策冲突”和“政策叠加”问题。

鉴于应对金融危机的紧迫性，2010年以来许多国家或地区很短时间内建立了各具特点的宏观审慎政策组织安排。当前该领域的实践行为普遍缺乏理论和实证研究的支撑，上述宏观审慎政策组织安排有效性研究在以下几方面还存在争议：一是宏观审慎政策管理权是由几个监管者共同分享还是单独授予一个监管者，中央银行在其中需扮演什么样的角色；二是如何合理设置宏观审慎政策管理机构的权责，并有效监督宏观审慎政策管理机构的行为；三是是否将金融稳定目标纳入货币政策框架之内，宏观审慎政策与货币政策在何种条件下应该进行何种形式的协调和配合，它们之间的政策边界在哪里。

2.3.4 宏观审慎政策国际合作的有效性

在当前经济金融全球化的背景下，金融危机的跨境溢出效应，短期资本的跨国流动，系统重要性金融机构的跨国经营，资本的跨境监管套利行为，都使得制定和执行宏观审慎政策需要国际合作，仅在单一国家层面实施宏观审慎政策是不够的。

1. 宏观审慎政策国际合作的必要性

宏观审慎政策国际合作，首先必须弄清系统性金融风险在国际间传递的渠道和方式，方能有的放矢。恩德和彼得（Enders & Peter，2012）利用一个包含了跨国经营银行部门开放经济下的 DSGE 模型研究美国金融危机对德国经济下滑的影响，实证分析的结果显示贸易渠道起到了 70% 的作用，金融渠道起到 30% 的作用。金融渠道虽然所起作用较低，但是相对贸易渠道来说它导致了持续时间更长的衰退。休斯和米列娃（Hughes & Mileva，2012）建立了包括了金融摩擦的两国 DSGE 模型，研究金融冲击国际溢出的规模和性质，发现金融摩擦放大了国家间相对价格变化的影响，外部金融溢价冲击能够产生显著而持续的国际溢出，但效果取决于冲击的类型。如果该冲击影响企业的生产力将使得外国总供给曲线移动，如果冲击是影响企业生存概率将使得外国总需求曲线移动。

金融稳定理事会等（2011，2016）认为宏观审慎政策的制定和执行，需要从多边角度考虑，宏观审慎政策的国际合作需要：（1）促成“各国对影响世界金融稳定的因素和如何采用政策行动”的共同理解，（2）采取步骤保证各个国家的宏观审慎政策框架具有相互一致性。关于宏观审慎政策国际协调的制度保障，戈登和麦尔（Gordon & Mayer，2012）提出宏观审慎政策国际协调需要建立一个全球中央银行委员会（GCCBG），其成员为各国中央银行，其职责首先是确认与系统性金融风险相关的国内系统重要性金融机构（DFIs）的名单，其次为了减少各国竞争性减税，GCCBG 应设立 DFIs 相关金融部门业务的最低税收水平，税率应该是逆周期调整的。为对全球提供充足的系统性保护，GCCBG 应决定各国中央银行的最低储备水平。GCCBG 应该正确识别具有问题的 DFIs 什么时候自救，什么阶段需要中央银行的介入，并分配好各国中央银行对 DFIs 的救助任务。陈雨露和马勇（2012）认为，宏观审慎政策框架不仅包括国内层面的协调统一，还应包括国际层面的协调统一。尤其是在全球经济和金融一体化的条件下，各国金融市场彼此连接，非常有必要建立一个全球的宏观审慎监管体系。如果在一个一体化的市场中，继续存在全球金融监管结构的分割和信息共享机制方面的障碍，那么各国监管差异所造成的国际监管套利势必引发新的金融不稳定。王达（2013）认为当下国际金融监管改革正处于关键的时间窗口，中国作为最大的新兴经济体，应当在这场国际金融监管规则的制定即大国金融利益的博弈中准确定位和充分应对，从而在既定约束下实现自身利益的最大化。孙立新（2018）利用开放经济 DSGE－VAR 模型，发现次贷危机导致了发达经济体的严重衰退，对中国经济产生深远的负面影响。

2. 宏观审慎政策国际合作的困境

从实践角度来看，为推动宏观审慎政策的国际协调合作，G20、BCBS 和 BIS 等国际机构为此做了大量的工作，而这其中以 2010 年巴塞尔协议Ⅲ的推出和 2011 年起每年更新一次的全球系统重要性银行名单最具代表性。然而由于各个国家经济与政治体制不同，社会发展阶段不同，金融发展水平不同，同时许多发展中国家并未参与此次国际金融监管改革规则的制定，巴塞尔协议Ⅲ等文件也不具有国际法上的强制力，国际范围内宏观审慎政策是否真正能协调一致将面临巨大的挑战。不仅如此，德尔维兹和赛德勒（Derviz & Seidler，2012）基于包括了两国监管机构的非完全信息的信号博弈模型发现，即使两国没有监管目标的冲突，许多监管信息不可传递的特性将产生两国相互之间误报的动机。多国监管合作最大的问题还不在于相互报告的准确性，而是为了最大限度实现多边满意将严重损害监管规则执行的可信度。

2.3.5　宏观审慎政策的收益与成本权衡

从客观上说，宏观审慎政策的实施无疑提高了金融系统应对各类不利冲击的弹性，降低了系统性金融风险，甚至无形中化解了还在形成中的金融危机。但是无论是提高资本充足率，还是增加留存资本缓冲，或是提高流动性比例，都增加了金融机构的经营成本，并可能导致银行的信贷数量减少和贷款利率法人上升，进而对宏观经济活动产生一定的不利影响。因此宏观审慎政策作为一种管理行为，必须权衡政策的收益与成本。刘志洋（2017）认为宏观审慎政策制定者应该考虑成本与收益权衡，为防止过度紧缩以及政策不合适，应该建立责任制和透明的披露制度，以增加宏观审慎政策的有效性。

1. 实施宏观审慎政策的收益评估

伴随着巴塞尔协议Ⅲ的提出，巴塞尔银行监督委员会（BCBS，2010）公布了一份报告，评估了提高资本和流动性要求对全球经济的长期影响。报告称如果增加一个百分点的资本要求，发生系统性危机的可能性将降低 20% ~50%。但也不是资本要求越高就越有效，它的收益呈现边际递减，如增加资本比率为 6% ~7%，每年发生危机的概率从 7.2% 下降到 4.6%，但资本比率从 10% 上升到 11%，下降幅度仅为 1.4% 到 1.0%。同时估计了实施净稳定融资比率要求将减少系统性危机 10% ~20% 概率，下降幅度取决于原来的资本水平；如果净稳定融资比率达到标准的 112%，发生危机的可能性将再下降 40%。

2. 实施宏观审慎政策的成本评估

对于宏观审慎政策的成本评估，最新研究主要集中在提高银行贷款的成本以及对 GDP 增长的负面影响上。安吉利尼（2011）利用 DSGE 模型测试新的巴塞尔协议Ⅲ监管标准对于经济的长期影响，结果显示每提高一个百分点的资本比例平均导致稳态的产出水平较基准水平下降 0.09%，新的流动性监管导致产出下降 0.08%，但是监管改革减少了产出的波动，并且逆周期资本缓冲对于减少产出波动的作用十分明显。在全球拥有超过 400 家金融机构会员的国际金融协会（Institute of International Finance，2011）发表报告称此次金融改革将导致美国 2011 ~2015 年的贷款成本平均上升 4.68%，并导致每年实际 GDP 增长比没有进行改革的情况下低 0.6%。洛维克和库尔内德（Slovik & Cournède，2011）研究表明巴塞尔协议Ⅲ对 GDP 增长的中期影响在 -0.05% ~ -0.15%。由于更高的资本要求，经济产出受到的影响主要是银行贷款利率的上升，贷款成本增加。该研究并预测 2015 年资本要求生效时，银行将提高贷款利率 15 个基点，2019 年完全生效时，银行将提高借贷利率 50 个基点，如果要对冲巴塞尔协议Ⅲ对经济产出的不利影响，货币政策需下降利率 30 ~80 个基点。德尔维兹（2012）认为金融市场存在金融摩擦，有着诸多的不完美，并通过构造一个混合了最优一般均衡模型和部分均衡模型的模型，分析宏观审慎政策的真实效果。研究发现宏观审慎政策能够减少均衡的脆弱性，压缩违约损失水平和过度的资产价格波动，但是不能降低违约率，而且会增加借款的利率，并导致产出的减少。巴曙松和朱元倩（2012）根据多元线性回归模型和 SVAR 模型的实证研究结果，发现巴塞尔协议Ⅲ的实施对我国宏观经济的影响有限，评估发现资本充足率和流动性比率的提高和我国银行业信贷水平以及 GDP 的增长呈负相关关系，资本充足率提高 1 个百分点分别造成信贷水平和 GDP 增长率下降 0.33% 和 0.62%。里克特等（Richter et al.，2019）分析了贷款价值比（LTV）变化对产出和通货膨胀的影响，他们发现在 4 年的时间范围内，LTV 比率下降 10 个百分点会导致产出下降 1.1%，可以被视为大致相当于 25 个基点的政策利率增长。

收益与成本的角度为研究宏观审慎政策有效性提供了一个新视角，然而由于数据可得性问题以及建模的难度，许多宏观审慎政策改革的成本未能被考虑进去，基本上只估计了商业银行贷款利率上升导致的部分改革成本，立法和执法成本、金融机构的合规成本以及带来的金融市场扭曲成本等并没有被估计在内。对宏观审慎政策宏观收益的研究基本上采用模糊的处理方法，并没有直接与成本联系起来。

2.3.6　评价及展望

世界各国通过宏观审慎政策的具体实践，已经取得了许多宝贵经验，设计了一些有效的宏观审慎政策工具，建立了宏观审慎政策特有的制度安排，并与货币政策进行了较好的配合，改革成本总体上也在各国可以承受的范围内。

综合上述宏观审慎政策有效性研究成果来看，一是在研究内容上，宏观审慎政策目标设置与测度、工具设计与效果评估、组织安排、国际合作、成本收益权衡是当前研究的热点领域。二是在研究方法上，由于DSGE模型具有显性建模框架、理论一致性、微观和宏观的完美结合、长短期分析有机整合等优点，近年来已逐渐发展成为宏观经济学分析的主流方法之一，并在货币政策有效性的研究上取得了巨大的成功。而开创于伯南克的金融加速器模型很好地解释了金融市场“小冲击”如何引发宏观经济“大波动”，因此包含金融加速器的DSGE模型无论是在宏观审慎政策工具效果评估，还是与货币政策关系的梳理，或是计算收益成本，正越来越受到研究宏观审慎政策有效性学者的青睐。三是研究共识上，由于宏观审慎政策从提出到实施只有短短10年的时间，现有的模型和数据大多无法完全满足实证分析的要求，与宏观审慎政策有效性相关的很多问题研究尚不充分，部分领域还存在较大的争议，迫切需要进一步开展研究。四是相对于国外已经逐步发展起来的宏观审慎政策有效性研究，国内的相关研究还处于初始阶段。

依据上述认识，我们判断今后宏观审慎政策有效性研究可能将沿以下几个方面展开：

第一，宏观审慎政策目标已十分明确，就是维护金融稳定，防范和化解系统性金融风险。未来研究应对宏观审慎政策目标进行科学的层次划分，并针对不同层次的政策目标，明确它们之间的传导机制，并建立具有良好理论基础的自上而下的系统性金融风险模型，根据宏观审慎政策工具的实施情况精确测度政策目标的实现程度。

第二，目前对货币政策规则的系统性研究已有很多，主要有货币供应量规则、利率规则和通货膨胀目标制。从宏观审慎政策规则的实证研究来看，无论是工具规则还是目标规则基本上还处于初级阶段。未来研究应充分借鉴货币政策和财政政策规则制定的经验，设计并检验出最优的宏观审慎政策规则，并根据各国具体的经济金融情况，从政策频率、强度和时机等角度对宏观审慎政策进行校准。

第三，虽然 DSGE 模型经历了近 30 年的发展，已经日趋成熟，进行宏观审慎政策分析时还考虑了银行部门的作用和金融摩擦，但是 DSGE 模型对微观经济主体的行为刻画还是与经济金融实际情形有较大差距。未来研究宏观审慎政策有效性的 DSGE 模型设计中，应加入更多现实元素，如开放经济、非银行金融机构特别是影子银行、风险偏好与非理性预期、期限错配和资产非有效定价。

第四，宏观审慎政策作为逆周期调节的政策形态，公众的预期对其政策效果来说影响重大，这也将是预期管理理论应用的新领域。未来研究应结合宏观审慎政策的特点，探讨如何引导、协调和稳定金融市场参与人对于不同宏观审慎政策的预期。

第五，宏观审慎政策的实施必然改变金融市场中存款人、借款人、金融机构和监管机构的行为，并带来大量规避监管的金融创新，因此未来应特别关注新政策规则下的市场主体的适应性行为，从动态的角度研究宏观审慎政策有效性。

2.4 本章小结

发生金融危机对于各国经济发展来说是不幸的，往往导致了金融机构大面积倒闭、经济衰退甚至是社会动荡，但是也能催生新的经济金融理论，推动原有经济调控方式和金融监管模式改革，并孕育了下一次的经济繁荣。美国次贷危机的发生以及演变成世界性经济危机，引发了国际理论界和实务界的深刻反思，推动了宏观审慎政策的形成和发展。宏观审慎理念起源于 20 世纪 70 年代末，主要是微观金融监管仅仅针对单一金融机构存在严重不足。随着亚洲金融危机和次贷危机这两次世界性金融危机带来的惨痛教训，在国际组织特别是在 G20 和 BIS 的推动下，宏观审慎政策经历了萌芽、起步和形成阶段，目前已成为一种主流的金融监管模式和宏观经济调控方式。

当前宏观审慎政策的实践可以分为两个层次，一个层次是国际层面，最主要的是通过各大国际组织形成宏观审慎政策的统一规则，如巴塞尔协议Ⅲ、系统重要性金融机构的识别和监管方法、影子银行监管规则等；另一个层次是国家或地区的具体实践。由于次贷危机主要发生在发达国家，而且它们金融市场的问题也暴露得更加彻底，所以一开始发达经济体的宏观审慎政策实践走到了世界的前列，美、英和欧盟的模式既有共同点也有区别。共同点就是通过大幅修改现有法律法规，赋予或成立某个机构直接负有维护金融稳定的权责。区别在于美国并没有完全改变多头监管的局面，而是通过设立一个跨部门的金融稳定监管委员会来完成并大大提高了美联储在防范和化解系统性金融风险中的核心地位，英国则是对原有金融监管体系进行了大刀阔斧的改革，把宏观监管和微观监管都放到了英格兰银行里面，因此英国又恢复了统一监管的传统，而欧洲则是成立了跨主权国家的欧洲系统性金融风险委员会，相对美、英两国来说，该委员会的职责相对简单。伴随整个国际金融监管改革进程，结合我国金融市场具体的情况，我国金融监管部门进行了大量的宏观审慎政策实践，宏观审慎政策工具的使用基本上和国际接轨，有些内容走到了国际的前面，无论是相关法律法规的修订还是对金融监管体制的改革，2017 年以后开始加速。

随着世界各国宏观审慎政策的实施，宏观审慎政策有效性问题逐渐上升为各界关注的焦点。依据国内外宏观审慎政策有效性研究的主要成果，本书以宏观审慎政策目标、工具设计、组织安排、国际协调、成本收益权衡为视角进行评述，并指出当前宏观审慎政策有效性研究存在较多不足之处，主要还是由于系统性金融风险的复杂性，在目前极其有限的数据和模型的条件下，难以精确测度，宏观审慎政策相关内容的研究由于实践时间较短还没完全展开，也存在一定的争议。今后，宏观审慎政策有效性研究可能会沿以下几个方面展开：量化宏观审慎政策不同层次目标下的实现程度，设计与检验最优宏观审慎政策规则，改进宏观审慎政策 DSGE 模型，推进宏观审慎政策预期管理，以及跟踪新政策下市场主体的适应性行为。

第 3 章

我国系统性金融风险研究

系统性金融风险在经济金融理论中虽然不是一个新事物，然而 2007 年 8 月美国爆发了自 1929 年经济“大萧条”以来最严重的一次金融危机，在重创世界经济的同时，也引起了学术界、全球中央银行和金融监管部门对金融领域系统性金融风险的重新审视，其真正被重视并采取行动也是在次贷危机之后。国际社会随后进行的一系列宏观经济调控方式和金融监管模式改革，基本上都是围绕“防范和化解系统性金融风险”展开的。学术界和实务界也掀起了研究系统性金融风险的热潮，出现了一些新的测度系统性金融风险的指标和模型。虽然次贷危机引发的直接冲击已经基本过去，但是在目前全球经济持续低迷和国际金融市场波动频繁的背景下，我国宏观经济发展面临极其复杂的情况，要真正守住“不发生系统性金融风险”的底线，特别是伴随着经济与金融市场中出现的一些现象，如房地产市场持续过热，地方政府债务持续高企，我国系统性金融风险在不断累积。在当前仍以间接融资为主的我国金融体系下，商业银行顺周期行为无疑增加了系统性金融风险，必须予以高度的关注。

3.1 系统性金融风险概述

3.1.1 系统性金融风险的含义

在中文语义下，目前同时存在两个“系统性金融风险”术语，十分容易混淆，第一是夏普（Sharpe，1964）提出的系统性风险（Systematic Risk），指的是不能通过投资组合进行分散的风险，与非系统风险对应；第二是与当前宏观审慎政策相对应的系统性金融风险（Systemic Risk），本书如果没有特殊说明，专指第二种情形下的系统性金融风险。

金融领域存在风险是一个常识，微观意义上的金融风险如信用风险、利率风险和汇率风险的研究已经非常丰富，而且比较成熟。然而意识到金融领域存在系统性金融风险，并与当前宏观审慎政策概念下的系统性金融风险内涵基本一致的研究是从20世纪80年代初才开始，直到90年代才出现专门的研究。随着亚洲金融危机特别是次贷危机的爆发，针对系统性金融风险的研究取得了一定进展，然而由于系统性金融风险的复杂性，许多关键性的问题仍有待突破。

当前国内外对系统性金融风险尚未形成普遍接受的界定，具有代表性的定义大致分为四类：一类是从危害范围大小的角度进行定义，伯南克（Bernanke，2009）认为系统性金融风险会威胁到整个金融体系乃至更大经济范围的稳定性，而不仅仅是一两家机构。二是从风险传染的角度进行定义，考夫曼（Kaufman，1995）认为系统性金融风险是系统中一个参与者不能履约而引起其他参与者的违约，由此引发的连锁反应导致广泛的金融困难的可能性。哈特和津加莱斯（Hart & Zingales，2011）认为系统性金融风险是单个事件通过一个机构传递到多家机构、从一个市场传染到多个市场，引起多米诺骨牌效应，导致损失扩散和蔓延，从而使整个金融体系变得极为脆弱的可能性。赖娟（2011）提出系统性金融风险是指经济冲击引起某一家或一部分金融机构的损失，这种损失在金融系统内迅速传导，并引起金融系统的功能遭受部分或全部损害的可能性，是一种全局性风险。三是从影响金融市场功能的角度，明斯基（Minsky，1995）认为，系统性金融风险是突发事件引发金融市场信息中断，使得金融市场的信息处于混乱状态，从而导致金融功能丧失的可能性。比利奥等（Billio et al.，2012）认为系统性金融风险是威胁金融稳定或公众对金融系统信心的各种情况的集合。四是从影响实体经济程度的角度，欧洲中央银行（2010）认为系统性金融风险为一种导致金融不稳定的风险，它的广泛传播损害金融市场的功能，并使得经济增长和社会福利严重受损。张晓朴（2010）认为系统性金融风险是整个金融体系崩溃或丧失功能的或然性。金融稳定理事会等（2011，2016）认为系统性金融风险是一种导致金融服务大规模中断的风险，并对经济产生严重的负面影响。

纵观上述四类对系统性金融风险的定义，虽然各有不同的侧重点，但是基本上形成了两种共识；一是从性质来看，金融风险中能够影响整个金融系统稳定的风险，才是系统性金融风险；二是从后果来看，系统性金融风险的累积和传播可以导致严重后果，引起金融体系恐慌和信心崩溃，金融服务功能基本丧失，引发金融机构大面积倒闭，并且对实体经济造成严重冲击，导致社会发展水平停滞甚至倒退。

3.1.2 系统性金融风险的动态演进机制

在以往传统金融学的研究中，学术界往往只关注引发金融危机的导火索和危机本身，次贷危机的发生使得学者们认识到测度和化解系统性金融风险的意义更大。然而系统性金融风险的动态演进过程十分复杂而且比较难以量化，总体上可以分为系统性金融风险累积、突变和危机扩散三个过程。

金融危机是一个非“是”即“否”的二元取值变量，而系统性金融风险的累积是一个连续变量，伴随着长时间的“潜伏期”。在此期间，各种宏观因素如中央银行实施过度宽松的货币政策或政府负债率过高，并与各种微观因素如银行开发了大量高风险产品或资产流动性不足经常交织在一起，微观风险（如价格风险、流动性风险和信用风险）不断在金融系统内滋生、蔓延。与此同时，金融机构之间又由于持有资产之间的相互关联以及共同风险敞口，风险逐渐从个体的微观风险悄悄累积为系统性金融风险。在这个阶段往往伴随着资产价格的大幅上涨，金融机构杠杆率高企以及整个市场参与者对未来预期的过度乐观。席勒（2008）从行为金融的角度发现，繁荣情绪的社会传染是泡沫越吹越大和风险积聚的最关键因素。

当系统性金融风险不断累积超过临界值时就容易发生突变，宏观经济金融领域或社会领域的某个突发的事件，如政府开始实施从紧的货币政策或财政政策，监管部门推行某项金融监管措施，某种资产价格大幅下降或是某家大型金融机构经营不善倒闭，或是汇率大幅的升值或者贬值，都能成为不断累积的系统性金融风险的导火索，导致系统性金融风险爆发，这一时点就是称为“明斯基时刻”（Minsky Moment）。从传统观点来看，上述导致系统性金融风险爆发的事件是偶然的，是外生冲击，然而当前越来越多的学者认为系统性金融风险是内生的，上述事件引发严重后果是系统性金融风险不断累积的结果，而事件本身的意义并不大，没有这一偶然事件还会有其他事件导致其爆发。

系统性金融风险导致灾难性的结果往往伴随着危机扩散的过程。目前，学术界对于危机扩散过程的研究相对来说是比较成熟的，总体来说，就是金融机构为了维护自身安全，竞相出售大量相关资产，资产价格呈自由落体下降，同时金融机构手上的现金都不敢出借，金融市场流动性瞬间消失，投资者的市场信心丧失殆尽，金融机构面临挤兑风险并大面积倒闭，金融服务实体经济的功能大幅下降，宏观经济发展因此遭受重大损失。

3.1.3　系统性金融风险的分类

1. 时间维度系统性金融风险

宏观经济活动往往具有一定的周期性，随着现代经济中金融所发挥的作用越来越大，经济周期与金融周期波动也呈现出越来越明显的正相关关系，正是这种相互依存的关系扩大了经济的周期性波动，并造成金融体系的不稳定加强，形成了金融体系时间维度的系统性金融风险，即顺周期行为。

金融体系产生顺周期行为的原因主要有：(1) 顺周期经营是市场经济的自然规律，广大金融机构与普通企业一样，往往希望在经济向好的时候扩大贷款规模增加利润，在经济不景气的时候缩减贷款控制风险。从客观因素上看，企业从金融机构获得融资的两个核心因素——抵押品价格和违约率也具有天然的顺周期性，在经济上升期，企业的抵押品价格上升，违约率下降，提高了借款人的举债能力，推动信贷能力的进一步扩张；而经济衰退时，企业的抵押品价格下降和违约率上升，导致信贷大幅缩水。(2) 金融领域存在严重的信息不对称问题，金融机构在金融活动中扮演的是信用中介，由于无法获得企业经济的全部信息，金融机构在经济向好的时候，往往预期企业违约率较低，信贷评审标准可以有所降低，因此企业更容易从银行获得贷款；而经济不景气时，金融机构往往紧缩银根，提高信贷标准。(3) 金融监管规则的内在顺周期性加剧了金融机构的顺周期行为。按照资本监管的目的，本来应该是通过监管指标降低金融机构的顺周期行为，也就是在经济过热时提高商业银行资本充足率，降低银行资产扩张的速度；而在经济下滑时，能够降低商业银行的资本充足率以缓冲贷款的减少速度。然而以巴塞尔协议Ⅱ为代表的金融监管指标，在计算资本充足率时采用内部评级法，具有很强的风险敏感性，使得在经济过热时，计算出来的借款人违约风险下降，抵押品价格上升，银行加权风险资产变少，同时计提的拨备和减值准备减少，银行资本充足率因此变高，从而支持了银行进行更大规模的信贷扩张，反之亦然。(4) 信用评级的垄断和顺周期性。由于金融市场充斥着大量信息，评估起来十分困难，因此金融机构、投资者甚至是金融监管部门，在进行决策时高度依赖外部评价机构，标准普尔、穆迪和惠誉等国际评级机构基本上垄断了投资领域重要的评级服务，众多使用者同时使用评级机构的评级结果，其叠加效应使得金融市场不可避免地产生“羊群效应”。同时，越来越多的研究发现，评级机构的评级本身具有很强的顺周期性，即经济向好时给予较高的评级，经济衰退时又大幅降低评级。(5) 会计准则的顺周期性。当前国际会计准则普遍实行公允价值计量方式，因此计算资产价值时是以当前市场价值为准。这种公允价值计量方式除了在繁荣期会虚增资产价值外，更大的缺陷是发生金融危机时，随着资产价格的下降，很容易形成“资产价格下降——资产减计——恐慌性抛售——价格进一步大幅下跌”的恶性循环，最终导致灾难性的后果。

2. 空间维度系统性金融风险

在空间维度的系统性金融风险中，金融机构资产之间的相互关联和共同风险敞口存在的风险隐患，其实在次贷危机前已被大量提及，然而发达经济体金融监管当局采用了放任的态度，认为金融机构如果存在过度风险行为通过市场机制优胜劣汰能够解决这个问题，但是 2008 年雷曼兄弟等大型金融机构倒闭引发了金融危机，并导致美国政府不得不花巨资对花旗、AIG 等系统重要性金融机构因经营不善而产生的损失进行大规模的救助，这一问题才得到金融监管部门真正的重视，发现问题的根源在于系统重要性金融机构的风险溢出和存在“大而不倒”的道德风险。根据 IMF、BIS 和 FSB（2009）的定义，系统重要性金融机构是指在金融市场中承担了关键功能，其倒闭可能给金融体系造成损害并对实体经济产生严重负面影响的金融机构。系统重要性金融机构之所以存在严重的系统性金融风险隐患，一是规模大，我国前五大商业银行市场占比在 45% 左右，加拿大、澳大利亚、荷兰这一指标甚至超过 80% 的水平，当然也有些机构绝对规模并不大，但是在特定金融市场上占据核心地位，雷曼兄弟倒闭前就是美国债券市场主要的做市商；二是系统关联性强，通过市场交易对手、支付系统、同业拆借或交叉持股等方式，系统重要性金融机构一旦出现危机，非常容易传染到其他金融机构和金融市场，导致严重的后果，甚至引发金融危机；三是“大而不倒”的系统重要性金融机构往往容易产生道德风险，引发股东和高级经理人的逆向选择行为，即热衷于从事高风险的经营业务，一旦成功会获得巨大的私人利益，如果失败也有政府来兜底，虽然欧美国家普遍建立了存款保险制度，但是对金融危机中经营出现问题的系统重要性金融机构救或者不救，还是让政府和金融监管部门陷入两难的境地，也导致了民众的反弹，次贷危机后发生了占领华尔街的活动。

3.1.4　测度系统性金融风险的方法

宏观审慎政策是用来防范和化解系统性金融风险的，因此系统性金融风险的测度是实施宏观审慎政策的第一步，宏观审慎政策管理部门是否能够及时和准确地对当前金融体系的系统性金融风险进行识别、评估和预警，将极大地影响宏观审慎政策的有效性。

众所周知，自1997年亚洲金融危机之后，以IMF和BIS代表的相关国际组织和各国金融监管部门纷纷推出了包括金融稳健指标（FSIs）、压力测试和早期预警模型（EWSs）等一系列数量工具，来评估各国的金融稳定情况。然而上述努力在次贷危机中的表现大多十分令人失望，正如戴维斯等（Davis et al.，2008）指出的那样“很显然IMF、ECB和BIS等机构看到了金融危机的一些特征，但是没有预测到危机的程度。更进一步看，很明显没有一个上述机构研究报告的标题部分强调了资产支持商业票据管道和特殊投资工具是次贷危机的一个主要特征。没有一个机构预测到银行间市场的崩溃或者单独一个次贷危机造成的影响。当前所显示的金融不稳定对整个实体经济的冲击也没有被机构考虑在内”。次贷危机后，无论是国内外学术界，还是各大国际经济组织、各国中央银行、金融监管部门和实务界，都加大了对系统性金融风险测度方法的研究力度，希望建立或改进一些指标、模型和整体评估项目，提高测度系统性金融风险的可靠性和前瞻性。

1. 指标分析法

从预防金融危机的角度来看，系统性金融风险监测结果需要提供的是先行信号而非同步信号，如果能够通过观察一些宏观经济和金融部门的数据指标来判定系统性金融风险是否日益累积，那么将成为一种便捷有效的方式，而且能够减少利用模型分析时容易出现的假设偏差和计量错误等问题。利用指标法分析通常分为两类，一是使用单一指标，BCBS（2010）发布了《逆周期资本缓冲操作指引》，其中利用包括我国在内的近30个国家和地区1970～2009年宏观经济、银行业经营状况以及融资成本等多方面的数据，与它们发生银行危机事件进行了相关研究，发现通过“信贷/GDP”这个变量判断一国是否存在信贷过快增长和系统性金融风险累积的效果最佳。因此，BCBS明确提出应将“信贷/GDP”对自身长期趋势的偏离度（GAP）作为计提逆周期资本缓冲的指导变量。二是使用指标体系，次贷危机后以评估系统重要性金融机构的指标设计最为代表。BCBS（2011）公布《全球系统重要性银行：评估方法和额外损失吸收要求》，分别从全球活跃度、规模、关联性、可替代性和复杂性5大类12项评估指标来评估全球系统重要性银行（见表3－1）。然而，无论是单一指标还是指标体系，选取指标的片面性和随意性一般比较强，而且有可能由于统计数据延迟或不准确的原因无法发出信号。同时系统性金融风险具有时变性，这些指标并无法实时反映各国的经济发展水平和金融市场发育程度的变化，指标法在实践中应用最多，但是工具效果还是有待提高。

表3－1　　全球系统重要性银行评估指标

指标分类及权重	具体指标	权重（%）
全球活跃度（20%）	跨境求偿权	10
	跨境负债	10
规模（20%）	计算巴塞尔协议Ⅲ杠杆率时的总暴露	20
关联性（20%）	金融体系内资产	6.67
	金融体系内负债	6.67
	批发性融资比率	6.67
可替代性（20%）	托管资产	6.67
	通过支付结算系统完成的清算和结算金额	6.67
	债券和股票市场上的承销金额	6.67
复杂性（20%）	场外衍生品名义价值总额	6.67
	第三类资产	6.67
	交易账户和可供出售证券价值	6.67

资料来源：BCBS. Global Systemically Important Banks：Assessment Methodology and the Additional Loss Absorbency Requirement［R］. BCBS Publications，2011.

2. 市场模型法

金融机构需要在金融市场中进行交易，因而市场中存在着金融机构的大量相关信息，而且市场也能形成对金融机构及其产品的估值，如上市金融机构的股价。从金融定价的角度来看，公司股价或金融产品价格往往包括了各种的风险价值。因此，利用金融市场中不同金融机构的交易数据、股价、持有资产情况等信息，建立模型研究系统性金融风险，特别是分析系统重要性金融机构的风险，成为了次贷危机之后这个领域研究的热点。

（1）网络分析法。从空间维度来看，金融机构之间的相互关联是在一个互通的金融网络中实现的，每个“节点”是一个金融机构，“节点”之间是通过金融机构之间的交易进行相互“连接”，同时以什么交易方式“连接”也至关重要。因此，利用网络模型研究系统性金融风险，就成了较好的选择。当前网络模型研究往往从银行系统、金融市场和支付结算系统三个领域展开。使用该类模型能够对金融市场之间的动态网络进行深入探讨，并且能够分析不同压力条件下金融市场间的风险溢出和危机传染的多米诺骨牌效应。然而网络模型主要有两大缺陷，一是为了深度刻画金融机构之间的业务联系，模型模拟时需要大量微观的市场数据，而这些数据大部分金融机构并没有进行全面披露，即便是监管部门也未必能拿到足够的相关数据；二是由于市场的复杂性，该类模型一般长于分析因为单一机构或某一类机构自身的风险诱发传染引起风险扩散，并导致整个系统功能丧失的这一类系统性金融风险，而对于因为资产价格波动等外部共同冲击所导致的全系统波动与系统功能丧失这一类系统性金融风险的解释力往往显得不够（Greenwood et al.，2014；方意和郑子文，2016）。

（2）CoVaR 模型。在金融理论和实践中，计算在险价值（Value at Risk，VaR）对于金融机构进行风险管理意义重大，该指标代表了一定的概率水平下，资产或资产组合在未来一段时间内可能发生的最大损失：

$$P(\Delta V \leqslant VaR) = 1 - q$$

然而 VaR 只能衡量单个金融机构的风险，无法测量金融机构之间的风险溢出效应和不同机构的系统重要性。艾德里安和布鲁内尔（Adrian & Brunermeier，2016）在传统 VaR 模型的基础上，建立了 CoVaR 模型。在给定置信水平 1 - q 情况下，当银行 i 的损失值为 VaR 时，银行 j 的条件在险价值 $CoVaR^{j|i}$ 为：

$$P(X^j \leqslant CoVaR^{j|i} \mid X^i = VaR_q^i) = 1 - q$$

$CoVaR^{j|i}$反映了银行 i 对 j 的风险溢出，如果要计算银行 i 对整个金融系统的风险贡献度，则可以将银行体系的条件风险价值减去无条件风险价值：

$$\Delta CoVaR^{sys|i} = CoVaR^{sys|i} - VaR^{sys}$$

由于 $\Delta CoVaR^{sys|i}$可以计算出不同金融机构对整个金融系统的风险溢出大小，从而可以衡量哪些金融机构是市场中的系统重要性金融机构。张晓明和李泽广（2017）借助 DCC - MGARCH 方法构建时变协方差系数 CoVaR，未发现我国商业银行存在大而不能倒的证据，ΔCoVaR 指标能够较好地吸收和反映宏观变量信息。何卓静等（2018）利用时变 Copula - CoVaR 方法度量金融体系系统性风险溢出的长期和短期效应，发现大型商业银行的系统性风险溢出效应高于小型商业银行。

（3）MES 法。阿查里亚等（Acharya et al.，2017）创新性提出了边际预期损失（Marginal Expected Shortfall，EMS）方法，直接用于测度一家金融机构对整个系统性金融风险的贡献度，因此可以将边际预期损失作为系统重要性金融机构的重要测量手段，对系统性金融风险具有一定的预测作用。其计算原理如下：

首先，定义整个市场的收益率：

$$r_{m,t} = \sum_{i=1}^{n} w_{i,t} \cdot r_{i,t}$$

整个市场的收益率 $r_{m,t}$由 n 家金融机构的市场收益率加权得到，权重可以根据金融监管部门的监管目标（如股票市值、资产规模或杠杆率）决定。该金融市场的整体风险由预期损失（ES）衡量。ES 被定为整个市场的收益率低于门限值 C 的条件下的期望收益率，即

$$ES_{m,t-1}(C) = E_{t-1}(r_{mt} \mid r_{mt} < C)$$

单个金融机构对系统性金融风险的边际贡献，即为单个金融机构的市场权重发生变化时，系统性金融风险的变化水平，或者说是当市场处于不利条件时，单个金融机构的损失，即：

$$MES_{i,t}(C) = \frac{\partial ES_{m,t-1}(C)}{\partial w_{i,t}} = E_{t-1}(r_{i,t} \mid r_{m,t} < C)$$

布朗利和恩格尔（Brownlees & Engle，2015）在阿查里亚等研究的基础上，提出了 SRISK 指标法，用于测度金融中介机构在市场下行时可能经历的未来预期资本短缺。

（4）Shapley 值法。无论是 CoVar 还是 MES，测度的是单个金融机构对金融市场系统性金融风险的影响，因此忽略了金融机构之间的复杂关系和它们之间系统性金融风险的相互影响。研究合作博弈的夏普利（Shapley，1953）提出的 Shapley 值法，考虑了个体相关关系对整体的影响。塔拉舍夫等（Tarashev et al.，2010）引入 Shapley 值法，认为银行对系统性金融风险的贡献不仅包括自身在系统性事件中产生的损失，还包括自身发生危机时对其他银行带来的损失。每个金融机构的 Shapley 值均与其系统性金融风险中的贡献构成比例，且所有机构 Shapley 值的加总也等于系统性金融风险，故用 Shapely 值方法度量金融机构的系统重要性更具优势。其计算方法如下：

假设金融系统中金融机构的排列是随机的，金融机构 i 对子系统 S 的风险贡献等于子系统 S 的风险减去当 S 不包含 i 时的风险，用 χ_S 表示。

$$\chi_S = \varphi(S) - \varphi(S - \{i\})$$

$\varphi(S)$ 为特征函数，就是上述衡量系统性金融风险的计算指标 ES，$\sum$ 代表金融系统，$i \in S$ 表示 $\sum$ 中包含 i 的子系统，则金融机构 i 的 Shapley 值可表示为：

$$V_i = \frac{1}{n} \cdot \sum_{n_s = 1}^{n} \frac{1}{c(n_s)} \sum_{i \in S} \chi_S$$

其中，$c(n_s) = \frac{(n-1)!}{(n-n_s)!\ (n_s-1)!}$是包含机构 n_s 的子系统的数量。

张娜娜和陈超（2012）运用 Shapley 值方法对中国上市银行的系统重要性进行实证分析，结果表明中国工商银行、中国银行具有系统重要性，交通银行虽然规模较大但 Shapely 值却相对较小，说明并非规模大的银行就具有系统重要性。

从市场模型法的计算方法来看，无论是 CoVaR 模型还是 MES 模型，或者 Shapley 法，首先都要计算 VaR，再计算期望损失，因此都需要大量的金融市场数据，特别是资本市场高频数据。因此，这些市场模型法都是建立在市场是有效的前提下，单个金融机构资产和风险的变化都能反映到股价上，这一条件对于大部分国家的金融市场来说难以满足，而且如果市场中还存在大量非上市的金融机构，应用市场模型方法具有较大的限制性。

（5）其他方法。越来越多的研究者，利用其他领域的一些研究方法，来研究系统性金融风险。极值理论（EVT）是一种统计学的方法，利用该方法能够估计银行之间产生溢出效应的概率，银行在总冲击下的脆弱性以及风险的时间变化（Straetmans et al.，2008）。期权定价是金融工程的核心内容之一，未定权益法（Contingent Claims Analysis，CCA）通过期权定价方法，量化偿债能力与系统性风险传染之间的内在联系，来衡量系统性金融风险（Gray & Jobst，2011；苟文均等，2016）。

3. 金融部门评估项目

从客观上看，单纯通过某些指标或者模型就能够全面、客观地评价某个经济体整体的系统性金融风险，是不切实际的，次贷危机的爆发进一步凸显了对一国金融体系金融稳定情况进行全面评估的重要性，而1999年IMF和WBG联合发起的金融部门评估项目（FSAP）就是国际社会对此作出的努力之一。IMF和WBG首先在12个国家中进行了FSAP评估试点，从2001年3月起向成员国推广这一项目。经过多年的发展和完善，FSAP评估已成为国际社会广泛接受的金融稳定的评估框架。截至2009年末，已有125个国家完成了首次FSAP评估，可见其影响范围之广。就我国而言，2008年2月，温家宝在会见IMF总裁时宣布我国将参加FSAP评估；2008年11月，胡锦涛在G20华盛顿峰会上承诺我国将进行FSAP评估。经与IMF、WBG协商，我国于2009年8月正式启动FSAP评估，并于2011年完成了评估。我国作为具有全球系统重要性金融体系的25个国家（地区）之一，每5年开展一次FSAP更新评估，并在每次FSAP评估结束两年后就建议落实情况接受FSB的国家同行评估。中国FSAP更新评估于2015年10月正式启动，2017年12月7日，国际货币基金组织和世界银行公布了中国“金融部门评估规划”（FSAP）更新评估核心成果报告，包括《中国金融体系稳定评估报告》《中国金融部门评估报告》和《关于中国遵守〈证券监管目标与原则〉详细评估报告》。中国FSAP更新评估顺利完成。

FSAP是以一个稳健的而且功能良好的金融体系应包含的三大支柱——“当局进行的宏观审慎监测和金融稳定分析”“金融体系监管”和“金融体系基础设施”作为总体分析评估的基础；所使用的分析工具和技术包括“宏观审慎分析”“金融部门结构分析”“对金融部门的相关国际标准、准则、量化实践的评估”和“根据各个国情，分析稳定和发展方面的具体问题”，主要采用定量分析，也有定性分析。金融稳健指标分析、压力测试以及国际标准与准则评估是FSAP的主要评估方法。金融稳健指标是IMF为监测金融机构和市场的稳健程度，以及金融机构客户的稳健程度而编制的一系列指标，用来分析和评价金融体系的实力和脆弱性。压力测试旨在分析宏观经济变量的变动对金融体系稳健性可能产生的影响，评估因宏观经济金融联系而产生的风险和金融脆弱性，研究方法包括敏感性分析（Sensitivity Analysis）、情景分析（Scenario Analysis）和传染性分析（Contagion Analysis）等。国际标准与准则评估旨在从宏观经济政策的稳健性和透明度、审慎监管对金融机构稳健运行的影响、金融基础设施（包括公司治理、会计和审计标准等）的有效性等方面评估金融体系的稳定性。

3.2　当前影响我国系统性金融风险生成的潜在因素

3.2.1　宏观经济运行面临下行压力

1978年改革开放以来，我国宏观经济虽经历了几次比较明显的波动，但经济建设取得了举世瞩目的成绩，经济总量连上新台阶，2010年超越日本成为世界第二大经济体，并与美国经济的差距不断减少。1979～2017年，我国GDP按不变价计算增长33.5倍，年均增长9.5%，同期世界经济年均增速只有2.9%左右，我国经济高速增长期持续的时间和增速，都超过了经济起飞时期的日本和亚洲“四小龙”。次贷危机爆发以来，我国成为带动世界经济复苏的重要引擎，对世界经济增长的年均贡献率超过20%。另外一个不得不注意到的事实，2012年我国政府八年来首次将经济增长目标从8%降至7.5%之后，2013年继续设定为7.5%，后续年份不断下调，2018年经济增长率设在6.5%左右。2019年政府工作报告将GDP目标设为6.0%～6.5%，这是我国第一次用区间来定义我国经济增长目标，改变了过去的单一数字模式，这体现了我国对经济运行态势的科学研判和高质量发展的要求，符合我国发展实际，与全面建成小康社会目标相衔接。然而这也说明了当前中国经济潜在增长率有所回落，6%～7%的增长区间已成为新常态，6.5%左右的目标与潜在增长率相协调，从2011年至2018年我国经济实际增长情况来看，2019年的目标符合实际情况（见图 3 - 1）。张平和苏治（2013）认为我国经济增长情况验证了我国的经济减速不是周期性的，而是"结构性"的。欧阳志刚和彭方平（2018）发现新常态时期经济增长的长期趋势和短期周期都处于下行阶段。在我国宏观经济下行压力不断增加的条件下，伴随着部分产能过剩行业和周期性行业出现经营困难，金融作为与宏观经济关系最为密切的行业，经营难度也在不断加大，部分金融机构特别是地方性金融机构例如包商银行，还有民间借贷机构的潜在风险隐患正日益暴露出来。随着我国人口结构变化和劳动力成本上升，传统竞争优势削弱；越来越多的产业达到或接近世界技术前沿，后发追赶空间缩小，近年来我国商业银行的利润增速也在下降。经济与金融有正反馈效应，随着经济增速的下行，对我国金融机构经营和防范系统性金融风险都产生不小的压力。

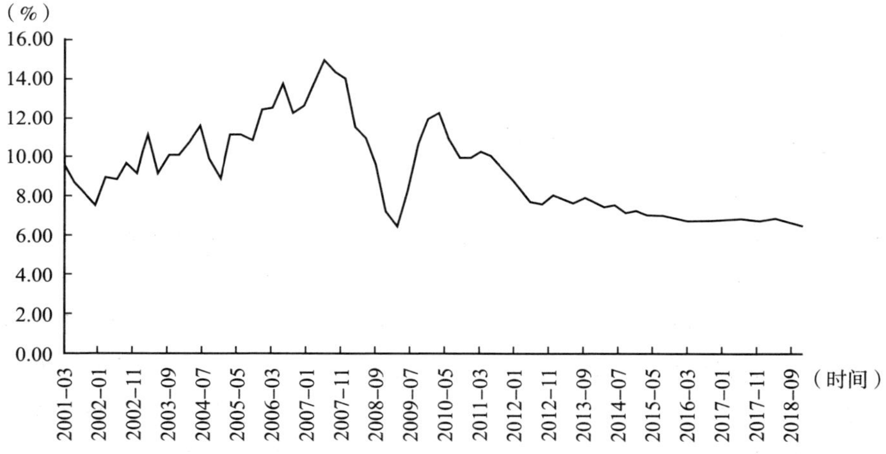

图 3 - 1　2001 ~ 2018 年我国季度 GDP 增长率

资料来源：Wind 数据库。

3.2.2　国家外部不确定性增加

次贷危机爆发后，全球经济艰难曲折复苏，主要发达经济体的财政债务风险和金融风险如影相随，新兴经济体经济发展放缓，伴随着各国竞相推出量化以及退出宽松的货币政策，国际金融市场波动加剧，全球资本流动频繁。近年来，全球经济呈现出一定复苏态势，但部分经济体仍面临调整与转型压力，经济增长波动较大（见图 3 - 2 和图 3 - 3）。2017 年以来，国家外部风险不断增

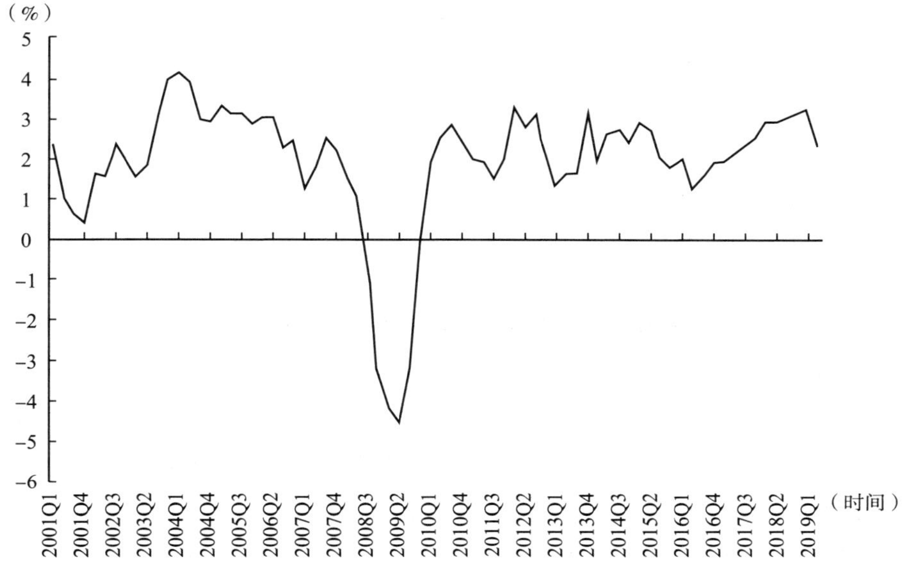

图 3－2　2001～2019 年美国季度 GDP 增长率

资料来源：Wind 数据库。

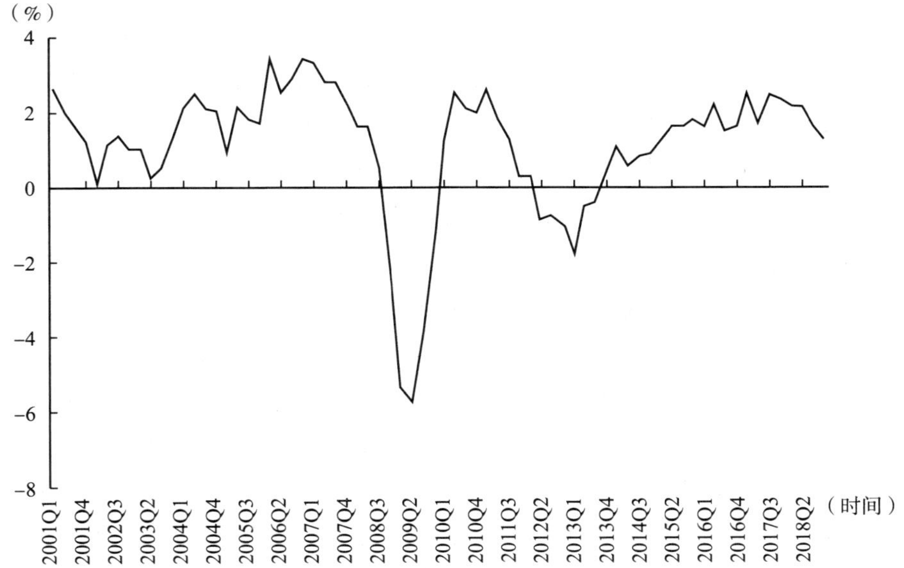

图 3－3　2001～2018 年欧洲季度 GDP 增长率

资料来源：Wind 数据库。

加，发达国家经济出现一定的逆全球化和贸易保护主义倾向，英国脱欧一波三折，中美关系特别是中美贸易摩擦带来的不确定性不断增加。因此，从我国经济和金融市场的外部环境来看，随着我国包括金融市场在内的进一步对外开放，无论是全球经济放缓，还是贸易和投资保护主义倾向上升，或者主要发达经济体货币政策调整对全球经济影响产生巨大的不确定性，都增加了我国经济运行的风险，并能够对我国金融市场产生显著的溢出效应。

3.2.3 金融体制改革尚未完全到位

首先，从我国金融机构的层面来看，除政策性金融机构外，银行、证券和保险领域的大型金融机构基本上都完成了股份制改造和上市，建立了现代企业制度，然而整体发展水平与国际一流金融机构仍有较大的差距。我国金融机构在次贷危机中表现良好，从客观来看，主要还是因为我国金融市场相对封闭，国际化经营程度并不高。随着我国金融机构越来越多进入国际市场，经营风险必然不断加剧。同时，这些年来我国金融市场垄断程度较高，民营资本进入较难，同时金融机构经营环境也十分优越，存款利率基本严格控制，贷款利率完全放开，使得我国商业银行成为世界上最挣钱的银行，根据十八届三中全会提出的开放民营资本开办银行以及加快利率市场化的要求，这种商业银行躺着也能挣钱的好日子必然很快过去。其次，从金融市场的层面来看，我国目前仍以间接融资为主，而且所占比率过高，这样容易导致系统性金融风险过分集中于商业银行，而商业银行主要风险集中在四大国有商业银行，再加上国有背景存在的“软约束”问题，“大而不倒”必然使得系统性金融风险更加复杂。在资本市场中，以股票融资为主，企业债券市场发展相对滞后，股票一级市场无论在融资规模还是IPO价格定价都存在一定的扭曲行为。金融机构部分表外业务发展迅速，近年来我国多次在流动性十分充裕背景下，商业银行出现严重的“钱荒”现象，其背后除了反映了商业银行等金融机构的资金期限错配问题相当严重外，货币市场出现突发性的流动性风险也应该引起足够警惕，并要时刻关注影子银行可能诱发的系统性金融风险。然后，从我国对金融市场定位上看，金融扩张往往成为各级政府特别是地方政府对冲经济增长减速的主要手段，金融扩张虽然在短期对冲经济下滑有一定的作用，但难以持续对冲经济在中长期水平上的“结构性”减速。从金融机构现金流量表和资产负债表以及跨境资金流动的情况来看，伴随着我国金融的持续扩张，金融体系的风险正在不断地积聚。最后，从金融监管机构的层面来看，我国“一行三会”严格分业监管的金融监管体制形成于 2003 年，从国际金融监管改革的潮流来看，特别是从防范和化解系统性金融风险以及实施宏观审慎政策的要求来说，如果不进行较大幅度的调整是无法完全满足维护金融稳定的要求的，目前我国“一委一行两会”的模式还在磨合期，也需要进一步优化，金融审慎监管、功能监管和行为监管需要形成合力。

3.2.4　房地产价格大幅上涨，居民杠杆率不断提升

近年来，随着我国城市化进程和城镇化建设的加快，以及老百姓除了投资房地产之外缺乏有效的投资途径的背景下，加上各级地方政府对“土地财政”的依赖，我国房地产行业高速发展，投资不断加大。房地产投资在拉动 GDP 增长的同时，带来了房地产信贷规模的不断扩张。更重要的是，虽然 2009 年以来我国各级政府不断出台包括“限购”和增税在内的各种房地产调控政策，但是房价上涨的趋势一直没有得到有效控制，特别是 2016 年以后，出现了单边上涨的情况（见图 3－4 和图 3－5），居民杠杆率不断增加。

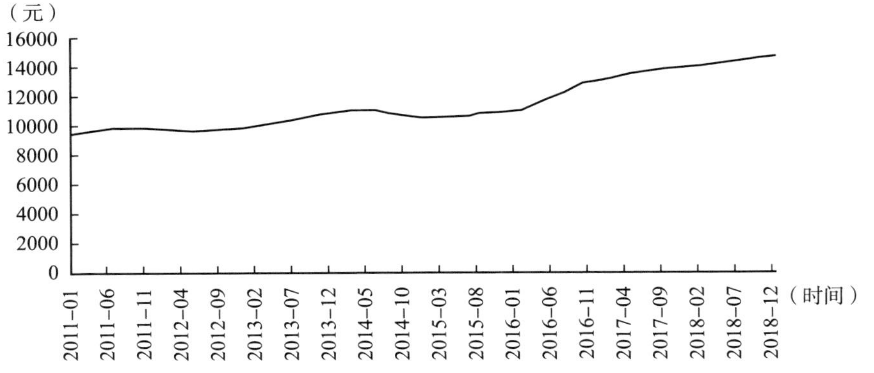

图 3－4　2011～2018 年百城住宅月平均价格

资料来源：Wind 数据库。

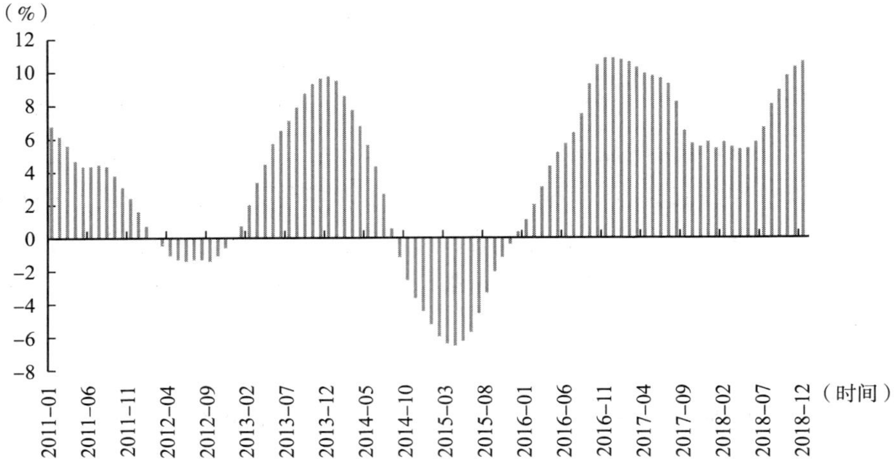

图 3－5　2011～2018 年 70 个大中城市新建商品住宅价格月同比指数

资料来源：Wind 数据库。

高杠杆是我国近年来经济领域最突出的问题之一。居民杠杆率有不同的测度指标，本书与国内外主要文献做法一致，采用“居民银行贷款余额/GDP”标准。1993 年，我国居民杠杆率为 8.3%，非常低，2008 年杠杆率为 17.9%。近年来，我国宏观经济杠杆率不断攀升，纵观我国宏观经济杠杆率具有两个显著特点：一是总杠杆率水平不高，然而国有企业和地方政府杠杆率高，且以较快的趋势上升；二是结构失衡，各部门杠杆率分布不均衡，其中居民杠杆率总体较低，但近年来却高速增长。党中央和国务院为此出台了一系列的“去杠杆”和“稳杠杆”的政策措施，宏观总杠杆率增长势头从 2017 年开始明显放缓，趋于稳定。然而在此背景下，宏观经济领域却出现了一个非常值得关注的现象，就是我国居民部门一直呈现高速加杠杆态势，且呈空间异质性，居民杠杆率 2015～2018 年增长率分别高达 16.8%、23.5%、21.4% 和 18.2%，一、二线城市的居民杠杆率增长异于三、四线城市，区域间差异较大。美国居民杠杆率从 20% 提升到 50% 以上用了接近 40 年，而我国用了不到 10 年时间。目前我国居民部分杠杆率指标已经接近欧美国家发生次贷危机时的情形。

我国居民高速加杠杆直接导致了 2015 年股市异常波动，沪深两市融资融券余额一度超过 2 万亿元人民币，监管层实施去杠杆等一系列措施引起股市大幅波动，股指在短短时间内下跌超过 50%，20 万亿元以上的市值蒸发。2016

年以来，我国居民加杠杆主要是进入房地产市场，2016 年我国金融机构人民币新增贷款为 12.65 万亿元，其中由房贷为主要构成的住户部门中长期贷款占 44.9%，这意味着 2016 年超四成新增贷款被居民用于买房。2017 年我国居民杠杆率进一步达到 49%。居民加杠杆的飙升换来房地产繁荣，房地产市场量价齐增，一、二线房价疯涨被限后，三、四线迅速接力，支撑房地产繁荣的居民债务大规模增加。2017 年居民加杠杆，同时带来了短期消费贷款高速增长，互联网金融现金贷井喷式爆发。

另外，还有一个现象非常值得关注，就是我国居民加杠杆指标从居民负债与劳动报酬的比值来看，中国 2008 年比值不到 50%，到了 2016 年达到 90%；美国 2008 年是 140%，2016 年降到 118%。由此可见，近 10 年美国居民基本在降杠杆，我国居民却在高速加杠杆。与此同时，从居民杠杆率国际比较来看（见图 3－6），我国杠杆率还是居于较低水平，但是由于我国居民可支配收入占 GDP 比例也较低，部分学者认为对我国居民加杠杆的空间不宜过分乐观（巴曙松，2016）。还要清醒地看到，与欧美国家相比，我国特有国情中居民负债里面存在数额不小的民间借贷、住房公积金贷款和互联网借款，情况更复杂。2018 年全国银行业监督管理工作会议首次明确提出“努力抑制居民杠杆率，重点是控制居民杠杆率的过快增长”，表明了国家层面对居民加杠杆态度

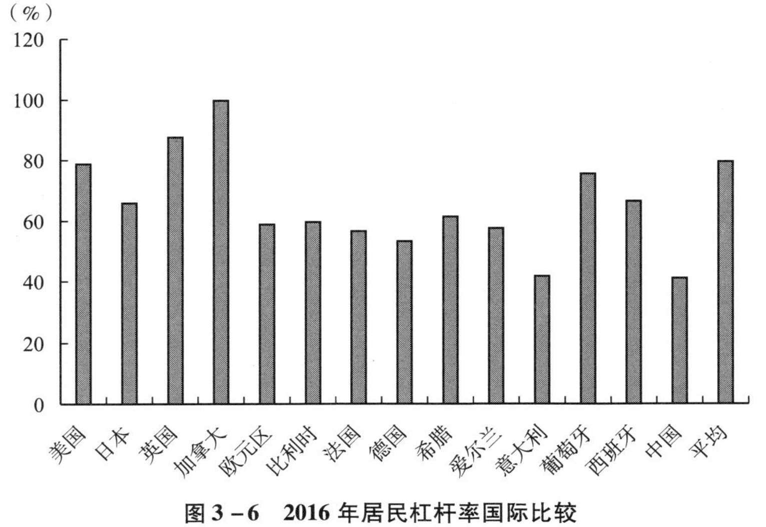

图 3－6　2016 年居民杠杆率国际比较

资料来源：根据各国资料整理而成。

出现重大调整。2018 年 4 月，中央财经委员会会议提出“结构性去杠杆”的思路，2018 年下半年以来党中央、国务院根据经济形势，开始实施“稳杠杆”措施。目前，我国无论是理论界还是实务界，对供给侧改革中继续降低国有企业和地方政府杠杆率有共识，但在此进程中，居民部门是否应该充当加杠杆的主体，从而为宏观经济稳增长或稳杠杆创造更有利的宏观环境，以及我国居民继续加杠杆或去杠杆是否会引发系统性金融风险等重大问题，在我国各界存在较大争议（周小川，2016；伍戈，2017；任泽平，2018；郭树清，2018；李扬，2018），且较少考虑居民加杠杆的空间差异。

3.2.5 地方政府债务规模不断扩大

长期以来，我国单纯以经济增长作为地方政府政绩的考核指标，导致地方官员往往只为在任期间的 GDP 负责，而不必担心新增了多少债务，另外一个客观的困境是自 1994 年分税制改革以来导致各级地方政府事权和财权的矛盾不断扩大，因此，从 20 世纪 90 年代末开始，我国各级地方政府纷纷通过建立地方融资平台等方式，以解决地方发展和支出中的资金瓶颈问题。次贷危机后，伴随着我国“四万亿”等投资计划的推出，各级地方政府为了促进经济复苏，纷纷加大了地方投融资平台融资规模，2009 年和 2010 年我国新增银行贷款大量流向地方政府投融资平台，地方政府债务问题开始显现，并引起了社会各界的高度重视。

迄今为止，审计署对地方政府债务情况进行了三轮审计。2011 年 3 ~5 月对我国省市县三级地方政府的债务情况进行了全面审计，发现截至 2010 年底，全国地方政府性债务余额 107174. 91 亿元，其中：政府负有偿还责任的债务 67109. 51 亿元，占 62. 62%；政府负有担保责任的或有债务 23369. 74 亿元，占 21. 80%；政府可能承担一定救助责任的其他相关债务 16695. 66 亿元，占 15. 58%。2012 年 11 月 ~2013 年 2 月，审计署又对 15 个省、3 个直辖市本级及其所属的 15 个省会城市本级、3 个市辖区共计 36 个地方政府本级 2011 年以来政府性债务情况进行了审计，发现地方政府债务不减反增，截至 2012 年底，36 个地方政府本级政府性债务余额 38475. 81 亿元，比 2010 年增加 4409. 81 亿元，增长 12. 94%，有 9 个省会城市本级政府负有偿还责任的债务率超过 100%，最高达 189%；若加上政府负有担保责任的债务，债务率最高的地方达 219.6%。2013 年 8 月和 9 月，审计署进行了新一轮的全国地方债务审计，包括了中央、省、市、县和乡镇五级政府债务，审计发现截至 2013 年 6 月底，全国各级政府负有偿还责任的债务 206988.65 亿元，负有担保责任的债务 29256.49 亿元，可能承担一定救助责任的债务 66504.56 亿元（见表 3-2）。

表 3-2　　全国政府性债务规模情况　　单位：亿元

时间	政府层级	政府负有偿还责任的债务	政府或有债务	
			政府负有担保责任的债务	政府可能承担一定救助责任的债务
2012 年底	中央	94376.72	2835.71	21621.16
	地方	96281.87	24871.29	37705.16
	总计	190658.59	27707.00	59326.32
2013 年 6 月底	中央	98129.48	2600.72	23110.84
	地方	108859.17	26655.77	43393.72
	总计	206988.65	29256.49	66504.56

资料来源：审计署审计报告。

虽然历次审计结果都表明我国地方政府性债务“总体是安全可控的”，但是债务规模不断增长，局部风险积聚不容忽视，特别是我国地方政府债务大多存在期限错配风险，未来几年还债压力较大。随着今后我国城镇化建设力度的加大，未来地方政府债务问题可能进一步加剧。2013 年 12 月中央经济工作会议作出了“宏观债务水平持续上升”的判断，而且首次把地方政府债务问题单列出来，将“着力防控债务风险”作为 2014 年中央经济工作六项主要任务之一，且排在第三位。2013 年 12 月中央组织部印发《关于改进地方党政领导班子和领导干部政绩考核工作的通知》，首次把政府负债作为政绩考核的重要指标，提出强化任期内举债情况的考核、审计和责任追究，防止盲目举债搞政绩工程。可见地方政府债务问题风险已引起党中央和国务院的高度重视。2014 年国家出台的《国务院关于加强地方政府性债务管理的意见》和 2015 年正式实施的新《中华人民共和国预算法》明确提出，我国对地方政府债务余额实行限额管理，地方政府举债规模由国务院报全国人民代表大会或者全国人民代表大会常务委员会批准。总体来看，我国地方政府显性债务增长较快，截至2019年5月末，全国地方政府债务余额19.89万亿元，从用途来看，一般债务11.67万亿元，专项债务8.22万亿元；从举债方式来看，政府债券19.58万亿元，其他形式的债务0.31万亿元。2018年，全国发行地方政府债券4.17万亿元。

目前，各界更关注地方政府隐性债务问题，然而隐性债务还缺乏统一的认定标准和统计口径。地方政府隐性举债方式多样，可以通过融资平台公司、PPP、购买服务、各类发展基金和引导基金等进行融资，资金来源除传统的银行贷款，以及保理、银票保函等表外授信外，还包括资管计划等表外类信贷融资，其中部分涉及明股实债、抽屉协议、承诺回购等违规方式，导致隐性债务规模快速增长。我国地方政府债务问题的解决，需要长短结合的控债措施，既要应对存量债务的流动性风险，又要控制债务的增量，并着眼长远建立规范可持续的地方政府融资渠道和风险防范处置机制。

3.3 我国系统性金融风险的实证研究

实施宏观审慎政策，防范和化解系统性金融风险，首先必须对我国系统性金融风险有一个准确的监测，准确了解我国系统性金融风险水平。宏观审慎政策集中于金融体系，需要抑制金融机构顺周期行为和高杠杆扩张，而我国是间接融资为主的国家，因此商业银行资本充足率十分值得研究。

3.3.1 我国系统性金融风险指数

1. 模型设计

次贷危机后，学术界和实务界开发了测度系统性金融风险的方法（Jobst & Gray，2010；Acharya et al.，2012；Adrian & Brunnermeier，2016；陶玲和朱迎，2016），但以反映金融体系风险综合情况的综合指标法的使用最为广泛，该指标法透过对历史数据找到影响系统性金融风险的预警指标，再对指标应用统计的方法加总来构建预警指标体系。

综合指数法与其他测度方法相比，其优势在于：（1）对历史上是否发生过金融危机不做要求；（2）对系统性金融风险为何发生不做关注，只选择与金融危机相关的金融风险指标构建综合指数；（3）可以和很多复杂的模型方法结合使用。本书参考莱林和刘（Llling & Liu，2003）、陶玲和朱迎（2016）等学者的研究，选择综合指数方法对我国系统性金融风险进行测度。

系统性金融风险指数通常由等方差权重法、等权重法、因子分析法、CDF—信用加权法来构建。奥特等（Oet et al.，2011）比较上述 4 种方法，发现 CDF—信用加权法能根据各部门信用规模的差异，在不同时期设置不同权重，这种合成方法使指数更有现实经济意义。具体合成方法见下式：

$$FSI_t = \sum_i \left[w_{it} \times \int_{-\infty}^{x_i} f(x_{it})\, dx_{it} \right]$$

其中，FSI_t 为 t 时期的系统性金融风险指数，x_{it}表示指标 i 在 t 时期的值，积分项是指标 i 的累积分布函数（CDF），w_{it}是指标在 t 时期指标 i 所对应权重。采用 CDF—信用加权法构建金融压力指数（FSI）主要有两个关键点：一是指标选择；二是权重确定。

2. 指标选取

从上述当前影响我国系统性金融风险生成的潜在因素出发，从我国房地产市场（RE）、股票市场（TS）、外汇市场（FX）、银行系统（BS）、其他金融系统（FS）5 个与系统性金融风险密切相关的部门，选取房地产投资累计增长率、销售面积/竣工面积、销售额/销售面积、国房景气指数、货币供应量比、上证指数、深证指数、静态市盈率、平均汇率、实际有效汇率指数、名义有效汇率指数、外汇存款余额、人民币贷款余额、人民币存款余额、外汇贷款余额、存贷比、不良贷款率等 17 个指标，样本时间范围为 2013 年 1 月 ~2017 年 3 月。数据来源于中经网数据库、中国人民银行网站和前瞻网数据库。采用插值法补齐缺失数据，部分季度数据使用平滑法将季度数据转换为月度数据。

3. 累积分布函数（CDF）合成系统性金融风险指数

为保证 FSI 的实时性和稳定性，本章参考霍洛等（Hollo et al.，2012）的方法，使用累计分布函数（CDF）运用递归方式对原始指标进行转换。

$$x_{it} = (x_{i1},\ x_{i2},\ \cdots,\ x_{in})$$

$$(x_{i[1]},\ x_{i[2]},\ \cdots,\ x_{i[n]}),\ x_{i[1]} \leqslant x_{i[2]} \leqslant \cdots \leqslant x_{i[n]}$$

x_{it}为基础指标，n 为样本总量，为每个数值的排序，［r］代表一个具体观察值的排位次序。

原始指标以升序形式排列，$x_{i[n]}$代表最大数值，$x_{i[1]}$代表最小数值。与系统性金融风险指数同向变动的指标采用升序排名，反之降序排名。

转换后的数值 z_{it}基于累计分布函数 $CDF(x_{it})$ 的实证，采用以下公式计算：

$$z_{it} = CDF(x_{it}) = \frac{r}{n},\ x_{i[r]} \leqslant x_{it} < x_{i[r+1]},\ r = 1,\ 2,\ \cdots,\ n-1$$

$$z_{it} = CDF(x_{it}) = 1,\ x_{it} \geqslant x_{i[n]}$$

上式表示 $CDF(x_{it})$ 等于某一特定观察值的排列次序，是所有重复观测值排列次序的平均值。

4. 变量权重与系统性金融风险指数的合成

各市场部门赋予不同权重的方法是根据它们各自对金融市场影响程度的大小来决定的。在银行系统的指标中，贷款、有价证券与投资是主要的资产指标，其中有价证券与投资相对来说比重较小，因此选用银行贷款比重表示银行部门信用规模。在股票市场的指标中，有筹资额、净值、市价总值等指标，市价总值的数据可得性更好，对市场资金流动的反应能力更强，因此本章采用股票市场价值/GDP 表示股票部门信用规模。在外汇市场的指标选取中，采用外汇储备/GDP 表示信用规模大小。在其他金融系统的指标选取中，采用金融贷款占比来表示金融机构的信用规模。在房地产市场的指标选取中，采用房贷占比来表示房地产市场的信用规模。各部门的指数如下：

非银行的金融系统：$FSSI_t = \sum_{j=1}^{5} \varpi_j X_{jt}$

股票市场：$TSSI_t = \sum_{j=6}^{7} \varpi_j X_{jt}$

房地产市场：$RESI_t = \sum_{j=8}^{11} \varpi_j X_{jt}$

外汇市场：$FXSI_t = \sum_{j=12}^{14} \varpi_j X_{jt}$

银行系统：$BSSI_t = \sum_{j=15}^{17} \varpi_j X_{jt}$

ϖ_j为 X_i（各子系统压力指数）的权重（i=1，2，3，4，5），综合反映多部门影响下整个金融系统面临的风险压力。

用改进 CRITIC 法确定各子系统性金融风险指数的权重。

权重的计算公式：$\varpi_j = \dfrac{Z_j}{\sum\limits_{i=1}^{n} Z_j}$，j=1，2，3，4，5

其中 $Z_j = \dfrac{\sigma_j}{|\bar{x}_j|}\sum\limits_{i=1}^{n}(1 - r_{ij})$，j=1，2，3，4，5

Z_j 表示第 j 个评价指标包含的所有信息；$\dfrac{\sigma_j}{|\bar{x}_j|}$为第 j 个指标的变异系数。

在本研究中，可将 Z 部门比重表示为：

$$Z\text{ 部门比重} = \frac{Z_t}{BS_t + TS_t + FX_t + FS_t + RE_t},\ Z_t \in (BS_t,\ TS_t,\ FX_t,\ FS_t,\ RE_t)$$

将 Z 部门单个指标权重表示为：

Z 部门单个指标权重 =Z 部门比重/Z 部门所含变量个数

综上 FSI_t 表示为：

$$\begin{aligned} FSI_t = {} & (CDFREIC_t + CDF(SA/CA)_t + CDF(S/SA)_t + CDFNHSI_t) \times \frac{W_{RE_t}}{4} \\ & + (CDFLDR_t + CDF(M1/M2)_t + CDFNPL_t) \times \frac{W_{BS_t}}{3} \\ & + (CDFSHCI_t + CDFSZCI_t) \times \frac{W_{TS_t}}{2} + (CDFREDB_t + CDFRMBLB_t \\ & + CDFRMBDB_t + CDFFELB_t + CDF(P/E)_t) \times \frac{W_{FS_t}}{5} \\ & + (CDFAR_t + CDFREXRI_t + CDFNEXRI_t) \times \frac{W_{FX_t}}{3} \end{aligned}$$

5. 实证结果及分析

上述指标数据和公式代入 FSI_t 公式，可得出每个月我国系统性金融风险指数的大小及变化趋势（见图 3－7）。从图 3－7 可以看出我国 2013 年 1 月～2017 年 3 月的系统性金融风险指数的月度变化，其中 30 个月份的系统性金融风险指数为正，另外 21 个月份为负。图 3－7 表现出两个显著趋势：第一，2013～2014 年，系统性金融风险存在上行区间和下行区间相互交替的趋势，有明显的周期性特征，系统性金融风险没有表现出明显的增加趋势；第二，2015 年以后系统性金融风险指数呈现趋势性增加态势，2015～2016 年上升明显，且基本都是正值，这与我国金融市场波动和风险变化的实际十分吻合。

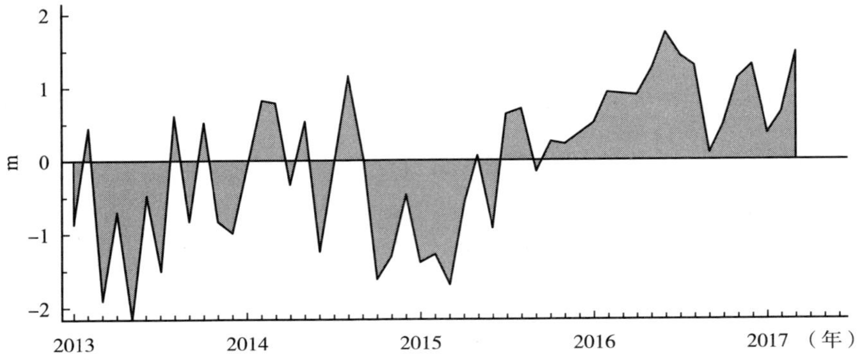

图 3－7　标准化后的我国系统性金融风险指数

3.3.2　商业银行顺周期行为与资本充足率

自 1988 年巴塞尔银行监督委员会发布了《统一资本计量与资本标准的国际协议》（即巴塞尔协议Ⅰ）以来，资本充足率这一核心监管指标的提出与推行，无论是对于各国商业银行的经营行为，还是政府部门的金融监管活动，或是银行业与宏观经济之间的关系，都发挥了巨大的影响力。然而随着现代经济中金融发挥的作用越来越大，以及金融业针对巴塞尔协议不断产生的监管套利行为，虽然巴塞尔协议经历了 2004 年《关于统一资本计量与资本标准的国际协议：修订框架》（即巴塞尔协议Ⅱ）的修改，2007 年美国金融危机的爆发，还是彻底地暴露了以资本充足率为代表资本监管规则，不仅没能解决银行业经营行为本身具有的内在顺周期行为，还由于巴塞尔协议Ⅱ允许商业银行采用内部计量的违约概率（PD）、违约风险暴露（EAD）、违约损失率（LGD）和期限（M）等风险参数计算资本充足率，大幅提高了资本监管的风险敏感度，使得自身规则也具有顺周期性，即资本充足率在经济上行期自动增加，在经济下行期自动减少，也就是造成了银行信贷和经济周期更大的波动及其危害

（Borio & Shim，2007）。次贷危机之后，国际社会普遍意识到金融系统的顺周期行为，特别是金融监管指标设计的缺陷，是影响金融稳定引发系统性金融风险的主要来源之一。

面对银行业和金融监管规则暴露出的上述问题，国际社会和各国金融监管部门进行了大量的研究和改革，宏观审慎政策作为一种新的宏观经济调控方式和金融监管模式被正式引入，其中最具代表性的事件就是 2010 年全球主要经济体的中央银行行长和监管当局负责人，就银行业监管的新协议即巴塞尔协议Ⅲ达成一致，并决定于 2013 ~2019 年陆续开始执行新的协议要求。2013 年 1 月 1 日，我国商业银行业也开始执行基于巴塞尔协议Ⅲ标准的新的《商业银行资本管理办法》。

资本充足率的调整行为是指商业银行在满足监管要求的前提下，通过主动调节资本充足率的高低，以达到提高利润或者抵抗风险的目的。这种调整行为可以是顺周期的，也可以是逆周期的，主要取决于商业银行的想法。我国金融机构在次贷危机中遭受的冲击和损失较小，而作为“主力军”的商业银行对资本充足率的调整行为，是否会表现出有别于西方发达国家的特殊规律？巴塞尔协议Ⅲ后其行为是否有改变呢？在经济上行期和经济下行期其行为是否存在非对称效应？针对这些问题进行的实证分析，将有助于我国宏观审慎政策管理部门和我国银行业在把握巴塞尔协议Ⅲ新的要求中，运用好资本充足率的调节机制，合理设置逆周期资本缓冲等逆周期宏观审慎政策工具，提高宏观经济调控效率。目前该领域国内相关的研究还较少，特别是结合次贷危机的研究。李文泓和罗猛（2010）运用最小二乘法和广义矩分析方法，对我国 16 家商业银行在 1998 ~2008 年的实际资本充足率与经济周期的关系进行了实证分析，发现我国商业银行具有一定的顺周期行为。后续的一系列研究，基本发现我国商业银行在流动性风险、杠杆率等方面存在不同程度的顺周期行为（刘青云，2015；项后军等，2015）。

3.3.3 实证分析

1. 模型估计方法

经济变量的调整行为，不仅受到当前因素的影响，而且与过去的行为密切相关。为了细致考察资本充足率与宏观经济波动的动态关系，故在模型中引入资本充足率的滞后项作为解释变量，构建出我国商业银行资本充足率的动态面板模型，并利用系统 GMM 方法进行估计。系统 GMM 是将差分 GMM 和水平 GMM 结合在一起，其优点是可以提高估计的效率，而且可以估计不随时间变化变量的系数（陈强，2010）。如果被解释变量一阶滞后作为解释变量，其模型形式为：

$$y_{i,t} = \alpha + \rho y_{i,t-1} + x'_{i,t}\beta + u_i + \varepsilon_{i,t}$$

其中，y_{it}是被解释变量，$x'_{i,t}$是解释变量，u_i 是个体效应，$\varepsilon_{i,t}$表示随机误差项。

2. 样本数据及变量选择

为了使研究样本更具代表性，本书选取了 2018 年国内资产规模排名靠前的 10 家商业银行，中国邮政储蓄银行由于国内没有上市且相关财务指标不全予以剔除，分布是中国工商银行、中国建设银行、中国银行、中国农业银行、交通银行、招商银行、兴业银行、浦发银行、民生银行和光大银行。由于我国 2004 年才开始正式实施《商业银行资本充足率管理办法》，而国有商业银行在 2008 年之前才陆续完成上市，2008 年之前的财务数据在各大数据库中严重缺失，因此本节利用 2008 ~ 2018 年的季度数据，各家商业银行财务数据和 GDP 来自 Wind 数据库和 RESETT 数据库。利用 STATA 软件进行分析，各主要变量的经济含义和描述性统计见表 3 – 3。

表 3 – 3　　变量含义及描述性统计

变量	经济含义	均值	标准差	最小值	最大值
CAR	资本充足率	11.45	1.48	8.11	17.19
NPL	不良资产率	1.28	0.51	0.34	4.32
ROE	净资产收益率	11.53	5.22	2.94	30.3
LOAD	贷款的对数	4.50	0.38	3.64	5.19
SIZE	资产规模的对数	4.79	0.38	3.94	5.45
GDP	实际 GDP 增长率	8.11	1.65	6.4	12.2

从经济周期性波动来看，2008 ~ 2018 年正好涵盖了我国一个较完整的经

济周期，既有经济上升期也有下行期，中间还经历了一次国际金融危机的恢复期，因此有利于观察经济周期的不同阶段，我国商业银行对资本充足率的调整行为。图 3-8 给出了 2009~2018 年我国商业银行季度资本充足率和 GDP 变动趋势图。从图中可以直观地观察到，两者变动趋势在这 10 年之间不一致，特别是在 2009~2010 年，我国 GDP 增长非常快，而商业银行资本充足率基本没有变化；而 2011 年之后，我国 GDP 总体呈下行趋势，资本充足率呈上升趋势，GDP 与资本充足率的走势出现了严重的背离现象。

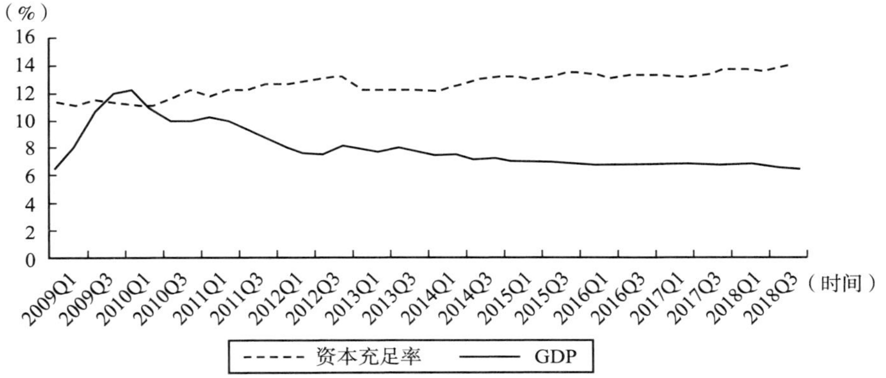

图 3-8 2009~2018 年我国商业银行季度资本充足率与 GDP 走势

资料来源：Wind 数据库。

3. 宏观经济波动下的商业银行资本充足率周期性调整行为

由于上述变量均为季度变量，需对它们进行季度调节，再进行动态面板模型进行实证分析。表 3-4 为商业银行资本充足率周期性调整行为的估计结果，可以看出资本充足率的滞后两期变量 CAP（-1）、CAP（-2）系数显著，CAP（-3）不显著，说明使用二阶滞后的动态面板模型研究商业银行资本充足率周期性调整行为是合适的。CAP（-1）系数为 0.8419，说明上一期资本充足率对本期影响大且为正，CAP（-2）系数为 -0.0982，说明上二期资本充足率对本期有一定的影响且为负，显示商业银行认为资本充足率长期处于高位不利于经营绩效，也就是产生了反向压力。实证结果通过了“所有工具变量均有效”的 Sargan 检验和残差的一阶、二阶自相关检验。

表 3－4　　商业银行资本充足率周期性调整行为的估计结果

变量	系数	标准差	t 统计量	P 值
CAR（－1）	0.8419	0.4080	20.63	0.000
CAR（－2）	－0.0982	0.0370	－2.65	0.008
NPL	－0.0306	0.0666	－0.46	0.646
ROE（－1）	－0.0121	0.0048	－2.50	0.012
LOAD	0.0299	0.0082	3.60	0.000
SIZE	－0.0199	0.0082	－2.42	0.015
GDP	－0.0667	0.0234	－2.85	0.004

资本充足率＝资本÷加权风险资产，因此资本充足率下降原因可能是资本减少，或者加权风险资产增加；或者资本也在增加，但是低于加权风险资产增加的速度。变量 GDP 系数为负，并在 1% 置信水平显著，说明我国商业银行资本充足率调整行为呈现明显的顺周期特征，也就是在经济上行期，商业银行通过增加风险资产来相对降低资本充足率，在经济下行期通过反向操作相对增加资本充足率。ROE 变量不显著，明显不符合经济学常识，因为盈利情况对商业银行的经营会产生显著效果，借鉴刘灿辉等（2012）的做法，取 ROE 一阶滞后值 ROE（－1）作为解释变量，实证结果显示 ROE（－1）显著且系数为负数，与刘灿辉等（2012）实证结果一致，说明我国资产充足率受上一期利润的影响，而且上一期利润高了，这一期更倾向于顺周期提高经营杠杆。LOAD 系数为正，体现了我国商业银行经营的特殊规律，我国银行贷款增速越高，往往是经济越好的时候，银行可以通过增发等方式增加资本，加权风险资产的计算方法也具有明显的顺周期特征。NPL 系数为负，符合经济学的基本规律，但是不显著，原因是我国商业银行不良资产率总体较低，其变化对资本充足率影响不大。变量 SIZE 系数为负，说明我国商业银行存在“大而不倒”的问题，也就是我国资产规模越大的银行越倾向于减少持有收益较低的资本。因此，从表 3－4 来看，我国商业银行资本充足率存在顺周期行为，与西方发达国家相比，并没有表现出明显的差异性。

4. 巴塞尔协议Ⅲ对商业银行资本充足率顺周期行为的影响

2007 年美国次贷危机全面爆发，发达经济体中出现了数量众多的商业银行倒闭或被国有化，很多批评者认为这是商业银行的过度冒险行为导致了这样的结果。金融危机的发生必然给广大商业银行带来一定的警示作用，特别是促使银行高级管理层反思其经营模式，减轻顺周期行为。我国商业银行在金融危机中遭受的损失总体比较有限，损失最大的中国银行为 31 亿美元，由于准备金充足且本身资产规模巨大，并没有造成实质性的影响，但是次贷危机的惨痛教训还是可能影响了我国商业银行的经营行为，包括资本充足率顺周期行为。我国金融监管部门不断优化金融监管制度，积极落实巴塞尔协议Ⅲ，根据其协议要求的《商业银行资本管理办法（试行）》2013 年 1 月 1 日正式开始实施。为研究该监管要求为代表的巴塞尔协议Ⅲ对商业银行资本充足率顺周期行为的影响，引入虚拟变量 Basel，2013 年之前设为 0，2013 年及以后设为 1。

表 3－5 为巴塞尔协议Ⅲ对商业银行资本充足率顺周期行为影响的估计结果，可以看出资本充足率的滞后一期变量 CAP（－1）和滞后二期变量 CAP（－2）系数显著，说明使用动态面板模型是合适的，模型也通过了 Sargan 检验和残差自相关检验。从变量 Basel 的系数为负并且在 1% 置信水平显著来看，说明监管政策的出台改变了我国商业银行顺周期行为，产生了逆周期的效果。由于 2011 年开始我国经济开始下行，为使本结果更加稳健，本书还检验了监管虚拟变量在 2010 年之前设为 0，2011 年以后设为 1 的情况，实证估计结果显示该系数不显著，这说明了 Basel 系数为负并不是因为经济下行而增加，而是巴塞尔协议Ⅲ监管要求对商业银行经营行为产生的影响。从周期性变量 GDP 和 Basel 的交叉项估计结果来看，系数为负而且显著，说明了虽然以巴塞尔协议Ⅲ为核心内容的监管规定的出台，提高了我国商业银行的风险意识，但是与其经营活动所固有的顺周期相比，监管要求对资本充足率的影响要小些，因此两者综合起来还是表现出了顺周期行为。

表 3－5　　巴塞尔协议Ⅲ对商业银行资本充足率顺周期行为影响的估计结果

变量	系数	标准差	t 统计量	P 值
CAR（－1）	0.7640	0.0398	19.19	0.000
CAR（－2）	－0.0641	0.0351	－1.83	0.068
NPL	0.3700	0.0800	－4.62	0.000
ROE（－1）	－0.0053	0.0046	－1.13	0.257

续表

变量	系数	标准差	t 统计量	P 值
LOAD	0.0216	0.0078	2.72	0.007
SIZE	-0.0137	0.0078	-1.76	0.078
GDP	-0.0861	0.0248	-3.47	0.001
Basel	-4.8620	0.7403	6.57	0.000
GDP * Basel	-0.6775	0.0979	-6.92	0.000

5. 股权性质与商业银行资本充足率顺周期行为

改革开放以来，我国金融市场取得长足发展，银行、保险、证券、信托和基金等金融机构日益壮大，我国作为间接融资为主的国家，商业银行的资产规模还是占了大头，2018 年银行业境内总资产 261.4 万亿元，保险业总资产 18 万亿元，信托资产规模降至 22.7 万亿元。在商业银行体系内，存在国有银行、股份制银行、城商行和农商行等，国有商业银行的资产规模最大。不同性质的商业银行，其资本充足率顺周期行为是否存在差异？引入虚拟变量 Guoyou，中国工商银行、中国建设银行、中国银行、中国农业银行、交通银行设为 1，其他的股份制银行设为 0。

表 3-6 为股权性质对商业银行资本充足率顺周期行为影响的估计结果，可以看出资本充足率的滞后一期变量 CAP（-1）和滞后二期变量 CAP（-2）

表 3-6　股权性质对商业银行资本充足率顺周期行为影响的估计结果

变量	系数	标准差	t 统计量	P 值
CAR（-1）	0.8395	0.0408	20.56	0.000
CAR（-2）	-0.0914	0.0372	-2.45	0.014
NPL	0.0312	0.0666	-0.47	0.639
ROE（-1）	-0.0108	0.0048	-2.23	0.026
LOAD	0.0313	0.0083	3.76	0.000
SIZE	-0.0192	0.0082	-2.34	0.019
GDP	-0.0502	0.0250	-2.01	0.045
Guoyou	-0.3645	0.1966	-1.85	0.064

系数显著，说明使用动态面板模型是合适的，模型也通过了 Sargan 检验和残差自相关检验。从变量 Guoyou 的系数为负并且在 10% 置信水平显著来看，说明股份制商业银行，比国有银行资本充足率顺周期行为更明显。从股权性质和管理风格来看，实证结果十分合理，股份制银行往往比国有银行更追求利润，管理层面对股东的压力更大，因此在经营上更顺周期。

6. 宏观经济波动下的商业银行资本充足率顺周期行为的非对称性

为研究我国商业银行在不同的经济周期，其顺周期行为是否存在非对称效应，借鉴斯托尔兹和威德（Stoltz & Wedow，2011）、党宇锋等（2012）的做法，引入虚拟变量 Up 和 Down。如果某一期 GDP 大于或等于上一季度的 GDP，变量 Up 的值为 1，代表经济处于扩张状态，反之为 0。当这一期 GDP 小于上一季度 GDP 时，变量 Down 的值为 1，代表经济处于下行状态，反之取 0。表 3 -7 为我国商业银行资本充足率顺周期行为非对称性的估计结果。交叉变量 GDP * Up 为负且显著，说明我国商业银行资本充足率调整行为，在经济上行期是顺周期进行调整的，而 GDP * Down 系数下行期不显著，这表明商业银行在不同经济周期的调整行为存在差异，主要表现为上行期降低资本充足率。从商业银行经营的角度来看，这十分合理。商业银行往往无法容忍在经济上行期没有降低资本充足率从而导致利润增速低的压力。由于我国商业银行资

表 3 -7 商业银行资本充足率顺周期行为非对称性的估计结果

变量	系数	标准差	t 统计量	P 值
CAR（-1）	0. 8470	0. 0411	20. 60	0. 000
CAR（-2）	-0. 0975	0. 0706	-0. 19	0. 847
NPL	0. 0137	0. 0800	-4. 62	0. 000
ROE（-1）	-0. 0116	0. 0048	-2. 39	0. 017
LOAD	0. 0293	0. 0083	3. 55	0. 000
SIZE	-0. 0189	0. 0082	-2. 31	0. 021
GDP	-0. 4530	0. 0259	-1. 75	0. 080
GDP * UP	-0. 0107	0. 0060	-1. 79	0. 073

本充足率都远远高于最低标准，可以承担经济下行期由于没有提高资本充足率导致的各类风险。因此，导致这种调整行为的差异，主要在于商业银行对盈利的重视程度要高于对风险的防范。

7. 稳健性检验

本节变量之间的关系是基于动态面板模型使用 GMM 方法进行估计的，也可用混合最小二乘法和固定效应静态面板模型进行估计。当使用混合最小二乘法估计时，由于被解释变量的一阶滞后和误差项中的非观测个体固定效应存在正相关关系，因此 CAR（-1）的系数估计量会向上偏倚，而利用静态固定效应模型估计时，由于滞后项和随机扰动项负相关，CAR（-1）的系数估计量会向下偏倚。所以利用 GMM 方法使用动态面板模型的一致估计量应该处于混合最小二乘法和固定效应静态面板模型估计量之间。对上述三个部分的估计结果进行稳健性检验，结果见表 3-8，表明上述估计结果是稳健的。

表 3-8　　动态面板模型估计结果稳健性检验

CAR（-1）	动态面板模型	固定效应静态面板模型	混合最小二乘法
表 3-4	0.8419	0.8012	0.9026
表 3-5	0.7639	0.7137	0.8288
表 3-6	0.8395	0.7981	0.8983
表 3-7	0.8470	0.8012	0.9030

3.3.4 结论及启示

次贷危机后，国际社会对于金融机构顺周期行为的关注提高到了前所未有的程度，也成为巴塞尔协议Ⅲ和宏观审慎政策主要解决的两大系统性金融风险来源之一。本节基于动态面板模型，根据国内 2008～2018 年 10 家商业银行的季度非平衡面板数据，对我国商业银行顺周期行为进行实证分析。实证分析结果表明：我国商业银行资本充足率与宏观经济波动存在负相关关系，说明商业银行对资本充足率存在顺周期行为，也就是商业银行在经济上行期，通过扩张信贷规模主动降低资本充足率来增加利润，在经济下行期，缩减贷款规模提高资本充足率以抵御风险。我国商业银行同样存在“大而不倒”的道德风险，资产规模越大的商业银行的资本充足率越低。次贷危机的发生，巴塞尔协议Ⅲ等监管协议促使我国商业银行部分调整了顺周期调整资本充足率的行为，但是并未导致其顺周期行为发生根本性改变。股份制商业银行比国有银行顺周期调整行为更加明显。我国商业银行对资本充足率的调整行为在宏观经济下行期和上升期的表现是非对称的，主要表现在经济上行期商业银行为提高盈利，更加重视经营绩效。

上述研究结论具有一定的政策意义。首先，与其他国家商业银行相比，我国商业银行的资本充足率属于较高水平，主要得益于近些年我国商业银行通过上市或增发股票，获得大量优质的一级资本，以及通过良好经营的绩效累积了大量的未分配利润。随着未来上市对资本充足率带来的红利效应的消失和经营环境的日趋激烈，我国商业银行资本充足率压力将不断显现。其次，对于我国资产规模较大的特别是系统重要性商业银行，金融监管部门一定要建立逆周期资本缓冲机制和附加资本要求，防范和监管它们过度的风险承担行为。再次，对于我国商业银行来说，巴塞尔协议Ⅲ虽然有一定的限制作用，但是利润最大化的经营目标和高级管理层对自身利益追求，往往很难改变商业银行的顺周期行为，因此要对商业银行管理层的薪酬制度进行监督并优化设计。最后，在目前我国面临经济下行压力的阶段，金融监管部门要合理引导商业银行对某些行业缩减贷款提高自身抗风险能力的行为，防止整个经济体贷款增量减速过快对宏观经济的二次伤害。

3.4　本章小结

对于系统性金融风险的研究，是次贷危机之后，理论界和实务界最关心并且最热门的领域之一。由于系统性金融风险的复杂性和抽象性，目前普遍被接受的系统性金融风险的界定还未形成，主要是从风险危害大小、风险传染、影响金融市场功能发挥和对实体经济的冲击程度四个角度展开。系统性金融风险的动态演化机制包括了系统性金融风险的累积、突变和危机扩散过程，从研究的难度和价值来看，最重要的是识别系统性金融风险什么时点开始累积，另一个关键的节点是系统性金融风险如何突变。系统性金融风险基本分为时间维度的系统性金融风险，主要是金融机构的顺周期行为，这既有金融机构天然逐利有关，也与金融监管规则、评级机构和会计规则的顺周期相关；在空间维度的系统性金融风险中，金融机构之间的相互关联和共同风险敞口由于系统重要性金融机构的存在显得更加复杂。系统性金融风险的测度是防范和化解系统性金融风险的第一步，也是极其重要的一步。次贷危机后，出现了一些新的或者调整过的测度系统性金融风险的指标、模型和综合评价项目。

改革开放40多年来，我国取得了举世瞩目的经济建设成就，但是随着潜在生产力的变化，我国从年平均9.5%左右的增长率到目前6.5%左右的增长目标，宏观经济下行的压力引发金融行业一定程度上的经营难度和风险。同时，我国外部金融风险也不可小觑，世界经济整体增长放缓，各国争相调整量化宽松的货币政策，国际大宗商品价格剧烈波动，外部不确定性增加，这些外部风险都可能会对我国金融市场的稳健运行带来溢出效应。在我国金融市场内部，间接融资比例过高，市场化程度还不高，金融机构还享受着不少政策红利，金融监管体制也尚未完全跟得上世界和国内金融发展形势，以及防范系统性金融风险的要求。房价近些年来大幅上涨，居民杠杆率增加快速，地方政府债务规模越来越大，我国金融机构大量参与其中，一旦未来这两个领域的任何一个出现大的问题，将对我国金融市场稳定甚至是宏观经济产生巨大冲击。

测度系统性金融风险，反映金融体系风险综合情况的综合指标法的使用最为广泛，根据我国金融市场2013～2017年的月度数据，利用CDF—信用加权法对我国系统性金融风险进行测度，发现2015年之后我国系统性金融风险呈一定的上升趋势。我国商业银行在金融市场和宏观经济调控中扮演着极其重要的作用。资本充足率这一核心监管指标一方面提高了商业银行抗风险的能力，另一方面也成为我国商业银行顺周期调整的工具。利用我国10家商业银行2008～2018年的季度面板数据，通过动态面板模型发现我国商业银行资本充足率与经济周期呈负相关，说明我国商业银行存在顺周期行为；巴塞尔协议Ⅲ的出台对我国商业银行顺周期行为产生了一定的抑制作用，但是总体上并没有改变其顺周期行为的性质；股份制商业银行比国有银行顺周期更明显，我国商业银行对资本充足率的调整行为存在非对称效应，其更关注经济上行期。

第 4 章

我国宏观审慎政策工具有效性研究

伴随着宏观审慎政策的实施，大量宏观审慎政策工具被开发与设计出来，并积极投入金融监管与宏观经济调控，这些工具的政策效果是影响宏观审慎政策有效性的最关键因素之一。如果没有工具的有效性，根本没有宏观审慎政策的有效性。与此同时，对经济金融现象和问题认识的深入，总是伴随着新的经济研究方法的使用而不断发展，动态随机一般均衡（Dynamic Stochastic General Equilibrium，DSGE）模型是近一二十年来宏观经济学研究方法发展的主要标志物之一，已在货币政策和财政政策有效性的研究上取得了十分丰硕成果，越来越多的 DSGE 模型在宏观审慎政策相关问题的研究中发挥重要的作用。

4.1　我国宏观审慎政策工具箱

货币政策作为世界各国中央银行普遍采用的宏观经济调控政策，在长期的发展过程中，形成了具有鲜明政策特点的三大工具，就是存款准备金、再贴现和公开市场操作，对货币供应量或市场利率进行调节或控制。宏观审慎政策是否有效，是否能够有效区别于其他形式的宏观调控政策和微观审慎监管，关键在于宏观审慎政策工具的开发和使用。

4.1.1 宏观审慎政策工具的分类

1. 专属工具与校准工具

宏观审慎政策的目标是防范和化解系统性金融风险，国际货币基金组织（IMF，2011）将宏观审慎政策工具是否专门针对系统性金融风险，分为专属工具与校准工具两类。专属工具是指为防范和化解系统性金融风险量身定做的工具，往往是次贷危机之后国际社会或各国新开发出来的，如逆周期资本缓冲、系统重要性机构资本附加、对未通过中央对手清算的交易提出更高资本要求等。校准工具来自传统货币政策或传统的金融监管工具，但是在使用规则等方面进行调整后，也可用于维护金融稳定，如动态拨备、贷款价值比（LTV）、货币错配或敞口限制、贷款规模限制等。

2. 杠杆类工具、流动性工具和关联类工具

金融机构特别是商业银行，被认为是系统性金融风险的主要来源，国际社会推出宏观审慎政策的代表性成果之一就是巴塞尔协议Ⅲ，其针对金融机构杠杆率、流动性和相互关联度等风险源，设计了一系列宏观审慎政策工具，按这个标准，主要可以分为杠杆类、流动性类和关联类工具。杠杆类工具有资本充足率、逆周期资本缓冲、动态拨备、LTV、DTI 等。流动性类工具有资产流动性要求、外汇敞口头寸限制、通过交易商交易等。关联类工具有系统重要性机构资本附加、集中度限制等。

3. 时间维度类工具和空间维度类工具

系统性金融风险通常来自时间维度和空间维度，因此通常宏观审慎政策工具分类，分为时间维度类工具和空间维度类工具。时间维度类工具，主要是针对金融系统的高杠杆和顺周期性，防止系统性金融风险失衡累积，主要工具有逆周期资本工具和拨备工具，最具特色的就是逆周期资本缓冲；还有针对特定部门的工具，如 LTV、DTI 等；最后是流动性工具，有存贷比、杠杆率、稳定资金要求（SDR）、核心融资比率、差别存款准备金等。时间维度工具，主要针对系统性金融风险在各个机构之间的分布，金融机构与金融机构之间、金融机构与实体经济之间的相互作用。针对金融机构“大而不倒”，提出系统重要性机构附加资本要求；对金融机构的部分高风险业务要求“结构性分离”；通过设置生前遗嘱（Living Wills）、应急资本机制、存款保险制度和问题银行处置，设计好退出机制；对未通过中央对手清算的交易提出更高的资本要求等。

4.1.2　我国特色宏观审慎政策工具概述

1. 动态差别存款准备金

欧美发达经济体由于存在发达的金融市场，中央银行已较少通过存款准备金调控宏观经济，主要通过公开市场操作调控市场，存款准备金往往接近于零。存款准备金是中国人民银行目前掌握的、少有的能够直接影响商业银行资产负债表的政策工具，因此一直被精心设计并加以利用。中国人民银行2011年正式引入了差别存款准备金动态调整制度，并将其视为重要的宏观审慎政策工具。中国人民银行认为该工具具有透明、清晰和动态调整的特点，每年对相关参数进行调节，能够充分发挥逆周期、预调和微调的作用，将货币信贷和流动性管理的总量调节与宏观审慎理念进行有机结合，将信贷投放与宏观审慎所要求的资本水平相联系，能够综合考虑各金融机构的系统重要性和稳健性状况，以及所处经济周期的景气程度，引导和激励金融机构自我保持稳健和逆周期调节信贷投放。差别准备金动态调整措施与利率、公开市场操作、存款准备金率等传统货币政策工具相配合。实施该政策几年来，取得了很好的实施效果，有力地促进了我国货币信贷的平稳增长，引导货币信贷及时回归常态，同时提升了我国金融机构稳健性，商业银行资本充足率整体保持在较高水平。

2. 贷款价值比

贷款价值比（Load to Value）是次贷危机前，国内外就有的金融监管工具之一。由于使用贷款价值比可以有效控制信贷增长，特别是可直接针对某些细分市场（房地产市场）进行精确调控，因此，次贷危机的发生使得其成为一种重要的宏观审慎政策工具，得到了国际社会前所未有的关注。面对我国房地产市场发展过热和房价过高的情况，我国政府一直积极通过控制首付比率来调控房地产市场（首付比率 =1 - 贷款价值比，见表 4 - 1）。

表 4 - 1　　2007 年以来我国房地产贷款价值比变化情况　　单位：%

时间	首套房（面积 <90 平方米）	首套房（面积≥90 平方米）	二套房
2007 年	80	70	60
2008 年	80	80	60
2010 年 9 月 30 日以前	80	70	50
2010 年 9 月 30 日之后	70	70	50
2011 年之后	70	70	40
2013 年之后	70	70	30
2015 年之后	75	75	30

资料来源：根据中国人民银行历年货币政策报告及其他资料整理而成。

3. 宏观审慎评估体系（MPA）

为了提高中央银行在维护金融稳定的核心地位和作用，中国人民银行从 2016 年起将现差别准备金动态调整和合意贷款管理机制，升级为宏观审慎评估体系（以下简称 MPA）。资本和杠杆情况、资产负债情况、流动性、定价行为、资产质量、外债风险、信贷政策执行七大方面，构成 MPA 体系的主要内容，其中资本充足率是评估体系的核心。MPA 关注广义信贷，将债券投资、股权及其他投资、买入返售等纳入其中，以引导金融机构减少各类腾挪资产、规避信贷调控的做法。同时利率定价行为是重要考察方面，以约束非理性定价行为。MPA 按每季度的数据进行事后评估，同时按月进行事中事后监测和引导。

4.2　新凯恩斯 DSGE 模型概述

4.2.1　卢卡斯批判与 RBC 模型

现代宏观经济学基本上是在凯恩斯于 1936 年发表的《就业、利息、货币通论》基础上发展起来的。凯恩斯主义在研究宏观经济总量的决定因素或总量之间的关系，虽然也考虑到微观主体的行为，比如持有货币的不同需求，但是并没有在微观主体的决策与经济总量之间建立起逻辑一致的关系，因而缺乏微观基础成为凯恩斯主义学派的“硬伤”。20 世纪 70 年代西方国家开始出现“滞胀”问题，凯恩斯主义学派对其无法解释更是使得它饱受其他各学派攻击。同是 70 年代，新古典宏观经济学（New - Classical Macroeconomics）中的理性预期学派出现，并指出了传统凯恩斯主义宏观经济学存在两大缺陷：一是凯恩斯主义宏观经济学缺乏理性预期因素，理性预期学派提出预期对于宏观经济运行至关重要，理性预期在宏观经济模型（如著名的菲利普斯曲线）主要变量关系中发挥着重要作用；二是对凯恩斯主义宏观经济学用于进行政策评估和经济预测的传统的计量经济学模型的实证基础提出了质疑，也就是著名的卢卡斯批判。卢卡斯（1976）认为，以凯恩斯主义经济学为基础建立起来的计量经济学模型是失效的，因为这些模型是以过去观测到的宏观经济变量之间的统计关系为基础建立的，而一旦这种统计关系成为公共知识，理性预期将使得这种关系不再成立。另外，利用模型预测时，参数的“结构性”要求模型中的参数本身不能随着经济政策的变动而发生变动，即参数不是经济政策的函数。如果模型不能满足结构性特征，那么根据过去观测到的数据得出的经济关系来预测未来的经济走势，并以此来评价当前的经济政策就有可能是失效的。卢卡斯呼吁真正意义上的“结构性”模型的诞生。

基德兰德和普雷斯科特（Kydland & Prescott，1982）合作发表的论文将宏观经济学模型建立在理性人最优化行为的基础之上，并用一般均衡方法研究外部冲击在经济波动中的传导作用，开创了实际经济周期（Real Business Cycle，RBC）模型。由于 RBC 模型在宏观经济模型中成功加入了理性预期和微观基础，成功解决了卢卡斯批判，基德兰德和普雷斯科特因此获得了 2004 年诺贝尔经济学奖。

为解决上述所谓的“凯恩斯主义理论危机”，20 世纪 80 年代以来，新凯恩斯主义经济学（New - Keynesian Economics）形成，吸收了大量新古典经济学中合理的部分，特别是关于理性预期的内容，并试图建立工资和价格粘性等宏观经济问题的微观基础，90 年代新新古典综合（New Neoclassical Synthesis）诞生。新新古典综合将 RBC 模型与新凯恩斯主义理论综合起来，建立了新凯恩斯 DSGE 模型（以下简称 DSGE 模型）。

4.2.2 DSGE 模型建模的主要步骤

虽然不同研究目的 DSGE 模型的建模重点和复杂程度不同，但是 DSGE 模型建模一般包含四个主要步骤，本节结合一个研究技术冲击对宏观经济影响的简单 DSGE 模型进行说明。

1. DSGE 模型的设定

DSGE 模型的设定对于整个研究来说是第一步，也是最重要的一步，因为模型的设定直接决定了它是否符合经济理论和现实情况，模型是否有唯一解，以及模型与数据的相容性。模型的设定主要包括三个方面：首先是模型中包含几类经济主体，通常假设包括居民、厂商、金融机构、政府和中央银行等微观经济主体，每个类型还可以细分，如居民可分为存款者（只存款不贷款）和贷款者（只贷款不存款），厂商可分为中间品生产者和最终品生产者；每个类型的经济主体是异质还是同质的，经济主体的数量是无限且连续分布的还是有限数量的。其次是对经济主体的行为决策方式建模，包括目标函数和约束条件。居民是在预算约束下最大化其效用函数，厂商和银行在一定的市场条件、生产函数和需求约束下最大化其利润，政府（财政部门）和中央银行在财政约束和信息约束下最大化社会福利水平。最后是对上述微观经济主体行为进行加总，将微观经济主体的行为方程转换为宏观行为方程，如果每个微观经济主体都是同质的，那么总量行为方程与个体行为方程在形式上是一致的，经济主体为代表性个人（Representative Agent）。如果经济主体是异质的，加总方法十分复杂，通常考虑在世代交叠模型（Overlapping Generations Model）中得到解决。

根据上述对 DSGE 模型设定的介绍，我们假设例子中的某经济体中存在居民、企业和中央银行三类经济主体，一个永续生存的代表性家庭它的目标效用函数为：

$$E_0 \sum_{t=0}^{\infty} \beta^t \left[\frac{C_t^{1-\sigma}}{1-\sigma} - \frac{N_t^{1+\varphi}}{1+\varphi} \right] \tag{4-1}$$

其中，C_t 为代表性家庭的消费，N_t 为代表性家庭的劳动供给，β 为家庭的跨期贴现率，$\frac{1}{\sigma}$是消费跨期替代弹性；$\frac{1}{\varphi}$为劳动跨期替代弹性，E_0 是期初条件期望算子；代表性家庭面临如下预算约束：

$$P_tC_t + Q_tB_t \leq B_{t-1} + W_tN_t - T_t \tag{4-2}$$

P_t 为价格总水平，B_t 为只有一期到期（One-period）无风险债券，Q_t 为债券价格，W_t 为劳动的工资，T_t 为家庭一次性总付税。公式（4-2）预算约束意味着代表性家庭每期消费支出加上购买债券的投资性支出，要少于每期债券到期获得的本金加上工资收入减去纳税的部分。同时我们假设代表性家庭永远不会成为一名借款者，也就是满足非蓬齐博弈条件：

$$\lim_{t\to\infty} E_tB_t \geq 0 \tag{4-3}$$

代表性家庭在约束条件［公式（4-2）和公式（4-3）］下最大化目标函数效用［公式（4-1）］，通常的方法有动态规划方法、拉格朗日乘数法和全微分方法，有一阶最优条件①：

$$\frac{W_t}{P_t} = C_t^{\sigma}N_t^{\varphi} \tag{4-4}$$

$$\beta E_t\left[\left(\frac{C_{t+1}}{C_t}\right)^{-\sigma}\frac{P_t}{P_{t+1}}\right] = Q_t \tag{4-5}$$

公式（4-5）代表消费的欧拉方程。

代表性企业使用如下生产函数进行生产：

$$Y_t = A_tN_t^{1-\alpha} \tag{4-6}$$

为研究技术冲击的影响，定义：$\log A_t = a_t$

$$a_t = \gamma a_{t-1} + \varepsilon_t^a \tag{4-7}$$

其中：$\gamma \in (0, 1)$，ε_t^a 是个 iid 的随机变量。

企业每期寻求利润最大化：

$$P_tY_t - W_tN_t \tag{4-8}$$

将公式（4-6）代入公式（4-8），并关于 N_t 求一阶导得出最优条件：

$$(1-\alpha)A_tN_t^{-\alpha} = \frac{W_t}{P_t} \tag{4-9}$$

公式（4-9）其实意味着企业利润最大化情况就是劳动的边际产出（等式左边）要等于实际工资（等式右边）。

中央银行通过调控利率这一政策工具实施货币政策，并使用泰勒形式的货

① 不同方法得出的结论是相同的，但是针对不同形式的函数，使用不同的方法处理起来的难度和效率差别很大。

币政策规则。

$$i_t = \theta + \phi_\pi \pi_t + \phi_y y_t \tag{4-10}$$

其中，i 代表名义利率，π 代表通货膨胀相对于其稳态值的偏离，y 代表产出缺口。

由于该经济体中仅有消费，因此市场出清条件为：

$$Y_t = C_t \tag{4-11}$$

由上述方程（4-4）~（4-11）构成的方程组，即为 FOC 条件和其他约束条件构成 DSGE 模型。

2. DSGE 模型的对数线性化

DSGE 模型大都是非线性模型，比如上述 7 个方程构成的模型，其求解的方法基本可以分为两类：一是直接进行求解，这种办法的优势在于能得到所有的变量信息，缺点在于除了少数特例外，求解过程非常复杂，计算速度缓慢，对于大部分模型来说都是很难完成的；二是对 DSGE 模型在其稳态附近进行对数线性化，当然这样处理的前提是距其稳态不远，只有这样对数线性化的结果才是对原模型较好的逼近。基本处理方法就是对模型方程取对数，然后一阶泰勒展开。由于计算机的发展，目前对 DSGE 模型进行对数线性化这一步骤已经可以由软件自动完成。但是如果由软件自动完成，会使得软件编程中的模型内生变量初始值的设置变得复杂而且容易不准确，而如果通过手工推出对数线性化后的方程，设置模型内生变量初始值变得十分简单，均设为 0 即可。

尤里格（Uhlig，1999）提出不用求导数即可对数线性化的更为简单的方法，是目前文献中对数线性化的主流处理方法，也就是定义 $x = \ln X_t - \ln \overline{X}$，其中$\overline{X}$是 X_t 的稳态值，于是：

$$X_t = \overline{X} \cdot \frac{X_t}{\overline{X}} = \overline{X} e^{\ln X_t - \ln \overline{X}} = \overline{X} e^x \approx \overline{X}(1 + x)$$

将上例中方程组按照尤里格方法进行对数线性化，化为线性理性预期（Linear Rational Expectation）的模型形式（小写字母均表示各变量相对于其稳态值的偏离，下同）

$$c_t = E_t c_{t+1} - \frac{1}{\sigma}(i_t - E_t \pi_{t+1} + \ln\beta) \tag{4-12}$$

其中：$Q_t = (1 + i_t)^{-1}$，$i \approx -\ln Q$

$$w_t - p_t = \sigma c_t + \varphi n_t \tag{4-13}$$

$$y_t = a_t + (1-\alpha)n_t \tag{4-14}$$

$$w_t - p_t = a_t - \alpha n_t + \ln(1-\alpha) \tag{4-15}$$

$$a_t = \rho a_{t-1} + \varepsilon_t^a \tag{4-16}$$

$$i_t = \theta + \phi_\pi \pi_t + \phi_y y_t \tag{4-17}$$

$$y_t = c_t \tag{4-18}$$

3. DSGE 模型参数的确定

DSGE 模型的应用价值很大程度上体现在求解结果能不能很好地反映实际经济的数据特征，而模型的求解结果十分依赖参数的选择，因此对 DSGE 模型参数进行正确设定是 DSGE 建模的一个重要环节。DSGE 模型的参数主要有两类：一是反映模型稳态特征的参数，二是反映模型动态特征的参数。基德兰德和普雷斯科特（1982）开创了模型参数校准（Cailibration）方法，这一方法由于缺乏坚实的理论基础，长期以来受到了一定程度的质疑和批评（Hansen & Heckman，1996），但是由于模型和数据的限制，目前还是确定 DSGE 参数的主要方法。另外就是利用估计的方法来确定模型参数，常用的有极大似然估计法、广义距估计法、模拟距估计法和贝叶斯估计法。相对于其他方法而言，贝叶斯估计考虑了参数的先验分布，并根据与模型研究相对应的宏观经济数据对参数进行估计和修正，形成后验分布，贝叶斯估计已经成为 DSGE 模型参数估计的主流方法。

例中有 β、σ、φ、α、θ、ρ、ϕ_π、ϕ_y 共 8 个参数需要确定。假设本例子使用校准的方法来确定参数。校准也有两种不同的方式，一是直接采用已发表的相似文献中的相关参数的取值，梅冬州和龚六堂（2011）将消费跨期替代弹性倒数 σ 设定为 2；二是直接利用宏观微观数据进行计量估计，如家庭的跨期贴现率 β 可以用经济体中的存款利率、生产函数中 α 用劳动收入占总收入的比重进行计算得到。本例主要借鉴国内外的一些相关研究文献，参数校准设置见表 4-2。

表 4-2　　参数校准

参数	β	σ	φ	α	θ	ρ	ϕ_π	ϕ_y
校准值	0.99	2	0.3	0.5	0.9	0.75	1.5	0.5

4. DSGE 模型的模拟

DSGE 模型参数确定后模型就可以求解了。自从 20 世纪 80 年代以来，各国学者发明了 10 种以上的 DSGE 模型的具体解法，最具代表性的是布兰查德和卡恩（Blanchard & Kahn，1980）发表的文章，当前求解过程都可以由计算机自动完成。利用 DSGE 模型的估计结果，通过模拟可以比较各种随机冲击（技术冲击、货币政策冲击和金融冲击等）对宏观经济变量的影响，也可以比较不同形式的宏观经济政策或政策规则下的效果，或结合某一标准选择最优政策工具或规则，从而评价宏观经济政策的实施效果，为宏观政策调整或金融监管改革提供依据。假设上例中要研究技术冲击对经济系统的影响，那么可以模拟出一个单位的正向技术冲击形成的脉冲响应函数图。从图 4－1 可看出，正向的技术冲击带来了生产效率的提高，因此对产出产生了正的效果，初期的效应最大，并逐渐消失，持续时间大概十期，而技术的提高对劳动力有一定的替代效应，因此对劳动力产生了负向效果，初期导致偏离稳态 0.007% 左右，十期之后基本消失。由于生产能力的提高，物价下降，对通货膨胀产生负向影响。就货币政策进行宏观经济调控而言，如果打算降低产出就要提高利率，打算提高通货膨胀就要降低利率，由于货币政策规则中对通货膨胀的反应系数更高，因此对利率也具有负向影响。

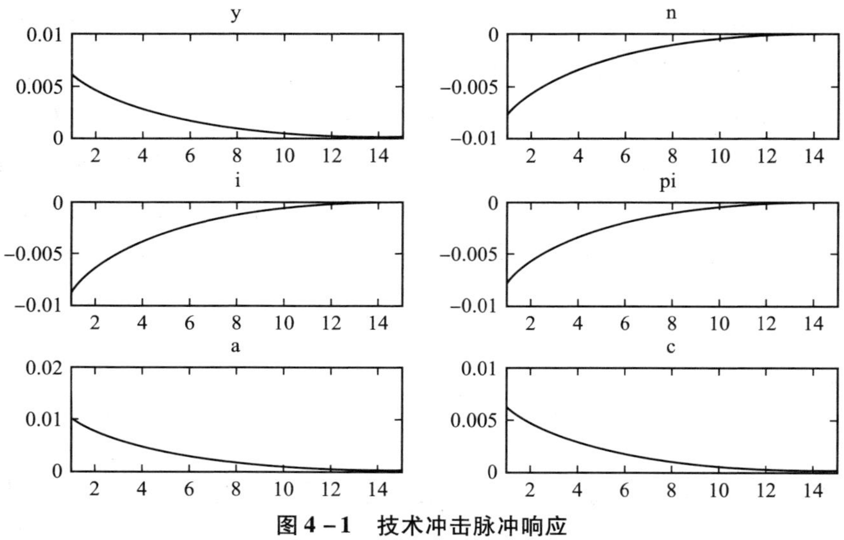

图 4－1　技术冲击脉冲响应

4.3 我国逆周期宏观审慎政策工具有效性的实证研究

从系统性金融风险的角度来看，一国银行信贷增长过快、资产价格泡沫形成、金融体系所具有的顺周期行为都是宏观审慎政策重点关注的对象，因此必须使用逆周期宏观审慎政策工具进行干预。目前我国已经使用的逆周期宏观审慎政策工具有留存资本缓冲、动态差别存款准备金、前瞻性风险拨备制度、贷款价值比等。正如本书第2章和本章4.1节提到的那样，次贷危机前包括我国在内的许多新兴市场经济国家已经在使用贷款价值比工具。由于贷款价值比可以有效地控制信贷增长，并能够降低经济体的系统性金融风险，因此次贷危机后该工具得到了国际社会前所未有的关注，成为G20和FSB等国际组织推荐的主要宏观审慎政策工具之一。因此，本节以贷款价值比作为我国逆周期宏观审慎政策工具的代表，建立一个多部门的DSGE模型，探讨我国宏观审慎政策工具的有效性。本节DSGE模型中只引入一种逆周期宏观审慎政策工具的原因有三：一是逆周期调节工具的运行机制基本相同，利用一种工具就能充分说明其机理；二是如果同时利用多种工具，也不好单独判断某一种宏观审慎政策工具的有效性；三是国内外研究宏观审慎政策的DSGE模型刚刚起步，许多宏观审慎政策工具并不是很容易地能够加到DSGE模型中。

4.3.1 模型设计

根据本书的研究目的，本节建立的多部门DSGE模型是根据我国经济金融特点，并借鉴了近年来相关主流研究的模型（Kiyotaki & Moore，1997；Iacoviello & Matteo，2005；Gerali et al.，2010；Broza - Brzezina & Kolasa，2013；Afanasyeva & Karasulu，2013；Broza - Brzezina et al.，2013；马勇，2017；Funke et al.，2018）。本节DSGE模型假设我国经济中存在多种微观经济主体，模型中引入了工资摩擦、价格摩擦和金融摩擦，宏观经济调控政策除货币政策和财政政策之外，还有宏观审慎政策。不同微观经济主体的主要关系见图4－2。

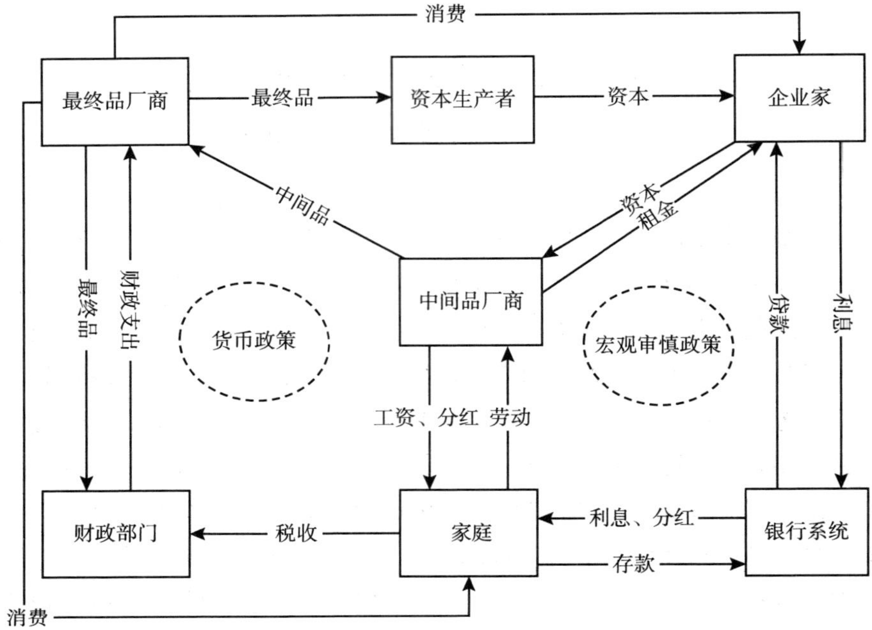

图 4-2　DSGE 模型微观经济主体关系

1. 家庭

假设经济中存在无数个连续的具有无限生命的家庭 h，$h \in [0, 1]$，每个家庭追求最大化效用：

$$E_0 \sum_{t=0}^{\infty} \beta^t \left[\Psi_{C,t} \frac{(C_t(h) - bC_{t-1}(h))^{1-\sigma}}{1-\sigma} - \frac{N_t(h)^{1+\gamma}}{1+\gamma} \right] \tag{4-19}$$

其中，β 为家庭的跨期贴现率，$C_t(h)$ 为家庭的消费，b 为家庭消费习惯的形成程度，$N_t(h)$ 为家庭的劳动供给，σ 和 γ 分别代表消费跨期替代弹性的倒数、劳动跨期替代弹性的倒数，E_0 是期初条件期望算子。$\Psi_{C,t}$ 为消费偏好冲击，服从一个 AR(1) 的过程，即 $Ln\Psi_t = \rho_C Ln\Psi_{t-1} + \varepsilon_t^c$，$\varepsilon_t^c$ 是一个 iid 的随机冲击。

家庭受到其预算约束：

$$P_t C_t(h) + D_t(h) + T_t(h) = W_t(h) N_t(h) + R_{t-1} D_{t-1}(h) + \prod_t(h) \tag{4-20}$$

其中，$D_t(h)$ 为家庭存款，$W_t(h)$ 名义单位工资收入，R_{t-1} 表示上一期家庭存款利息，P_t 为名义价格总水平，$T_t(h)$ 为家庭一次性总付税，$\prod_t(h)$ 为家庭的股权分红收益（经济系统中的银行和企业都归家庭所有）。

假设家庭 h 的劳动连续分布于区间 [0, 1]，各个家庭提供有差别的劳动，存在一个完全竞争的“打包”企业，将这些有差别的劳动“打包”成无差别的单一类型的劳动，供中间品厂商用于产品生产。

定义 N_t 为 t 时期该“打包”企业提供给中间品厂商的劳动数量，则有：

$$N_t = \left(\int_0^1 N_t(h)^{\frac{\phi_w - 1}{\phi_w}} dh\right)^{\frac{\phi_w}{\phi_w - 1}} \tag{4-21}$$

公式（4-21）中的 ϕ_W 为劳动替代弹性，$N_t(h)$ 为家庭 h 提供的劳动数量。不同类型的家庭 h 在 t 时期获得 $W_t(h)$ 的名义单位名义工资。由于“打包”公司是完全竞争的，则 t 时期的加总名义工资等于：

$$W_t = \left(\int_0^1 W_t(h)^{1-\phi_w} dh\right)^{1-\phi_w} \tag{4-22}$$

“打包”企业对家庭 h 的劳动需求为：

$$N_t(h) = \left(\frac{W_t}{W_t(h)}\right)^{\phi_w} \tag{4-23}$$

家庭 h 按照卡尔沃（Calvo, 1983）定价方法来设置他们的工资，每期有 $1-\theta_w$ 比例的家庭可以重新设定最优工资价格，而剩下的 θ_w 没有收到信号来重新设定最优工资价格的家庭，根据下述规则制定工资：

$$W_{t+1}(h) = ((1-\zeta_w)\overline{\pi} + \zeta_w \pi_{t-1}) W(h) \tag{4-24}$$

其中，$\overline{\pi}$为稳态通货膨胀率，$0 \leqslant \zeta_W \leqslant 1$，$\pi_t = \frac{P_t}{P_{t-1}}$。

2. 厂商部门

经济体中不同性质的厂商在生产过程中扮演不同的角色。资本生产者生产资本；中间品厂商生产有差别的中间品，并卖给最终品厂商；最终品厂商将中间品组成无差别的最终品，最终品可以用于消费、卖给资本生产者或政府。

（1）资本生产者。资本生产者处于完全竞争的环境。每一期期初，资本生产者将购买的最终品 I_t 和上一期折旧后的资本组成新资本，根据克里斯蒂亚诺等（Christiano et al., 2005）的处理方法，最终品转化为资本的调整成本为 $S(I_t/I_{t-1})$，$S(1) = S'(1) = 0$，$S''(1) = \kappa > 0$，κ 是资本调整成本。

$$K_t = (1-\delta)K_{t-1} + \left(1 - S\left(\frac{I_t}{I_{t-1}}\right)\right)I_t \quad (4-25)$$

其中，δ 为资本折旧率，I 为投资额。

（2）最终品厂商。假设经济体中存在连续的中间品厂商 j，$j \in [0, 1]$，他们将生产的 $Y_t(j)$ 的产品提供给最终品厂商生产最终品，最终品 Y_t 的生产技术如下：

$$Y_t = \left(\int_0^1 Y_t(j)^{\frac{\phi_y - 1}{\phi_y}} dj\right)^{\frac{\phi_y}{\phi_y - 1}} \quad (4-26)$$

其中，ϕ_y 是中间品替代弹性。由于最终品市场是完全竞争的，因此最终品厂商生产决策就是在最终品价格 P_t 和中间品 $P_t(j)$ 价格约束下最大化其利润：

$$\max_{Y_t(j)} P_t Y_t - \int_0^1 P_t(j) Y_t(j) dj \quad (4-27)$$

根据上式可得出最终品厂商对中间品厂商 J 的需求：

$$Y_t(j) = \left(\frac{P_t(j)}{P_t}\right)^{-\phi_y} Y_t \quad (4-28)$$

根据零利润条件，可以推出总价格水平：

$$P_t = \left(\int_0^1 P_t(j)^{1-\phi_y} dj\right)^{\frac{1}{1-\phi_y}} \quad (4-29)$$

（3）中间品厂商。中间品厂商租用资本和劳动，并使用柯布—道格拉斯生产函数进行生产：

$$Y_t(j) = A_t K_t(j)^{\alpha} N_t(j)^{1-\alpha} \quad (4-30)$$

其中，A_t 代表技术冲击，服从一个 AR（1）的过程，A_t 的稳态值为 1。中间品厂商最优生产分为两个部分。中间品厂商决策最优化可分为两个部分。第一部分为中间品厂商在给定工资水平 W_t 和资本租金 $R_{K,t}$ 的条件下最小化成本：

$$\min_{Lt(j), K_t(j)} W_t N_t(j) + R_{K,t} K_t(j) \quad (4-31)$$

第二部分，中间品厂商 j 按照卡尔沃定价方法来设置他们的产品价格来最大化利润，即每期有 $1-\theta_P$ 比例的中间品厂商可以重新设定最优价格，而剩下 θ_P 的没有收到信号来重新设定最优价格的中间品厂商，根据下述规则制定价格：

$$P_{t+1}(j) = ((1-\zeta_P)\overline{\pi} + \zeta_P \pi_{t-1}) P(j) \quad (4-32)$$

3. 企业家

经济体中存在代表性的企业家，其效用函数为：

$$E_0 \sum_{t=0}^{\infty} \beta_E^t \frac{(C_t^E(\tau) - bC_{t-1}^E(\tau))^{1-\sigma}}{1-\sigma} \tag{4-33}$$

企业家消费最终品，向资本生产者购买资本，并将资本租给中间品厂商并收取租金，向银行贷款并支付贷款利息，企业家的预算约束为：

$$P_t C_t^E(\tau) + Q_t K_t + R_{L,t-1} L_{t-1}(\tau) = (R_{K,t} + Q_t(1-\delta))K_{t-1} + L_t(\tau) \tag{4-34}$$

其中，Q_t 为企业家向资本生产者购买资本的价格，$R_{L,t}$为企业家向银行贷款支付的贷款利息，L_t 为企业家向银行贷款的数额，$R_{K,t}$为企业家向中间品厂商出租资本的收益，δ 代表折旧率。

其中，银行向企业家发放贷款受到宏观审慎政策工具——贷款价值比的限制，必须满足以下的条件：

$$R_{L,t} L_t = M_t E_t [Q_{t+1}(1-\delta)K_t] \tag{4-35}$$

其中，M_t 表示贷款价值比。公式（4－35）意味着企业家申请贷款的本利和等于企业家拥有资产下一期价值的一定比例。如果提高贷款价值比，企业家将能贷到更多银行贷款，代表着宏观审慎政策管理部门实施扩张型的调控政策，而降低贷款价值比代表着实施紧缩型的调控政策。本节 DSGE 模型引入的贷款价值比这一逆周期宏观审慎政策工具有两大特点：一是并没有像国外许多文献的一般处理方法，在家庭直接引入贷款价值比工具，而是通过增加一类微观经济主体——企业家，在企业家贷款中引入贷款价值比，这样设计的目的是使得贷款价值比能对整个经济体进行调控，这也符合我国的实际情况，因为我国商业银行实施的贷款限制既针对家庭，也针对企业；二是本书并没有专门针对房地产市场来设计贷款价值比，原因主要是本书研究的目的是探讨逆周期宏观审慎政策工具对整个经济体系统性金融风险的影响，我国商业银行贷款限制也不仅仅存在于房地产市场。

4. 银行系统

次贷危机之后，越来越多的学者试图在宏观经济模型中植入金融部门，从而使得模型能够很好地刻画金融对于宏观经济运行的重要影响。故本书假设经济体中的金融市场由银行系统组成，分别是垄断竞争的存款行和完全竞争的贷款行。设计两部门银行系统的目的在于引入金融摩擦，并使得银行系统的存贷款利差是个时变的内生变量。

（1）贷款行。假设银行系统存在连续的存款行 i，i ∈ [0，1]，贷款行在向各个存款行支付了 $R_{L,t}(i)$ 的利息后，将存款行有差别的贷款 $L_t(i)$ 组合成无差别的贷款 L_t，贷给企业家并收取 $R_{L,t}$ 的利息。

$$L_t = \left(\int_0^1 L_t(i)^{\frac{1}{\phi_{L,t}}} di\right)^{\phi_{L,t}} \tag{4-36}$$

其中，$\phi_{L,t}$是贷款的替代弹性，服从一个 AR（1）的过程。

贷款行处于一个完全竞争的市场，无论是支付给存款行的利率还是收取的贷款利率都是给定的，最大化如下利润：

$$R_{L,t}L_t - \int_0^1 R_{L,t}(i)L_t(i)di \tag{4-37}$$

解上述公式得到贷款行对存款行 i 的需求函数和贷款利率 $R_{L,t}$：

$$L_t(i) = \left(\frac{R_{L,t}(i)}{R_{L,t}}\right)^{\frac{\phi_{L,t}}{-1+\phi_{L,t}}} L_t \tag{4-38}$$

$$R_{L,t} = \left(\int_0^1 R_{L,t}(i)^{\frac{1}{1-\phi_{L,t}}} di\right)^{1-\phi_{L,t}} \tag{4-39}$$

（2）存款行。存款行 i 通过支付存款利率 R_t 从家庭那里获得存款，并以利率 $R_{L,t}(i)$ 转贷给贷款行。存款行按照 Calvo 定价方法来设置他们的贷款利率 $R_{L,t}(i)$ 来最大化利润，即每期有 $1-\theta_L$ 比例的存款行收到信号可以重新设定最优利率，而剩下 θ_L 没有收到信号重新设定最优利率的存款行还是执行原有的利率。最优化上述问题导出：

$$R_{L,t} = \phi_{L,t}R_t \tag{4-40}$$

5. 政府部门

（1）财政部门。经济体中，财政部门通过收取税收来补偿其财政支出 Gt，假设每期的税收和支出都相等，因此有 Gt = Tt。货币政策冲击满足一个 AR（1）的过程。

（2）中央银行。货币政策由中央银行制定并实施，主要通过调控利率来稳定物价、促进经济增长，并使用泰勒形式的货币政策规则。

$$\frac{R_t}{\overline{R}} = \left(\frac{R_{t-1}}{\overline{R}}\right)^{\nu_R}\left(\left(\frac{\pi_t}{\overline{\pi}}\right)^{\nu_\pi}\left(\frac{Y_t}{\overline{Y}}\right)^{\nu_Y}\right)^{1-\nu_R} e^{\varepsilon_{R,t}} \tag{4-41}$$

公式（4-41）中变量有上划线表示其为该变量的稳态值，ε^R 代表货币政策冲击，是一个 iid 的白噪声。

（3）宏观审慎政策管理部门。贷款价值比这一宏观审慎政策工具由宏观审慎政策管理部门实施，并使用基准规则，对于最优宏观审慎政策规则的研究，将在下一章展开。

$$\frac{M_t}{\overline{M}} = \left(\frac{M_{t-1}}{\overline{M}}\right)^{\rho_M} e^{\varepsilon_M} \tag{4-42}$$

其中，ε^M 代表宏观审慎政策冲击，是一个 iid 的白噪声。

6. 市场出清

$$Y_t = C_t + C_t^E + I_t + G_t \tag{4-43}$$

4.3.2 参数估计

基于上述内容所建立的 DSGE 模型，求解部分方程的一阶最优条件和模型稳态方程组，并进行对数线性化处理。对于反映稳态特征的参数进行校准，对于反映模型动态特征的参数，根据我国宏观经济数据进行采用贝叶斯估计。

1. 模型参数校准

本书参数校准主要是参考已有的文献。为了使参数校准更加符合我国经济金融的实际情况，主要参考国内的文献，并借鉴国外的部分经典文献。对于家庭的跨期贴现率 β，在大部分文献中的差别都不大，马勇（2013）为 0.99，简志宏等（2012）为 0.9897，胡日东和廖迎（2013）为 0.989，故本书也设为 0.99，对应的是每年 4% 的实际利率。家庭跨期消费替代弹性的倒数 σ 设为 2，跨期劳动替代弹性倒数 γ 设为 0.3。消费习惯的形成参数设为 0.55。资本折旧率 δ 设为 0.025，相应的年度资本折旧率为 10%。企业资本产出弹性 α 设为 0.5。工资替代弹性 φ_w 设为 6，中间品替代弹性 φ_y 设为 11。借鉴李雪松和王秀丽（2011）的做法，工资调整概率 θ_W、中间品调整概率 θ_P、贷款调整概率 θ_L、资本调整成本 κ、工资指数程度化参数 ζ_W 和价格指数程度化参数 ζ_P 虽然属于静态参数，由于现实中数据的不可得性，本书亦采用贝叶斯估计的方法。对于模型稳态变量，我国每年通货膨胀目标基本都设为3%，故稳态的季度通货膨胀设为$1.03^{1/4}$。稳态时利率水平R是居民折现因子β的倒数，即为1.01。稳态时消费占总产出的比例为47%，投资占总产出的比例为35%，政府支出占总产出的比例为18%。

2. 模型参数贝叶斯估计

为了进行参数贝叶斯估计，借鉴国内外文献处理方法，引入的与DSGE模型变量对应的我国宏观经济变量有6个，分别是GDP（Y）、固定资产投资（I）、社会消费品零售总额（C）、金融机构贷款（L），CPI（π）和银行间7天同业拆借加权平均利率（R）。选取的数据均为月度数据，GDP没有月度数据，用规模以上工业经济增加值替代，上述数据来自Wind数据库、RESSET数据库、国家统计局。由于银行间同业拆借利率1996年开始公布，故本书选取变量的时间区间为1996年1月~2018年12月，共276个观察数据。利用CPI对规模以上工业经济增加值、固定资产投资、社会消费零售总额、金融机构各项贷款进行平减。由于模型中的变量在对数线性化处理后，均表示为其对于稳态值的偏离，因此先对对Y、I、C和L的4个变量取对数，再对上述6个变量用HP滤波去除趋势项，从而得到各变量相对于均衡值的偏离度。选择蒙特卡洛马尔可夫链（MCMC）抽样方法，利用Dynare4.3.2和Matlab2012a软件进行参数贝叶斯估计，估计结果见表4-3。

表4-3　　DSGE模型参数贝叶斯估计结果

参数	含义	先验分布	后验均值
υ_R	利率平滑系数	Gamma [0.75, 0.1]	0.6639
υ_π	通货膨胀反应系数	Norm [1.5, 0.1]	1.5052
υ_Y	产出反应系数	Norm [0.5, 0.1]	0.2392
ξ_W	工资指数程度化系数	Beta [0.5, 0.15]	0.6470
ξ_P	物价指数程度化系数	Beta [0.5, 0.15]	0.1272
θ_W	工资调整概率	Beta [0.66, 0.1]	0.6470
θ_P	中间品调整概率	Beta [0.66, 0.1]	0.7866

续表

参数	含义	先验分布	后验均值
θ_L	存款行利率调整概率	Beta [0.66, 0.1]	0.6932
κ	资本调整成本	Norm [4.0, 1.5]	8.9127
ρ_A	技术冲击自回归系数	Beta [0.5, 0.2]	0.8160
ρ_C	消费偏好冲击自回归系数	Beta [0.5, 0.2]	0.5071
ρ_L	利息加成冲击自回归系数	Beta [0.5, 0.2]	0.6824
ρ_K	投资冲击自回归系数	Beta [0.5, 0.2]	0.5943
ρ_W	工资加成冲击自回归系数	Beta [0.5, 0.2]	0.2834
ρ_P	价格加成冲击自回归系数	Beta [0.5, 0.2]	0.6619
ρ_G	政府支出冲击自回归系数	Beta [0.5, 0.2]	0.7295
ρ_M	贷款价值比自回归系数	Beta [0.5, 0.2]	0.7772
ε_A	技术冲击标准差	Inv - ga [0.01, ∞]	0.0041
ε_C	消费偏好冲击标准差	Inv - ga [0.01, ∞]	0.0114
ε_K	投资冲击标准差	Inv - ga [0.01, ∞]	0.4103
ε_L	利息加成冲击标准差	Inv - ga [0.01, ∞]	0.0032
ε_W	工资加成冲击标准差	Inv - ga [0.01, ∞]	0.1701
ε_P	价格加成冲击标准差	Inv - ga [0.01, ∞]	0.0047
ε_R	货币政策冲击标准差	Inv - ga [0.01, ∞]	0.0080
ε_G	政府支出冲击标准差	Inv - ga [0.01, ∞]	0.1998
ε_M	贷款价值比冲击标准差	Inv - ga [0.01, ∞]	0.1362

3. 模型系数估计效果

利用上述DSGE模型和我国经济金融数据进行参数贝叶斯估计，从图4-3和图4-4部分参数的估计结果来看，各变量时间序列具有平稳性，围绕0上下波动，具有说明模型估计结果较好。

4. 贷款价值比政策工具有效性

逆周期宏观审慎政策工具的使用，是宏观审慎政策管理部门根据对我国经济金融运行状况的判断，利用政策工具进行逆周期调节，以防范和化解系统性

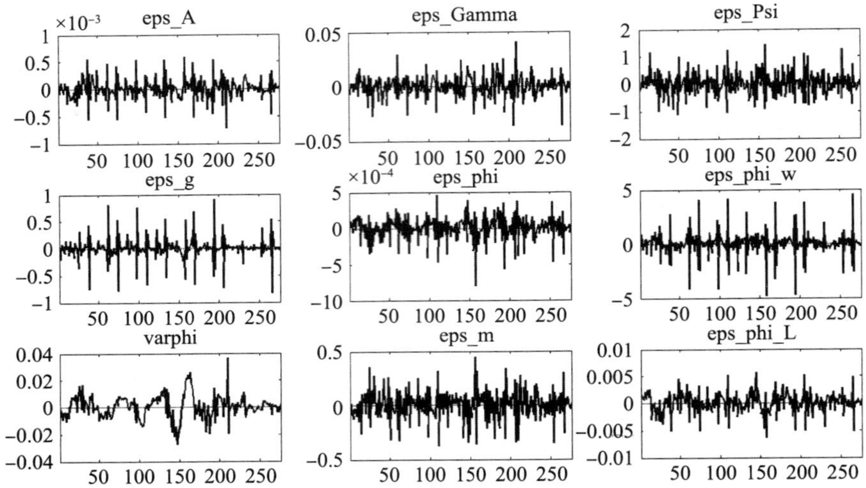

图 4-3　DSGE 模型部分参数的时间序列变化

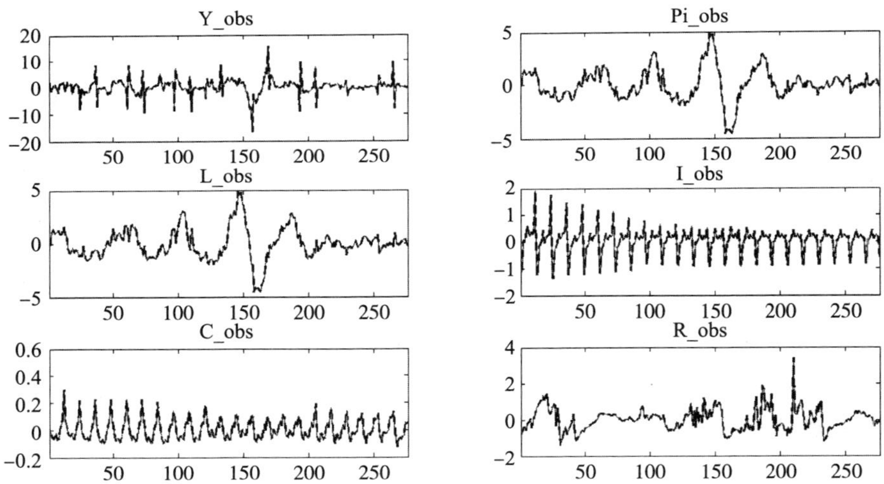

图 4-4　实际估计变量的时间序列变化

金融风险。为检验基准规则下的贷款价值比工具的有效性，利用 Dynare 软件模拟贷款价值比一个单位的逆向冲击对宏观经济各变量的影响，也就是通过降低贷款价值比，来观察该政策工具实施的效果。从图 4-5 可以看出，贷款价值比冲击对主要经济变量的影响基本要到 60 期以后才趋于平稳，而大多起到逆周期调整的作用，说明调节该工具持续效应较长。从贷款价值比负向冲击对该工具主要关注的变量 L（贷款）的逆周期调节效果来看，十分明显。具体而言，贷款价值比冲击对 L 的初期影响就为负，一开始就达到最大负值，20 期左右才慢慢转为正值，而且之后期数的影响基本上接近于零，因此降低贷款价值比，能够对贷款达到逆周期调节的效果。

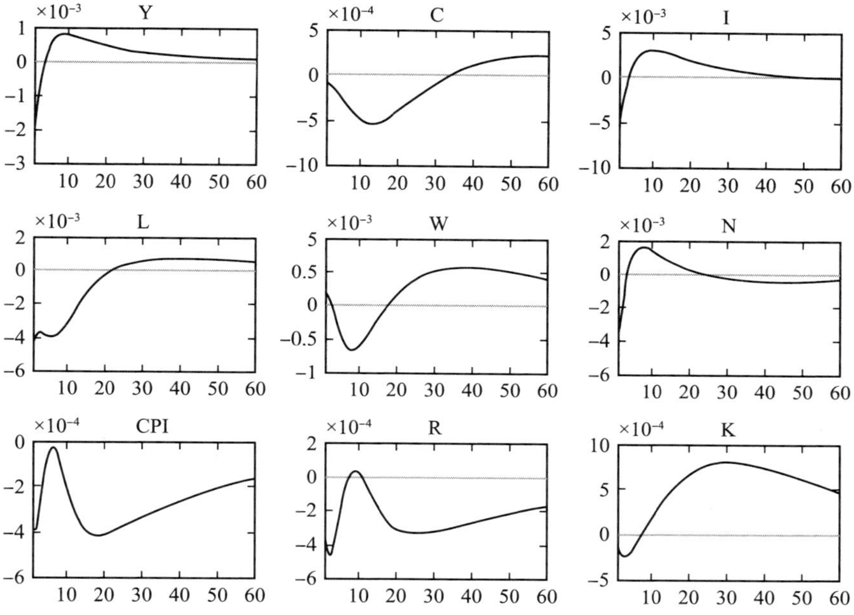

图 4 －5　贷款价值比冲击的脉冲响应

货币政策作为一个比较成熟的政策形式，也可以进行逆周期调节。当然，货币政策与贷款价值比逆周期调节的手段和目的都不相同。货币政策通过调节利率，主要目的是价格稳定或经济增长，贷款价值比通过调节贷款与资产价值的比率，目的是防范和化解系统性风险。利用 Dynare 软件模拟货币政策一个单位的正向冲击对宏观经济各变量的影响（见图 4 －6）。对比图 4 －5 和图 4 －6 可以看出，货币政策逆周期调节的效果和贷款价值比效果具有一定的相似性，特别是冲击发生后的前 5 期，两者都使主要的经济变量负向波动。与此同时，贷款价值比工具却能达到货币政策无法达到的政策效果。从变量 Y、C、I 和 W 的影响来看，贷款价值比冲击对比货币政策冲击，产生的影响相对平稳，虽然前期影响为负，但是后期慢慢转为正，所以调整贷款价值比并不会对宏观经济产生大起大落的影响，因此有利于防范和化解系统性金融风险。另外从两图中变量 L 来看，贷款价值比能够对信贷进行长期有效调节，图 4 - 5 中该变量长期处于负值；而货币政策通过提高利率来抑制贷款的增长，但是效果比较差，图 4 - 6 显示该变量前 5 期基本为负，后面影响为正。贷款价值比对利率的影响是降低了利率，而货币政策是提高了利率，高利率通常更容易形成系统性金融风险。另外，相对货币政策对通货膨胀的影响来看，贷款价值比对通货膨胀的负向影响持续效果更好也更长。相对而言，经济中通货膨胀长期保持较低水平有利于金融稳定。

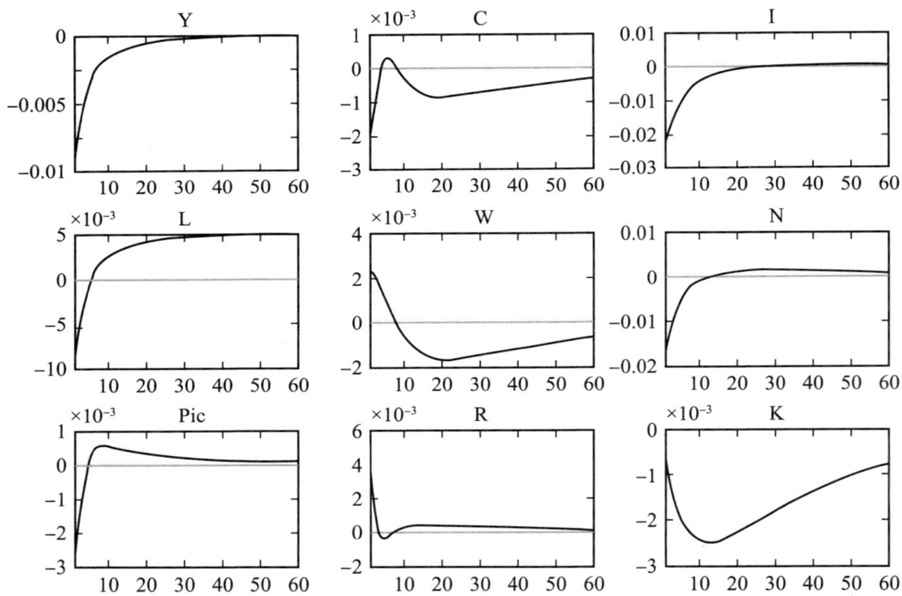

图 4 - 6　货币政策冲击的脉冲响应

4.3.3　结论及启示

本书建立了一个包含家庭、厂商、企业家、金融机构、中央银行、宏观审慎政策管理部门等多个微观经济主体的 DSGE 模型，使用 1996 年 1 月 ~ 2018 年 12 月的我国月度经济金融数据，利用参数校准和贝叶斯估计方法，探讨逆周期宏观审慎政策工具——贷款价值比的有效性。实证分析结果显示，贷款价值比能够有效控制信贷增长，具有较强的逆周期调节效果，而且部分具有货币政策的效应，并能达到货币政策无法达到的良好效果，总体上能够防范和化解系统性金融风险。

因此，贷款价值比作为宏观审慎政策工具之一，不仅能够直接影响信贷增长和经济波动，而且作为非常易于理解的工具，宏观审慎政策管理部门通过其动态调整可以清晰准确地向市场参与者表达监管层对于系统性金融风险的态度，合理地引导市场预期。为了更好地提高贷款价值比的使用效果，一是要不断加大对于银行信贷增长、资产价格波动的压力测试，及时识别系统性金融风险；二是根据具体的经济金融情况，从政策频率、强度和时机等角度对其进行调整；三是将贷款价值比与逆周期资本缓冲、系统重要性银行监管、杠杆率等宏观审慎政策工具配合起来使用，防止监管套利。

4.4　本章小结

宏观审慎政策工具有效性是宏观审慎政策有效性的基础。根据不同的分类标准，宏观审慎政策工具有不同的分类，主要分为时间维度类工具和空间维度类工具。从宏观审慎政策工具设计上看，宏观审慎政策和微观审慎政策使用的政策工具有很多相似性，部分政策工具来自货币政策工具，但政策工具的使用方法不同，着眼于防范和化解系统性金融风险。我国宏观审慎政策工具的开发和使用走到世界前面，MPA 和贷款价值比等工具明显具有我国鲜明特色。

宏观经济理论和研究方法总是伴随着不同历史时期出现的新经济现象而发展起来的。新凯恩斯 DSGE 模型的前身是 RBC 模型。由于 DSGE 模型具有坚实的微观基础，加入了理性预期，并采用“结构性”的建模方法而成为了当前宏观经济学的主流研究方法。DSGE 模型建模的主要步骤分为模型的设定、方程对数线性化、参数的确定以及模型经济模拟，其中动态参数采用贝叶斯估计已成为 DSGE 模型参数估计的主流方法。

本书以贷款价值比为代表，研究逆周期宏观审慎政策工具的有效性。通过建立一个包含家庭、厂商、企业家、金融机构、中央银行、宏观审慎政策管理部门等多个微观经济主体的 DSGE 模型，使用 1996 年 1 月 ~2018 年 12 月的我国经济金融数据，利用校准和贝叶斯估计方法确定 DSGE 模型参数，并进行经济模拟。实证分析结果显示，贷款价值比工具有较强的逆周期的调节效果，还具有一定的货币政策效应，并能达到货币政策无法达到的效果，可以防范和化解系统性金融风险，因此贷款价值比政策工具是有效的。

第 5 章

我国宏观审慎政策规则有效性研究

宏观经济政策的功能，主要在于通过政策工具的操作实现经济调控部门特定的政策目标，无论是经济增长、物价稳定还是收支平衡，政策的最终效果均与政策的操作方式密不可分。货币政策操作方式相机抉择与基于规则的争议距今已超过150年，自从基德兰德和普雷斯科特（1977）提出货币政策动态不一致性问题，并经巴伦和戈登（Barron & Gordon，1983）将模型理论化后，政策操作基于规则被越来越多的宏观经济调控部门接受。1993 年泰勒在货币政策规则中提出了著名的泰勒规则，在国内外宏观调控实践中取得了丰硕的成果。宏观审慎政策作为一种宏观经济调控和金融监管方式，在其政策工具的操作中，同样需要面对这样的挑战，其规则设计会极大地影响政策有效性。

5.1　基于规则还是相机抉择

5.1.1　历史演进

规则和相机抉择之争最早可以追溯到 19 世纪的通货学派与银行学派，也是 20 世纪以来经济学主要讨论的议题之一。宏观经济政策工具的使用向来有基于规则和相机抉择的争议。严格来说，相机抉择（Discretion）是指宏观经济调控部门在经济政策的操作中不受任何固定程序或者原则的约束，可以依据经济运行态势对相关政策进行灵活调整；基于规则（Rule）是指宏观经济调控部门事先确定政策规则，无论发生什么情况，都必须按照事先确定的规则进行操作。在货币政策的长期研究中，涉及货币政策规则的成果众多。现代宏观经济学中，通常假定公众是理性预期的，那么宏观经济管理部门如果能够严格执行事先所宣布的政策规则，事先的承诺就是可信的，并能够影响公众的预期，而如果没有固定的政策规则，则承诺是不可信的，也就无法影响公众的预期。基德兰德和普雷斯科特（1977）证明了相机抉择会导致时间不一致性，相机抉择的最终结果是社会产出不仅不会提高，而且会导致价格水平上升，从而引发通货膨胀问题。巴伦和戈登（1983）在上述基德兰德和普雷斯科特研究的基础上，在卢卡斯供给曲线中引入理性预期，发现相机抉择的货币政策存在通货膨胀偏差问题，采用规则型政策得到的是最优解，采用相机抉择型政策得到的是非一致解，证明了货币政策货币规则优于相机抉择。后来的学者进一步发展了相关理论（Taylor，1993；Svensson，1999；Woodford，1999，2003，2010；Schmitt - Grohe & Uribe，2010），在货币政策规则具体形式上，发展出来了泰勒规则（工具规则）、通货膨胀目标值（目标规则）等成功做法。

5.1.2 模型解释

虽然说宏观审慎政策与货币政策、财政政策的具体政策目标各不相同，但最终目的是一致的，也就是提高社会福利水平。福利分析就是在一定的资源约束、技术约束和信息约束等条件下，通过选择适当的政策及政策规则使得社会福利最大化。伍德福德（2003）和斯文松（2003）指出，在二阶近似的范围内通过使社会损失函数最小化就是使得社会福利目标函数达到了最大化。最优宏观审慎政策可表示为下列函数的优化问题：

损失函数：$\min\limits_{\{u\}} L = E_t \sum\limits_{j=0}^{\infty} \beta^j L_{i+j}(y_{t+j}, y^*_{t+j})$

约束条件：s. t. $E_t[f(x_{t+1}, x_t, x_{t-1}, u_t, \varepsilon_t)] = 0$

目标变量函数：$y_t = g(x_t, g_t)$

其中，宏观审慎政策管理部门的损失函数，β 是贴现因子，$0 < \beta < 1$，j 表示期限，E_t 表示条件数学期望，x 表示状态变量，u 表示控制变量，ε 表示随机误差向量，y 是目标变量，y^* 是目标变量的目标值，约束条件决定了采用什么样

的经济模型。目标变量函数是目标变量、控制变量和状态变量的关系式。目标变量是宏观审慎政策管理部门关注的变量，贷款、资产价格、房价、产出等，控制变量是宏观调控部门可以使用的政策工具，如贷款价值比，银行资本充足率等。宏观审慎政策的损失函数在模型中可具体设计为下列形式：

$$L = E_t \sum_{j=0}^{\infty} \beta^j L_{i+j}$$

其中：$L_t = \lambda(y_t - y^*)^2 + (x_{1t} - x_1^*)^2 + \eta(x_{2t} - x_2^*)^2$

上述公式说明 L_t 除出了与产出缺口相关外，还要其他与系统性金融风险的变量密切相关，如信贷增长，资产价格波动等。因此，针对宏观审慎政策的政策决策方式是基于规则还是相机抉择的模型解释，与货币政策在总体框架下是一致的，也就是当宏观审慎政策管理部门要达到的目标与社会福利目标存在不一致时，相机抉择会产生静态偏差（在货币政策下这类误差是“通胀”误差）；由于经济主体的行为具有前瞻性特点，即使当政策管理部门要达到的目标与社会福利目标一致时，相机决策仍会产生动态误差（稳定性误差）。众所周知，系统性金融风险的动态性和预期自我实现机制的特征非常突出，因此，在设计最优宏观审慎规则时，减少经济政策的误差特别是动态误差十分重要，基于规则使用宏观审慎政策能减少宏观审慎政策管理部门的机会主义行为，提高政策的透明性和稳定性。

在宏观审慎政策规则的设计上，大部分国内外学者也认为应该基于规则使用。然而由于经济系统的复杂性，特别是系统性金融风险具有来源多、时变和非线性的特点，涵盖金融体系所有系统性金融风险的反应规则很难事先完全都能确定，因此，部分学者认为可行的方法是预先设定针对主要系统性金融风险的宏观审慎政策规则，宏观审慎政策管理部门在密切监控金融系统的同时，保留一定的相机抉择干预的空间，并通过提高政策透明度和实施问责制等手段约束和规范相机抉择部分的实施。

5.2　贷款价值比政策规则设定与技术处理

从货币政策规则的来看，可以分为两类，一是目标规则，也就是中央银行实施货币政策必须达到的目标，但并不明确规定货币当局应该采用何种政策工具和措施来达到政策目标，通货膨胀目标制就是其中最典型的代表；二是工具规则，中央银行明确为达到政策目标所采用的政策工具以及具体实施方式，典型的有利率规则和货币量规则。从宏观审慎政策来看，其政策目标是维护金融稳定，然而金融稳定无法像货币政策目标中的 CPI 或 GDP 那样容易量化，系统性金融风险不是单个金融市场或金融机构风险的简单加总，宏观审慎政策目标并不能简单地用一个数值来表示，因此，目前这个阶段宏观审慎政策规则采用目标规则并不适用。由于系统性金融风险具有多样性，所需要使用的宏观审慎政策工具类型远远多于货币政策和财政政策工具，本节以贷款价值比这一宏观审慎政策工具为例，介绍如何设计线性和非线性的政策规则。

5.2.1 线性宏观审慎政策规则设计

贷款价值比正如上文所述，是当前世界各国防范和化解系统性金融风险的主流宏观审慎政策工具之一。鉴于贷款价值比，主要是用于抑制实体经济特别是房地产市场的过热，控制信贷增长，进而达到调控宏观经济和金融稳定的目的，可设计三种不同的线性政策规则形式。

规则一：$\widehat{\overline{ltv}}_t = \rho_{ltv}\widehat{\overline{ltv}}_{t-1} - \phi_{PH}^{ltv}P^{\hat{H}_t}$

其中，变量上面有“^”说明是其减去稳态值的对数偏差，规则一设计的主要目的是针对房价变化作出反应，因此政策规则除了满足平滑要求外，反应规则加入房价。

规则二：$\widehat{\overline{ltv}}_t = \rho_{ltv}\widehat{\overline{ltv}}_{t-1} - \phi_{PH}^{ltv}P^{\hat{H}_t} - \phi_{XH}^{ltv}L^{\hat{H}_t}$

规则二与规则一的区别在于，政策规则同时对两个经济变量作出反应，除了房价外，还有贷款，因为从国内外历年来居民杠杆的变化来看，银行贷款的变化也是其中的关键因素。

规则三：$\widehat{\overline{ltv}}_t = \rho_{ltv}\widehat{\overline{ltv}}_{t-1} - \phi_{PH}^{ltv}E_t(P_{t+1}^{\hat{H}_t})$

规则三与规则一的区别在于考虑的变量是预期值而非现值，是一种前瞻性的政策规则形式。从防范和化解系统性金融风险的角度来看，往往需要对某些关键经济变量的未来变化作出预判并提前采取行动。

5.2.2 非线性的宏观审慎政策规则

线性的宏观审慎政策规则简单易于理解和操作，然而在宏观调控中，政策管理部门往往会对不同的政策目标变量的偏移变化有不同的反应。系统性金融风险的动态演化机制包括了风险的累积、突变和危机扩散过程，其发展和变化是非线性的。因此非常有必要考虑非线性的宏观审慎政策规则。就贷款价值比这种工具而言，从实际操作层面上看，很难时时根据房价或贷款的变化进行线性的调整。与此同时，金融市场里面的一些早期预警指标可能有一些噪声，有时候一时很难判断什么时候房价上涨是好的，什么时候是不好的。基于上述理由，可利用设计一个非线性的贷款价值比政策规则：

$$\overline{\widehat{ltv}_t} = \rho_{ltv}\,\overline{\widehat{ltv}}_{t-1} - \phi^{ltv}\sum_{i=o}^{T}(\hat{x}_{t-i} - \bar{x})$$

其中，$\bar{x}$代表门限值，x 为房价。ϕ^{ltv}决定了政策反应的强度，T 代表期限数。为了使得上述非线性模型能够满足 Dynare 软件中的非负限制，根据霍尔顿（Holden，2011）的算法，引入一个辅助变量：

$$ltv_t^{aux} = \bar{x} - x_t \geqslant 0$$

这样贷款价值比政策规则就变成：

$$\overline{\widehat{ltv}_t} = \rho_{ltv}\,\overline{\widehat{ltv}}_{t-1} - \phi^{ltv}\sum_{i=o}^{T}(ltv_{t-i}^{aux} + \hat{x}_{t-i} - \bar{x})$$

上述公式意味着当 $\bar{x} - x_t > 0$，目标值低于门限值，宏观审慎政策管理部门将不会采取行动，因为 $\overline{\widehat{ltv}_t} = 0$；而当 $\bar{x} - x_t \leqslant 0$，辅助变量为零，宏观审慎政策管理部门将按照规则采取行动。

5.3　我国宏观审慎政策规则有效性的实证研究

本节以贷款价值比工具为代表，研究如何更好地设计基于规则使用的逆周期宏观审慎政策工具规则。针对贷款价值比工具规则的设计，国内外相关的实证分析大致可以分为三个方向。首先是采用自回归平滑形式或泰勒规则形式的政策规则，布罗扎 - 布热津纳和科拉萨（Broza - Brzezina & Kolasa，2013）、阿法纳西耶娃和卡拉苏鲁（Afanasyeva & Karasulu，2013）设计了自回归平滑形式的政策规则，也就是贷款价值比与过去一期的滞后值密切相关，这与第 4 章 4.3 节使用的基准规则相同；而徐（2012）、鲁宾和卡拉斯科 - 加莱戈（Rubin & Carrasco - Gallego，2013）、李伟航和许玲（2018）仿照货币政策泰勒规则的形式，在贷款价值比规则反应函数中纳入贷款、资产价格或产出等变量。其次是非线性规则形式，芬克和佩茨（2012）发现利用非线性的贷款价值比政策规则，比线性规则更能够减少香港房地产价格波动对宏观经济的影响，然而阿法纳西耶娃和卡拉苏鲁（2013）基于韩国的数据发现无法支持非线性的规则形式；最后是梁斌和李庆云（2011）、郑忠华和邱俊鹏（2012）分别研究我国房地产问题时，均引入了贷款价值比工具，但是都采用静态规则形式，也就是将其设置为一个固定不变的值。

综合当前文献来看，一是大部分国内外文献都支持基于规则设计宏观审慎政策工具规则；二是国外文献中设计的贷款价值比工具规则已经相对复杂，而国内研究还停留在初始阶段；三是目前国内外的单篇文献中贷款价值比经常只使用一种规则形式。值得注意的是，在货币政策规则的设计上，目前基本上都采用泰勒规则形式。泰勒（Taylor，1993）认为中央银行货币政策应该根据当期的产出缺口，当期通货膨胀与目标值的偏差和均衡实际利率三个变量来调整短期实际利率，并用实证的角度证明了这一规则非常符合 1987 ~ 1992 年的美国联邦资金利率走向。从研究宏观审慎政策规则的文献来看，部分也采用这种形式。由于不同宏观审慎政策工具针对的系统性金融风险不同，以及各个国家经济金融发展阶段也不同，宏观审慎政策泰勒规则反应函数肯定也有所区别，因此本章不事先预设哪种规则更好，而是通过 DSGE 模型模拟进行比较分析。

5.3.1 贷款价值比政策规则设计

根据本章的研究目的，下面具体设置四种不同的规则形式。

规则一：$\frac{M_t}{\overline{M}} = \left(\frac{M_{t-1}}{\overline{M}}\right)^{\rho_M} e^{\varepsilon_M}$

规则一意味着贷款价值比规则形式设计主要考虑的是政策的连续性，满足规则的平滑要求，即贷款价值比水平主要依赖于上期的情况，是一种后顾性政策规则。

规则二：$\frac{M_t}{\overline{M}} = \left(\frac{M_{t-1}}{\overline{M}}\right)^{\rho_M} \left(\frac{\chi_t}{\overline{\chi}}\right)^{-\rho_\chi} e^{\varepsilon_M}$

由于贷款价值比工具设计的主要目的是防止银行贷款快速增长或者资产价

格泡沫的出现，因此政策规则除了满足平滑要求外，变量 χ 意味着政策规则反应函数加入某一可能影响系统性金融风险的变量，本书选为贷款或资产价格。反应函数中的贷款在该方程对数线性化进入 DSGE 模型后，对应的变量其实是贷款实际值对其稳态值的偏离值，政策规则反应函数中其他经济变量在 DSGE 模型中的实际含义，与贷款相类似。

规则三：$\frac{M_t}{\overline{M}}=\left(\frac{M_{t-1}}{\overline{M}}\right)^{\rho_M}\left(\frac{\chi_{1,t}}{\overline{\chi_1}}\right)^{-\rho_{\chi 1}}\left(\frac{\chi_{2,t}}{\overline{\chi_2}}\right)^{-\rho_{\chi 2}}e^{\varepsilon_M}$

与货币政策泰勒规则相似，规则三意味着政策规则反应函数同时对两个经济变量做出反应，除了贷款或资产价格外，产出也可以成为其关注的经济变量。

规则四：$\frac{M_t}{\overline{M}}=\left(\frac{M_{t-1}}{\overline{M}}\right)^{\rho_M}E_t\left(\frac{\chi_{t+1}}{\overline{\chi}}\right)^{-\rho_{\chi 1}}e^{\varepsilon_M}$

规则四与规则二的区别在于政策规则反应函数中考虑的变量 χ 是预期值而非现值，是一种前瞻性的政策规则形式。从防范和化解系统性金融风险的角度来看，往往需要对贷款或 GDP 的未来变化作出预判并提前采取行动。

5.3.2 实证设计

在宏观经济政策规则的研究中，不同形式政策规则的比较一直是研究的重点内容，货币政策规则中就有货币供应量规则和利率规则的争议。在货币政策和财政政策领域，一般认为不同政策规则的最终目标应该与提高社会福利水平保持一致，因此，最优的政策规则就是在一定的约束条件（资源约束、技术约束及信息约束）下，使得社会福利最大化的规则形式，在二阶近似范围内通过损失函数最小化也就是使得社会福利目标函数达到了最大化。然而从宏观审慎政策来看，宏观审慎政策的目标是防范和化解系统性金融风险，金融稳定的政策目标与社会福利在短时间内可能有一定的矛盾，两者可能并不能简单等同。例如美国次贷危机前，在金融监管部门的默许下，金融机构大幅降低了房地产贷款者的信用要求，使得大量低收入的人可以通过贷款能够住上房子，金融机构也大幅增加了利润，短期内社会福利肯定增加了，但是恰恰是这种只顾眼前利益做法导致了最终灾难性后果。因此，本章结合宏观审慎政策目标，从系统性金融风险的角度，提出通过计算出不同政策规则下经济体中核心宏观经济变量的整体波动情况，并采用使得经济体整体波动越小的规则就是越好的标准，比较得出最优的政策规则。具体计算公式如下：

$$L = \sum_{i=1}^{n} \frac{\sigma_i - \sigma_0}{\sigma_0}$$

其中，下标 i 表示的是不同的宏观经济和金融市场中核心经济变量，本章选取 GDP（Y）、消费（C）、投资（I）、通货膨胀（π）、贷款（L）、利率（R）和资产价格（Q），σ_0 表示为规则一（基准规则）下各个变量波动率（用标准差表示，下同），σ_i 表示其在特定规则下上述各个变量的波动率。上式用相对值而非绝对值的原因是为了消除不同变量波动率绝对值的影响，赋予每个变量同等重要的地位。

首先，利用上述第 4 章建立的多部门 DSGE 模型和我国宏观经济数据，利用贝叶斯估计防范计算出规则一（基准规则）下，核心经济变量的波动率及加总的结果（见表 5－1）。其次，利用规则二形式，分别将贷款（B1 情况）、资产价格（B2 情况）代入政策规则反应函数，分别算出各变量的波动率，并与规则一对比，可以发现 B1 情况下贷款价值比规则对贷款作出反应，大幅降低了宏观经济各变量的波动率，从－16.24%到－50.42%，而 B2 情况下政策规则对资产价格作出反应，除了大幅降低资产价格的波动外，其他经济变量波动率上升得非常明显，特别是投资波动率上升了 203.89%，贷款波动率上升了 213.97%，原因在于资产价格波动过于频繁，规则对它进行反应，必然会干扰其他经济变量运行。然后，利用规则三的形式，同时将贷款和资产价格（C1 情况）、贷款和 GDP（C2 情况）代入政策规则反应函数，计算发现 C1 情况下宏

表 5－1　　不同规则下的经济变量波动率比较

规则	σ_C	σ_Y	σ_I	σ_π	σ_L	σ_R	σ_Q	L
规则一	0.2356	0.3423	0.8438	0.1645	0.6678	0.1237	2.1145	—
规则二（B1）	0.1168	0.2867	0.6958	0.1205	0.1640	0.0930	1.0544	－261%
规则二（B2）	0.4512	0.7345	2.5642	0.2765	2.0967	0.2056	0.0593	661%
规则三（C1）	0.3231	0.4578	1.8978	0.2568	1.5438	0.2345	0.1129	378%
规则三（C2）	0.1256	0.3014	0.7345	0.1437	0.1978	0.0987	1.3423	－214%
规则四	1.2199	1.5976	2.9296	0.4649	0.9570	0.4649	1.2199	1491%

观经济各变量波动率的变化与 B2 情况类似，除了资产价格的波动下降外，其他变量的波动率都大幅上升。C2 情况下效果较好，与基准规则相比，各变量波动率都实现了下降，从投资最低的 -12.95% 到贷款最高的 -70.38%，但整体效果还是低于 B1 情况。最后，利用规则四形式，发现各变量波动率上升的情况很快，除了资产价格波动率下降外，其他变量的波动率都大幅上升。

5.3.3　实证结果分析

本节利用第 4 章建立的多部门 DSGE 模型，对比基准政策规则，分别把贷款、资产价格、产出引入贷款价值比政策规则反应函数，探讨不同规则形式降低经济体中主要经济变量波动率的能力，从而达到防范和化解系统性金融风险的目的。实证分析结果显示，将贷款引入贷款价值比规则，能够极大地降低经济体的整体波动率；而政策规则如果直接引入资产价格，则除了降低资产价格波动率外，将大幅地提高其他经济变量的波动率，说明了针对资产价格直接进行调节并不能降低系统性金融风险。贷款价值比工具规则适合于单一目标，也就是除了对贷款作出反应外，无论是再加入产出，还是引入资产价格，都不能再降低经济体的整体波动率，而且还会大幅提高波动率。从单一目标的贷款价值比政策规则来看，引入前瞻性规则并不能降低相关变量的波动率。

从上述贷款价值比规则截然不同的政策效果来看，说明政策规则对于宏观审慎政策有效性的影响巨大。因此，我国宏观审慎政策管理部门为了提高宏观审慎政策有效性，除了继续加大宏观审慎政策工具的开发外，更重要的是要积极吸取货币政策、财政政策规则设计的经验，并根据我国经济金融特点，不断完善逆周期资本缓冲、动态差别存款准备金、杠杆率等宏观审慎政策工具的规则设计，探讨最优的政策规则形式，并让市场参与者充分了解政策制定者的政策反应函数，这个也是目前我国实施宏观审慎政策过程中，相对比较欠缺的环节。

5.4　本章小结

政策规则是宏观审慎政策有效性的重要影响因素。自从基德兰德和普雷斯科特（1977）提出货币政策动态不一致性问题，并经巴伦和戈登（1983）将模型理论化后，政策操作基于规则被越来越多的宏观经济调控部门接受。系统性金融风险的动态性和预期自我实现机制的特征非常突出，在设计最优宏观审慎政策规则时，减少经济政策的误差特别是动态误差十分重要，基于规则使用宏观审慎政策能减少宏观审慎政策管理部门的机会主义行为，提高政策的透明性和稳定性，因此基于规则设计宏观审慎政策成为主流做法。

由于宏观审慎政策使用时间较短，宏观审慎政策规则设计总体上还处于初级阶段。基于贷款价值比这一典型宏观审慎政策工具，介绍了三种线性的宏观审慎政策规则形式，以及非线性的政策规则形式。为提高政策效果，应根据各个国家不同经济发展阶段和金融市场特点，以及宏观审慎政策工具特点，设计适合的政策规则形式，也不是越复杂越好。

为研究我国不同贷款价值比政策规则的效果，分别把贷款、资产价格、产出引入贷款价值比政策规则反应函数，DSGE 模型模拟的结果表明将贷款引入贷款价值比规则，能够极大地降低经济体的整体波动率；引入资产价格除降低资产价格波动外，将大幅提高经济体中其他经济变量的波动率，因此资产价格不适合进入贷款价值比政策反应函数。贷款价值比工具规则不适合多目标，而适合单一目标，也就是除了对贷款作出反应外，无论是再加入产出，还是引入资产价格，都不能再降低整体波动率，反而大幅提高波动率。贷款价值比采用前瞻性政策规则形式逊于非前瞻性政策规则形式。

第 6 章

我国宏观审慎政策和货币政策配合有效性研究

次贷危机的发生，使得追求价格稳定的货币政策和微观审慎监管之间，一块理论和政策实践上都存在的“空白地带”彻底暴露，而这一地带又潜伏着可能带来巨大损失的系统性金融风险。宏观审慎政策的引入，一方面说明了单靠中央银行货币政策，无法维护金融稳定；另一方面又给宏观经济领域带来一个新的课题，就是宏观审慎政策与货币政策如何配合的问题。党的十九大提出“健全货币政策和宏观审慎政策双支柱调控框架”，为这两个政策的协调配合指明了方向。

6.1 金融稳定与中央银行货币政策困境

6.1.1 单一政策框架无法有效维护金融稳定

随着金融在社会经济中的地位越来越高，作用越来越大，金融稳定的重要性愈发明显。然而在传统研究和实践中，大家普遍关注经济周期波动和货币政策，认为通过保持物价稳定，货币政策就可以保证实际产出接近潜在产出。次贷危机的发生，受到批评和影响最大的宏观经济政策，无疑是货币政策。正如本书第 1 章所指出的那样，当前国内外理论界和实务界已充分意识到货币政策不足以维护金融稳定。

20 世纪 90 年代以来，由于各国中央银行建立了能够较好控制通货膨胀的货币政策（如通货膨胀目标制），宏观经济运行出现了新的特征事实，也就是经济过热现象往往最先反映在资产价格和信贷数量的大幅增长而非通货膨胀上升上。以维护物价稳定为目标的货币政策，使得经济体中的工资和价格粘性不断加大，推迟了总需求过度扩张导致的通货膨胀水平上升。与此同时，在经济金融全球化的背景下，发展中国家提供的大规模廉价产品有利于发达经济体提高潜在经济增长率，并有助于发达经济体抑制通货膨胀水平，而在流动性过剩的背景下又不断推高资产价格。低的通货膨胀水平使得各国中央银行没有采取紧缩政策的压力，从而未能有效防止金融领域系统性金融风险的累积。2003 ~ 2007 年，全球经济发展强劲，全球 CPI 保持稳定，但是大宗商品价格指数和 MSCI 全球指数上涨了 93%，美国房价上涨超过 50%，金融体系中累积了巨大的系统性金融风险。从现实的角度来看，在低通货膨胀水平下中央银行提高利率也很难取得政治上的支持和公众的理解。正如次贷危机那样，等到最终资产价格泡沫破灭，银行出现严重惜贷现象，中央银行又拿不出有效的手段，从而使得金融危机一发不可收拾。

传统的货币政策维护金融稳定，行使最后贷款人职责，是典型的“事后救助”，即在资产价格产生泡沫时，不能对其进行及时管理，往往是等到危机发生才发挥作用，增大了道德风险，为金融市场稳定埋下隐患。此外，货币政策从制定到操作存在固有的时滞问题，从需要采取某一政策到这一政策最终发挥作用的各个环节通常存在着时间上的差异，往往无法及时作出有效反应。再加上货币政策工具本身就具有顺周期因子性质，为金融风险的爆发推波助澜，最后使得危机范围扩大。

6.1.2 宏观审慎政策和货币政策需相互协调

随着金融市场发展以及金融资产价格波动日益频繁，金融周期和经济周期日益分化。对于如何理解和测度金融周期，一直是各国中央银行非常关切的问题。根据国际清算银行（BIS）的研究，金融周期长度往往可以达到 15 ~ 20 年，平均长度是 16 年，而经济周期通常是 1 ~ 8 年，金融周期比经济周期长得多。一国金融周期的长度和波动幅度，往往与该经济体的政治经济体制与金融体制等因素密切相关。广义信贷和房地产价格是判断金融周期最核心的指标，广义信贷代表了金融市场的融资条件，房地产价格代表了市场广大投资者对风险的认知和态度。当经济周期和金融周期不一致时，两者波动的方向不同甚至相反，比如金融市场已经过热而实体经济还偏冷，作为总量调节工具的货币政策难以兼顾不同的市场，会导致其政策失效，因此，宏观经济管理部门要进行逆周期的调控，宏观经济政策工具箱中除了货币政策，还必须增加宏观审慎政策。

货币政策和宏观审慎政策作为两种政策目标、政策工具和政策规则都不同的宏观金融调控政策，两者之间寻求平衡点并非易事，其中最关键的就是实施货币政策时是否要考虑宏观金融稳定状况，宏观审慎政策实施的时候是否要考虑宏观经济状况。在正常情况下，宏观审慎政策与货币政策可以相互协调，互相补充，方向一致，如经济不景气时，可以通过降低利率和放松宏观审慎政策来刺激经济增长。然而，两者也有可能相互制约，如经济萧条时，为了刺激经济增长，实施宽松的货币政策，资金可能并没有进入实体经济而是在金融体系内空转，引发资产泡沫和投资高杠杆行为，如果这时实施紧缩的宏观审慎政策去杠杆和控制泡沫，可能引发金融市场波动，并波及实体经济发展。因此，两者之间的配合，需要在深入分析和研判经济金融形势的基础上，统筹安排相关的工具组合。

次贷危机后，随着宏观审慎政策成为金融宏观调控的第二支柱，国内外对该领域的研究和实践日益深入。货币政策和宏观审慎政策拥有各自的操作空间又彼此独立，真正的问题不在于如何对两者进行取舍，而是两者之间的协调和配合如何进行。因此，如何在制度层面上设计宏观审慎政策与货币政策的协调配合机制，成为了世界各国宏观调控改革的重要方向。我国构建的“货币政策＋宏观审慎政策”双支柱调控框架就是其中最典型的代表。

6.2　我国双支柱调控框架

本书第2章在介绍主要经济体宏观审慎政策实践时，可以看到近年来各国出现了货币政策与宏观审慎政策日益紧密的趋势，出现了双支柱模型雏形，其中最典型的代表就是英格兰银行。2016年第四季度中国人民银行公布的货币政策执行报告第一次提出"货币政策+宏观审慎政策"双支柱政策框架后，央行在各种场合一直强调双支柱调控的重要性。十九大报告强调指出要健全货币政策和宏观审慎政策双支柱调控框架，第一次将"货币政策+宏观审慎政策"双支柱调控框架写入中央文件之中。双支柱调控框架将成为今后我国很长一段时间内金融宏观调控的主要模式。双支柱调控框架，顾名思义，是指我国新型金融宏观调控政策依靠的两个支柱，一个支柱是货币政策，另一个支柱是宏观审慎政策，两者又在一个整体政策框架下，两个支柱之间充分协调和配合。

6.2.1 新型货币政策支柱

健全双支柱调控框架，第一个工作是推进传统的货币政策改革，构建新型的货币政策框架支柱。近年来，中国人民银行创设了常备借贷便利、中期借贷便利、短期流动性调节工具、抵押补充贷款和信贷资产质押再贷款等多种新型货币政策工具，加强预调和微调，深化利率市场化和人民币汇率形成机制改革，积极推动货币政策调控方式从数量型向价格型转变。下面结合常用借贷便利，谈谈新型货币政策工具的设计和使用。

中国人民银行于2013年提出了常备借贷便利这一政策工具，通过对传统货币政策的研究，常备借贷便利的特点体现在三个地方：第一，尽管央行是交易主体，但是交易的主动权在金融机构，使得金融机构需要一定的货币流动性时可以有两种选择，或者向中国人民银行申请借贷，或者向其他金融机构进行借贷；第二，具有极高的针对性，针对性是指在金融获得货币流动性的过程中，同中国人民银行的交易"一对一"，不受任何其他机构或金融监管部门的控制，尤其同其他传统政策性货币工具相比，针对性特征尤为突出；第三，能够与中国人民银行进行借贷的交易对象比较多，有些金融机构规模较小，如农村商业银行、信用社等，但都有与中国人民银行进行交易的机会，交易过程中央行通过向金融机构取得抵押物注入流动性，但是央行对金融机构的抵押物有所规定，即央行需要金融机构的高信用资产或债券做抵押。不过，与传统的公开市场操作或新型的中期借贷便利等政策工具相比，央行对常备借贷便利的运用更侧重于利用其构建利率走廊上限从而对市场利率进行调控。

近些年来，我国在新型货币政策工具的推进和利率走廊建设的探索中付出大量的努力，常备借贷便利的推进在加深我国对利率调控作用的同时，还改变了其对宏观经济运行的影响。这一政策的操作规模与频率都有提升。常备借贷便利从2015年第四季度到2018年上半年来看，中国人民银行对其进行了多达五次的利率调节（见表6－1），分别由2.75%上调至3.10%、3.10%上调至3.30%、3.30%上调至3.35%、3.35%上调至3.40%。经过多次调节，我国央行对常备借贷便利的态度也从探索变为了大量铺开。

表6－1　　常备借贷便利操作数据

时间	SLF余额（亿元）	SLF累积开展	利率（隔夜）（%）	利率（7天）（%）	利率（1月）（%）
2015年第四季度	0.4	1.35	2.75	3.25	3.50
2016年第一季度	166	5410	2.75	3.25	3.60
2016年第二季度	20	40.5	2.75	3.25	3.50
2016年第三季度	4	22.5	2.75	3.25	3.60
2016年第四季度	1290	1649	2.75	3.25	3.60
2017年第一季度	700	2300	3.30	3.45	3.80
2017年第二季度	446	769	3.30	3.45	3.80
2017年第三季度	637	1168	3.30	3.45	3.80
2017年第四季度	1304	1832	3.35	3.50	3.85
2018年第一季度	482	1069	3.40	3.55	3.90
2018年第二季度	570	1425	3.40	3.55	3.90

资料来源：中国人民银行网站。

6.2.2　新型宏观审慎政策支柱

健全双支柱框架，还要完善宏观审慎政策。前面内容对这一块已经有很多的论述，主要包括：一是在2011年引入差别准备金动态调整机制，对信贷投放实施宏观审慎管理，2015年底中国人民银行将差别准备金动态调整和合意贷款管理机制升级为宏观审慎评估体系，将更多的金融业务和行为纳入了其管理范畴，从资本和杠杆、资产负债、流动性、定价行为、资产质量、跨境业务风险、信贷政策执行等七个方面对金融机构的行为进行多维度引导；二是为维护人民币汇率和金融市场的稳定，将跨境资本流动的管理纳入 MPA 框架之中，通过引入远期售汇风险准备金、提高个别银行人民币购售业务平盘交易手续费率等方式对外汇流动性进行逆周期动态调节，平抑市场的顺周期行为；三是制定和实施了以“因城施策”和差别化住房信贷政策为主要工具的住房金融宏观审慎政策体系；四是完善了上述政策工具的使用规则，不断根据经济状况和金融市场情况，调整规则中相关参数，提高政策的效果。

6.2.3 双支柱框架协调的制度保障

推进双支柱调控框架得以发挥整体功效的重要制度安排，是保证货币政策和宏观审慎政策的协调配合关键。从目前的实践来看，主要表现为我国成立国务院金融稳定发展委员会，强化加强金融监管协调、补齐监管短板，并强化中国人民银行宏观审慎管理和系统性风险防范职责。与此同时，2018年中国人民银行职能配置、内设机构和人员编制规定的“三定”方案中，中国人民银行职责包括牵头国家金融安全工作协调机制，维护国家金融安全，牵头建立宏观审慎管理框架，拟订金融业重大法律法规和其他有关法律法规草案，制定审慎监管基本制度，并正式将“三会”宏观审慎政策制定的职责调整到中国人民银行，从而在“一委一行”制度上保证了货币政策和宏观审慎政策之间的协调和配合。后续改革中，还要进一步加强国务院金融发展委员会及其办公室领导下的集中、统筹和协调，解决好货币政策与宏观审慎政策在目标、工具和传导机制的交叉、重复乃至冲突，不能让宏观审慎政策负担过重，并注重双支柱与财政政策、结构性改革和微观金融监管之间的协调配合。

6.3 我国宏观审慎政策和货币政策配合有效性的实证研究

随着宏观审慎政策的实施，相伴随的一个关键问题就是货币政策如何与宏观审慎政策相互配合。两者之间的关系首先是相辅相成的，一个稳定的货币政策环境肯定有利于降低系统性金融风险，货币政策的逆周期效应也有助于降低金融体系的顺周期行为，而通过宏观审慎政策实现金融稳定，将有利于货币政策的实施和改善货币政策的传导机制，最终提高货币政策的有效性。然而，货币政策和宏观审慎政策之间寻求平衡点并非易事，其中最关键的就是实施货币政策时是否要考虑宏观金融稳定状况，也就是是否要把一些金融指标也纳入货币政策泰勒规则的反应函数。

6.3.1　规则设计

为了研究货币政策和宏观审慎政策之间的最佳关系，本节以贷款价值比为代表，本节假设存在下面情形的货币政策和宏观审慎政策的配合方式，即泰勒规则形式的货币政策反应函数可以选择下列规则之一。

规则一：泰勒规则

$$\frac{R_t}{\overline{R}}=\left(\frac{R_{t-1}}{\overline{R}}\right)^{\nu_R}\left(\left(\frac{\pi_t}{\overline{\pi}}\right)^{\nu_\pi}\left(\frac{Y_t}{\overline{Y}}\right)^{\nu_Y}\right)^{1-\nu_R}e^{\varepsilon_{R,t}}$$

规则二：扩展型泰勒规则

$$\frac{R_t}{\overline{R}}=\left(\frac{R_{t-1}}{\overline{R}}\right)^{\nu_R}\left(\left(\frac{\pi_t}{\overline{\pi}}\right)^{\nu_\pi}\left(\frac{Y_t}{\overline{Y}}\right)^{\nu_Y}\left(\frac{L_t}{\overline{L}}\right)^{\nu_L}\right)^{1-\nu_R}e^{\varepsilon_{R,t}}$$

上述规则二说明货币政策除了通货膨胀和产出作出反应外，还包括了贷款。

而贷款价值比这一宏观审慎政策工具，借鉴第 5 章最优政策规则的研究结论，这里主要讨论是否政策规则应该纳入贷款，以及规则纳入时的形式，采用以下三种政策形式：

规则一：后顾平滑规则

$$\frac{M_t}{\overline{M}}=\left(\frac{M_{t-1}}{\overline{M}}\right)^{\rho_M}e^{\varepsilon_M}$$

规则二：泰勒规则

$$\frac{M_t}{\overline{M}}=\left(\frac{M_{t-1}}{\overline{M}}\right)^{\rho_M}\left(\frac{L_t}{\overline{L}}\right)e^{\varepsilon_M}$$

规则三：前瞻性泰勒规则

$$\frac{M_t}{\overline{M}}=\left(\frac{M_{t-1}}{\overline{M}}\right)^{\rho_M}E_t\left(\frac{L_{t+1}}{\overline{L}}\right)e^{\varepsilon_M}$$

6.3.2 模型估计

利用本书第4章4.3节建立的多部门DSGE模型，将上述政策规则组合带入模型进行模拟，并与本书第5章研究最优贷款价值比规则时采用的宏观审慎政策和货币政策配合方式（即货币政策采用泰勒规则，贷款价值比采用泰勒规则，简称基准规则配合模式）做比较，判断的标准还是计算不同政策配合模式对经济体核心经济变量整体波动率影响的情况。如表6－2所示，A1代表上述双支柱基准规则搭配方式，A2代表泰勒规则的货币政策＋后顾平滑规则的宏观审慎政策，A3代表泰勒规则的货币政策＋前瞻规则的宏观审慎政策；B1代表扩展型泰勒规则的货币政策＋泰勒规则的宏观审慎政策；B2代表扩展型泰勒规则的货币政策＋后顾平滑规则的宏观审慎政策；B3代表扩展型泰勒规则的货币政策＋前瞻规则的宏观审慎政策。福利函数是利用克莱恩（KLein，2000）提出的方法，运用二阶近似扰动法求解上述的DSGE模型；然后对居民的效用函数进行二阶泰勒级数展开并分析，以获得居民福利水平的定量描述；最后，将二阶近似解代入二阶泰勒展开后的居民效用函数，最终获得居民的福利水平值。从表6－2可以看出，在各类型的货币政策与宏观审慎政策配合方式中，采用基准模式下主要经济变量的波动率是最低的，居民的福利损失最少，但无论采用复杂的扩展型货币政策规则，还是采用后顾平滑型或前瞻规则的宏观审慎政策，都不能改善双支柱政策调控的效果。特别值得关注的是B1模式中，无论是货币政策，还是宏观审慎政策，都对贷款作出反应，次贷危机的经验说明贷款的快速增长是引发系统性金融风险的最重要因素，然而在面对这种不利情况下，如果货币政策和宏观审慎政策同时对信贷作出反应，这种两种政策叠加的效果却是不佳的，往往引起政策冲突。

表6－2　不同政策配合模式下的经济变量波动率和福利损失比较

配合模式	σ_C	σ_Y	σ_I	σ_π	σ_L	σ_R	σ_Q	福利损失
A1模式	0.1168	0.2867	0.6958	0.1205	0.1640	0.0930	1.0544	－0.037
A2模式	0.2356	0.3423	0.8438	0.1645	0.6678	0.1237	2.1145	－0.078
A3模式	1.2199	1.5976	2.9296	0.4649	0.9570	0.4649	5.1245	－0.243

续表

配合模式	σ_C	σ_Y	σ_I	σ_π	σ_L	σ_R	σ_Q	福利损失
B1 模式	1.0179	2.3362	5.3094	1.9850	0.1347	1.9846	6.3467	-0.381
B2 模式	0.6785	2.0843	3.4523	1.5643	0.4532	1.5489	4.3245	-0.172
B3 模式	1.8956	3.7658	7.0561	3.3467	1.6745	2.7856	8.6545	-0.485

从 B1 合作模式下贷款价值比的一个负向冲击的脉冲响应图看，也可以验证上述的研究结论。从图 6-1 中可以看出，在 B1 模式下，贷款价值比对几个主要宏观经济变量的影响作用都要小于基准配合模式，原因在于如果货币政策同时考虑金融稳定，加入贷款进入政策规则反应函数，势必与宏观审慎政策产生一定的政策冲突，影响政策目标的实现。

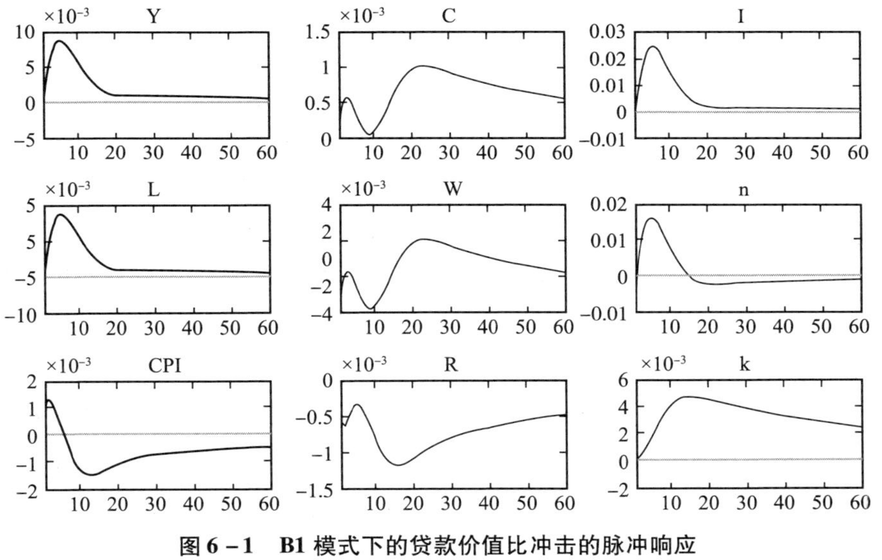

图 6-1　B1 模式下的贷款价值比冲击的脉冲响应

6.3.3　结论及启示

本节修改了第 4 章和第 5 章中货币政策和宏观审慎政策的配合方式，货币政策把金融稳定也纳入政策考虑的范围之内，而宏观审慎政策工具采用后顾平滑规则、泰勒规则和前瞻性泰勒规则三种形式。通过对比两种不同的合作模式下的 DSGE 模型中主要经济变量的波动率，发现从整体上看，基准配合模式要优于货币政策扩展型泰勒规则配合模式。从贷款价值比冲击的脉冲响应图来看，在货币政策扩展型泰勒规则配合模式中，货币政策由于既要考虑物价稳定又要考虑金融稳定导致了两个政策的冲突，因此总体上降低了宏观经济政策的有效性。因此，货币政策维护物价稳定和宏观审慎政策维护金融稳定构成最优的配合模式。

从上述宏观审慎政策和货币政策不同配合模式的实证分析上看，宏观经济政策之间的相互关系对宏观审慎政策有效性的影响巨大。因此，我国宏观审慎政策管理部门为了提高宏观审慎政策有效性，必须加大其与货币政策合作，消除它们实施过程中的冲突。

6.4 本章小结

次贷危机的发生，使得货币政策无法防范和化解系统性金融风险成为一种共识，究其原因，主要有两个方面，一是经济周期与金融周期并不一致，金融周期往往长于经济周期；二是货币政策作为总量调节工具，难以解决金融市场的结构性问题，因此，宏观经济管理部门要进行逆周期的调控，宏观经济政策工具箱中除了货币政策，还必须加入宏观审慎政策。这两个政策如果有序协调，可以强化各自政策效果，推动金融稳定，但是也可能面对可能导致冲突的宏观经济经济情形。

为防范和化解系统性金融风险，“货币政策 + 宏观审慎政策”双支柱政策框架日益成为央行宏观金融调控的主要方式。2016 年第四季度中国人民银行公布的货币政策执行报告第一次提出“货币政策 + 宏观审慎政策”双支柱政策框架后，双支柱建设提速，党的十九大报告强调指出健全货币政策和宏观审慎政策双支柱调控框架。我国新型金融宏观调控政策需要依靠两个支柱，一个支柱是新型的货币政策，另一个支柱是宏观审慎政策，两者又要在一个整体政策框架下，两者需要充分协调和配合。我国双支柱调控框架正在积极探索，并取得了一定的建设效果。

利用第 4 章构建的包含金融加速器的多部门 DSGE 模型，实证分析我国双支柱最优的协调配合模式。基于主要经济变量在不同配合方式下的波动率和福利损失大小，以及模型的脉冲响应函数，得出以下主要结论：从政策规则的协调来看，无论是货币政策，还是宏观审慎政策，都适合采用泰勒规则。扩展型泰勒规则、后顾型规则和前瞻性规则都无助于降低宏观经济的波动率，减少福利损失。如果货币政策把金融稳定也纳入政策考虑的范围之内，在扩展型泰勒规则配合模式中，货币政策由于既要考虑物价稳定又要考虑金融稳定导致了货币政策本身的冲突，同时引起了与宏观审慎政策的冲突，降低了宏观经济政策的有效性，政策叠加的效果反而不利于降低系统性金融风险。

第 7 章

我国影子银行发展与宏观审慎政策有效性研究

以往金融危机中，无论是危机爆发的源头还是传染过程，往往是传统的金融机构如商业银行、证券公司或者保险公司经常扮演了重要的角色，然而在次贷危机发酵和扩散过程中，起重要作用恰恰不是上述机构，而是影子银行。影子银行作为次贷危机的始作俑者，引起了国内外学术领域和金融监管部门的持续高度关注，也成为当前实施宏观审慎政策的主要对象之一。近些年来，以商业银行理财业务和同业业务为代表的我国影子银行发展迅速。根据 FSB 公布的数据，我国影子银行资产 2016 年底达到 7.01 万亿美元，仅次于美国，规模居全球第二位。影子银行成为我国金融市场被讨论较多的现象，其潜在的巨大系统性金融风险问题引发了社会各界的普遍担忧，国务院和各金融监管部门为此出台了一系列整顿影子银行的通知和法律法规，2013 年 12 月国务院专门印发《关于加强影子银行监管有关问题的通知》（以下简称《通知》），2018 年 4 月，中国人民银行等四部委联合发布的《关于规范金融机构资产管理业务的指导意见》等。因此，迫切需要借鉴国际影子银行监管经验，摸清我国影子银行发展的现状，规范其发展，以达到提高宏观审慎政策有效性和维护金融稳定的目的。

7.1 影子银行概述

7.1.1 国际影子银行概念的界定

影子银行（Shadow Banking）是一个目前理论界和实务界都十分关注的金

融现象，伴随着次贷危机被创造和广泛传播开来。其实影子银行这一术语最早是由剑桥大学教授因格汉（Ingham，2002）提出，用其描述从事地下外汇交易的机构，当然这与当前各界对影子银行的普遍认识相去甚远。2007 年 8 月，当次贷危机在美国爆发时，在杰克逊霍尔召开的勘萨斯城联储经济研讨会上，太平洋投资管理公司（PIMCO）执行董事麦卡利（McCulley）用影子银行定义了那些实际行使商业银行功能，却不受监管或很少受到监管的非银行金融机构，包括了投资银行、对冲基金、货币市场基金、债券保险公司、结构性投资工具、私募股权基金、特殊目的实体公司（SPV）等。2007 年 11 月，号称"债券之王"的 PIMCO 创始人格罗斯（Gross）在其专栏文章"小心我们的影子银行"中认为影子银行是那些借助杠杆持有大量证券、债券和复杂信贷产品的金融中介机构，是多年来躲在没有监管的暗处，凭空将次级贷款打包成一大堆用三个英文首字母缩写命名，只有华尔街精英们才能解释清楚的投资工具。随着次贷危机的不断升级，上述两人创新性通过影子银行的概念，对金融领域存在的"有银行之实却无银行之名"的金融机构或业务进行了概括，引起了全球经济金融界的广泛关注和认同。

2008 年以后，美联储、IMF 和 BIS 等金融监管部门或国际经济组织开始使用影子银行术语（或称为平行银行体系，Parallel Banking System；也有称为准银行，Near-bank），各类学术会议和研究也开始大幅讨论影子银行相关问题，并成为了多次 G20 峰会讨论的正式议题。

由于影子银行的复杂性，以及各国金融体系和监管框架存在巨大差异，国际上对影子银行目前尚无统一的定义，但英格兰银行、金融稳定理事会和美联储主要官员的观点颇具有代表性。英格兰银行金融稳定部副总裁的塔克（Tucker，2010）将影子银行定义为向企业、居民和其他金融机构提供流动性、期限匹配和提高杠杆等服务，从而在不同程度上替代商业银行核心功能的各种工具、结构、企业和市场。美联储纽约分行经济学家波扎尔等（Pozsar et al.，2010）将影子银行定义为从事期限、信用及流动性转换，但不能获得中央银行流动性支持或公共部门信贷担保的信用中介，包括财务公司、资产支持商业票据渠道、结构化投资实体、有限目的财务公司、信用对冲基金、回购协议、货币市场共同基金、融券机构和政府特许机构（GSE）等。负责监控全球影子银行的金融稳定理事会（2011）从三个层面给出了一个较为全面的定义：影子银行广义上是指由在常规银行体系之外的实体及其活动所组成的一个信贷中介系统；狭义上是指上述系统中那些具有系统性金融风险隐患和监管套利隐患的实体及其活动；影子银行此外还包括那些仅为期限转换、流动性转换以及杠杆交易提供便利的实体。美联储前主席伯南克（Bernanke，2012）认为影子银行通常能够执行商业银行职能但在传统的存款保险体系之外，其主要组成部分包括了资产证券化工具、ABCP 渠道、货币市场基金、回购协议、投资银行和住房抵押贷款机构等。刘艳艳（2018）认为影子银行是一个设计金融产品、机构和市场在内的复杂三维体系，其基本功能是期限转换、流动性转换和信用风险转换。

综合以上定义，可以看出影子银行一般具有以下几个特点：（1）影子银行是在传统商业银行体系之外，不属于存款型金融机构，因此极少或没有受到金融监管，当其发生经营危机时较难获得中央银行或政府的救助或者存款保险制度的保护；（2）影子银行实际上发挥着商业银行体系的核心功能，也就是能够进行资产的期限、信用或者流动性转换，并利用金融工具扩大杠杆；（3）影子银行不仅仅是个机构的概念，还包括市场、工具和方法；（4）影子银行足以产生严重的系统性金融风险。

7.1.2 国际影子银行发展现状

尽管国际上普遍认可的影子银行概念的出现仅 10 年左右的时间，但是如果从金融本身的性质来看，许多金融机构一开始就扮演了影子银行的功能，如信托业或基金业，从某种意义上说，金融的发展史时刻伴随着影子银行。然而影子银行真正发展和规模剧烈膨胀起来，是伴随着 20 世纪 70 年代的世界金融自由化进程。影子银行的发展深刻改变了世界金融格局，成为了现代金融体系的重要组成部分，在很长的一段时间内甚至成了金融创新的代名词。

1. 美国影子银行发展现状

从影子银行最发达的美国来看，20 世纪 70 年代以前，能被认为是影子银行主要是信托公司，但是经营范围很窄，规模也不大。1970 ~ 1980 年，伴随着欧美金融市场出现的自由化倾向特别是金融监管的放松，各种形式的非传统的金融机构如货币市场基金迅速发展，银行贷款出现证券化模式，影子银行规模不断壮大；1980～2000年，美国金融市场出现的主要金融创新就是将非市场化的资产转换为市场化的证券，住房抵押贷款、自助贷款和信用卡应收账款被证券化之后大量在二级市场上进行买卖，影子银行开始成为金融市场的主要力量之一。1999年美国颁布了《金融服务现代化法》，美国金融监管模式彻底由分业经营走向混业经营，传统的银行、保险、证券和基金的业务边界彻底被打破，影子银行规模出现爆炸式增长，各种复杂的衍生工具如信用违约互换、担保债务凭证被设计出来并在全球金融市场进行交易，对冲基金、结构化投资实体等影子银行成为华尔街的宠儿。2007年初，美国影子银行中的资产支持商业票据、结构化投资工具、拍卖利率证券、可选择偿还债券和活期可变利率票据等的资产规模为2.2万亿美元，通过第三方回购隔夜融资资产为2.5万亿美元，对冲基金持有的资产为1.8万亿美元，五大投资银行的资产负债表规模达到了4万亿美元，整个影子银行系统的资产规模高达10.5万亿美元，而形成鲜明对比的是美国前五大银行控股公司的资产总额刚刚超过6万亿美元，整个银行体系的资产约为10万亿美元。美国次贷危机的爆发，美国影子银行发展受到短暂的影响，但仍是世界上影子银行规模最大的国家。根据FSB公布的历年全球影子银行监测报告，2010年美国影子银行规模14.04万亿美元，2014年为14.24万亿美元，2016年为14.13万亿美元，总体保持稳定状态。

2. 全球影子银行发展现状

从全球影子银行规模来看，虽受次贷危机的影响，当时有所萎缩下降，然而其经过短暂的停滞又迅速恢复到危机前水平，当前仍处于高速发展阶段。2018年FSB公布的《2017年全球影子银行监测报告》（以下简称《报告》）。《报告》样本数据覆盖了29个经济体，这些经济体GDP总和占全球的80%，金融体系资产占全球的90%，因此非常具有代表性。《报告》列出了2009～2016年全球影子银行规模变化情况（见表7－1）。《报告》还显示2016年全球狭义影子银行45.2万亿美元，相当于监测经济体金融资产的13%，75%以上集中于影子银行规模最大的6个经济体。其中，美国影子银行规模最大，占总规模的31%，欧盟（报告涵盖了8个欧盟经济体）次之；我国位列第三，占总规模的16%。

表 7-1　　2009～2016 年全球影子银行规模

时间	影子银行占 GDP 的比例（%）	影子银行规模（万亿美元）
2009	67.5	29.0
2010	61.8	28.4
2011	61.6	30.2
2012	64.0	32.9
2013	66.0	35.6
2014	68.8	39.0
2015	70.8	42.0
2016	73.2	45.2

资料来源：《2017 年全球影子银行监测报告》。

7.1.3　国际影子银行监管

鉴于全球庞大的影子银行规模和潜在的巨大系统性金融风险，次贷危机后，国际社会迅速形成了加强影子银行监管的共识并制定了相关的规则。影子银行发达的美、欧、日等国家或地区也陆续修改金融监管法律法规，强化对影子银行的监管。

FSB 是目前国际层面影子银行监管的主要协调机构，无论对于监测全球影子银行最新发展动态，还是统一各国影子银行监管标准，都发挥了重要作用。2011～2018 年，FSB 每年基于全球主要经济体的统计数据，公布了全球影子银行监测报告，使得国际经济金融界对于全球影子银行发展现状有了较为清晰的认识。2011 年以来，FSB 先后发布《影子银行：体系内涵和外延》《关于加强影子银行体系监管的政策建议》《加强影子银行监管》等系列报告，很好地统一和指导了世界各国的影子银行监管活动。

FSB 提出采取“两步走”的基本方法应对影子银行系统性金融风险。第一步是通过广泛监测，关注所有非银行信用中介组织和业务，确保覆盖所有可能引发影子银行风险的领域；第二步是重点监管，把影子银行监管的焦点集中于增加系统性金融风险和存在监管套利的非银行信用中介。在如何监测影子银行方面，FSB 提出应首先依靠资金流量表、资产负债表以及监管数据等各种信息来源，从较广的范围对影子银行的规模和趋势进行评估，并在评估基础上，提出将监测重点放在可能引发系统性金融风险的特定领域，如期限转换、流动性转换、信用风险转移和杠杆化等。监测工作应有灵活性和前瞻性，以应对影子银行体系的创新和突变引发的系统性金融风险和监管套利。FSB、BCBS 和 IOSCO 积极配合，提出了影子银行监管的五项总体原则：一是突出监管重点，主要针对影子银行体系产生的外部性和风险。二是均衡性，监管措施应与影子银行向金融体系传导的风险相称。三是前瞻性与适应性，监管措施应适应新出现的风险。四是有效性，有效设计和实施有效监管措施，既要处理国际间的共同风险，避免跨境套利，也要考虑到金融结构的地区差异。五是评估和审查，定期评估监管措施实施后的有效性，必要时进行调整。

7.2　我国影子银行发展与金融稳定

7.2.1　中国式影子银行概念的界定

相对于欧美国家发达的金融市场而言，我国金融市场由于发展时间较短和金融自由化程度较短，金融产品和服务都相对简单，我国并没有欧美国家发达和成熟的非银行金融中介组织，复杂的衍生类金融产品也较少。然而，按照国际上广义上的影子银行的一般标准，我国影子银行可以说早已有之，如信托业务、货币市场基金。由于规模很小影响有限，前些年影子银行并没有成为我国金融领域的主要问题。随着近年来商业银行理财业务大量涌现，中国式影子银行引发了社会各界的广泛关注。由于我国影子银行具有明显不同于欧美市场的特点，主要属于监管套利模式，因此，国内不同学者对中国式影子银行进行了界定，迄今为止尚未形成一个被广泛接受的定义。

黄益平等（2012）认为我国影子银行主要包括向公众销售理财产品的信托融资和由金融机构作中介的委托融资。李建军等（2012）从规模和结构的角度，将我国影子银行分为三个层面：一是体制内的影子银行体系，包括商业银行理财产品与表外业务、信托公司理财产品与银信合作、融资租赁公司、四大资产管理公司、资产证券化业务以及准房地产信托、信用风险缓释工具等工具；二是准（类）金融机构，包括小额贷款公司、信用担保公司、投资公司、典当行与寄售行、保险经纪公司、私募股权基金、风险投资基金等；三是民间金融与地下金融，如民间商会、俱乐部、网络借贷平台、民间合会、互助组织、地下钱庄和替代性汇款体系 ARS 等。易宪容（2013）认为由于我国金融市场不成熟和不完善，影子银行在外延上比欧美的银行要大，不仅包括从事类似于传统银行业务的非银行金融机构，还包括财务公司、信托公司、小额贷款公司、典当行、民间金融以及各类金融机构理财等表外业务。中国人民银行（2013）认为中国的影子银行可以概括为正规银行体系之外，由具有流动性和信用转换功能，存在引发系统性金融风险或监管套利可能的机构和业务构成的信用中介体系。巴曙松（2013）对国内金融界对我国影子银行的定义进行了梳理，认为目前存在由窄到宽的四种口径：最窄口径只包括银行理财业务与信托公司两大类；较窄口径包括最窄口径、财务公司、汽车金融公司、金融租赁公司、消费金融公司等非银行金融机构；较宽口径包括较窄口径、银行同业业务、委托贷款等出表业务、融资担保公司、小额贷款公司与典当行等非银行金融机构；最宽口径包括较宽口径与民间借贷。李文喆（2019）给出了中国影子银行的功能性定义，即依赖于银行信用、从事银行业务、但又没接受严格的银行业监管的金融业务，具体指传统银行表内贷款和债券投资以外的，具备完整的信用转换、期限转换和流动性转换功能的金融业务。

上述《通知》中，对我国影子银行也做了界定，认为中国的影子银行主要包括三类：一是不持有金融牌照、完全无监管的信用中介机构，包括新型网络金融公司、第三方理财机构等；二是不持有金融牌照，存在监管不足的信用中介机构，包括融资性担保公司、小额贷款公司等；三是机构持有金融牌照，但存在监管不足或规避监管的业务，包括货币市场基金、资产证券化、部分理财业务等。可以看出，《通知》对影子银行的分法和李建军等（2012）具有一定的类似性。

7.2.2 我国影子银行发展现状

虽然我国金融监管部门和不同学者对我国影子银行的界定还有分歧，但影子银行已经发展成为一个我国金融领域中的重要组成部分却是不争的事实。下面借鉴李建军等（2012）对我国影子银行的分法，对我国影子银行发展现状进行简要分析。

1. 体制内的影子银行

我国体制内的影子银行主要具有两方面的特点：第一，影子银行业务的运营主体大都直接受到我国“一行两会”金融监管部门的监管，商业银行理财业务和同业业务的运营主体是商业银行，信托公司理财产品的运营主体是信托公司，均受到银监会的监管，券商集合理财产品运营主体是证券公司，受证监会监管；第二，相对于准金融和民间金融的影子银行，体制内的影子银行经营的业务或产品包含一定金融创新的元素，如 2005 年开始试点的信贷资产证券化以及 2010 年创设的信用风险缓释工具等，当然我国这类高端金融创新产品或因监管层的谨慎态度或因金融机构参与积极性不高，目前市场规模小，交易不活跃。而从目前绝对规模来看，商业银行理财产品是我国当前影子银行的绝对主要产品，发展十分迅速（见图 7－1）。商业银行理财产品往往代表了信贷资产在商业银行表内向表外的转移，信托公司理财产品基本上是信贷资产由商业银行资产负债表转移到信托公司资产负债表上。商业银行理财业务从表面上看属于商业银行的表外业务，因而在资本、拨备和信息披露等方面受到的监管较少，属于典型的监管套利，但是实际上很多情况下还是与表内的贷款业务相联系。商业银行通过各种方式隐蔽地为各类企业提供贷款，具体方式包括了人

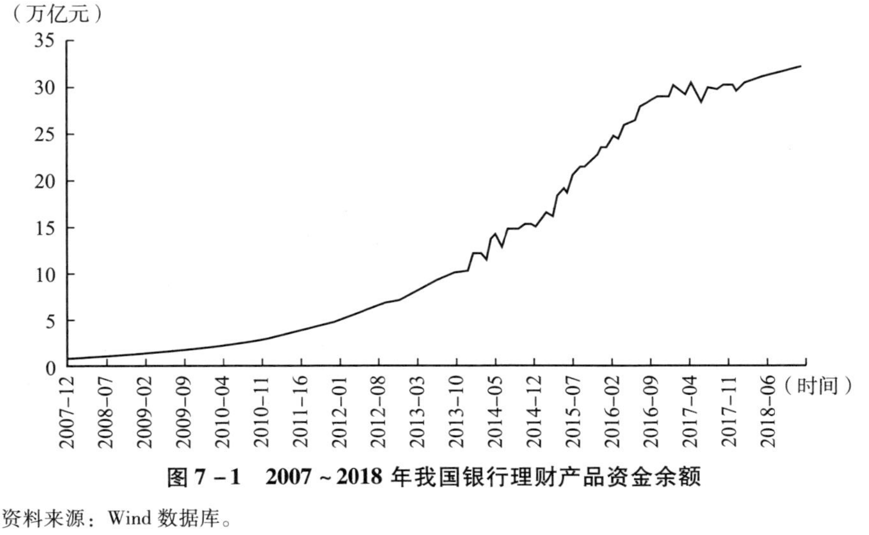

图 7－1　2007～2018 年我国银行理财产品资金余额

资料来源：Wind 数据库。

民币个人理财业务、委托贷款、信托贷款、受让信贷或票据融资、附加回购或回购选择权的投资等，风险基本上还是由商业银行来承担，这是当前影子银行风险的重要隐藏领域之一。

2. 准金融机构类影子银行

在我国以商业银行贷款为主的间接融资体制下，广大中小企业和微型企业由于缺少抵押物，借款金额低等原因，很难通过商业银行或者企业债券市场进行融资，更倾向于向贷款条件相对宽松的准金融机构获取资金支持。这些准金融机构一般不能吸收公众存款，贷款利率远远高于同期银行贷款利率，但是还是低于民间资金利率，对资金需求者来说有着十分旺盛的需求，主要包括小额贷款公司、信用担保公司、典当行、融资性担保公司、投资公司，还可以包括私募股权投资（PE）、风险投资基金（VC）和 P2P 公司。这些准金融影子机构在我国有的有主管部门进行管理，小额贷款公司主要由地方政府具体监管，典当行由商务部和公安部管理；有的并没有主管部门管理，而是按照《公司法》的规定在工商部门进行注册登记，接受工商部门年检等管理，如各类投资咨询公司。伴随着我国宏观经济和民营经济的发展，这些影子银行也取得了一定的发展（见图 7 -2 和图 7 -3）。

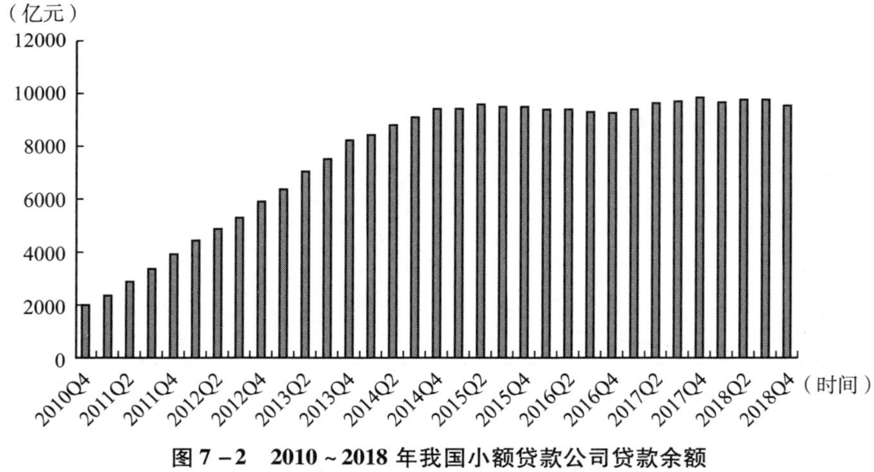

图 7 -2　2010 ~2018 年我国小额贷款公司贷款余额

资料来源：前瞻网数据库。

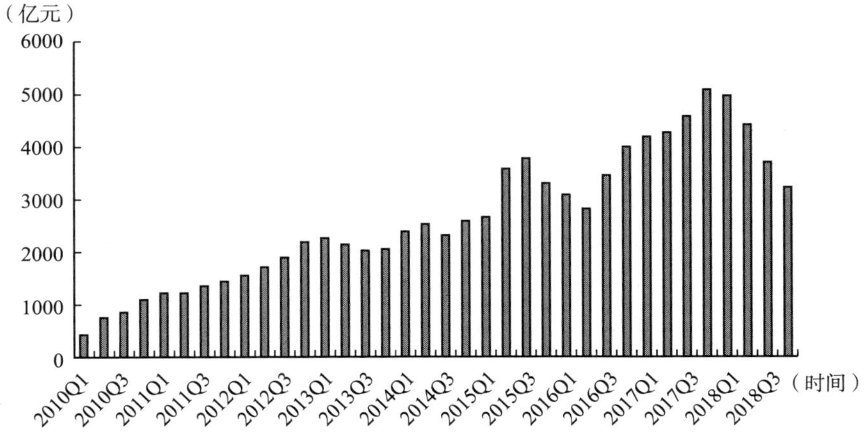

图 7－3　2010～2018 年我国私募基金余额

资料来源：前瞻网数据库。

3. 民间金融类影子银行

我国民间金融历史悠久，已有有几千年的历史。古代以山西为代表的金融业，可以说体现了当时世界最高的金融发展水平，而以温州为代表的民间借贷则是当前民间金融的代表。民间金融对于解决我国部分中小企业或个人的融资难起了非常大的作用，但由于其较高的利息容易引发“高利贷”问题，加上我国对于“非法集资”的严格监管，民间金融在我国长期受到政策控制，一直处于灰色状态。目前，我国民间金融类影子银行的主要形式除了传统的个人之间的借贷与合会形式外，近年来商会借款、俱乐部借款、民间互联网金融等其他形式迅速发展。与此同时，由于民间金融涉及的面非常广，几乎无法准确地统计，因此可控性和可测性存在很大的问题。

7.2.3　我国影子银行高速发展的原因分析

影子银行的本质是一种规避金融监管的金融活动，我国的影子银行也不例外。近年来，我国影子银行的快速发展一方面反映了市场对特殊金融产品或服务的需求，另一方面也反映了我国金融体系的不健全和金融监管中存在较大的套利空间。

1. 资金提供者迫切提高收益的要求

与欧美影子银行产品购买者大多是机构投资者形成鲜明对比，我国影子银行产品的最终购买者或是影子银行机构的投资者，主要是广大的居民，其次是一些有资金富余的企业和机构。影子银行的出现，为我国居民提供了多样化的资产配置选择，而不是只能存到银行，或者进行高风险的证券投资。以银行理财产品来看，产品的收益率显著高于同期的银行基准存款利率，这其实是事实上的金融市场利率市场化，突破了银行存款利率上限。从各类型影子银行产品的热销来看，如淘宝推出“余额宝”后短短时间内规模就连破 1000 亿元和 2000 亿元，最高接近 2 万亿元，随着我国居民金融意识的不断提高，未来对这类产品还是有着旺盛的投资需求。而从投资风险来看，我国影子银行产品相对于股票或房地产等高风险的资产相比，风险相对可控，而且即使出现了诸如山东海龙、江西赛维短期融资券兑付危机，由于我国之前形成的刚性兑付的做法，投资者基本不关心亏损的问题。

2. 资金需求者规避监管的需求

从我国影子银行目前资金需求者来看，主要包括三个方面，一是无法从商业银行获得贷款的中小企业或个人；二是房地产开发企业；三是地方政府的融资平台。本书重点关注后两种需求者。近年来随着我国房价连续上涨，房地产投资持续增加。然而房地产作为我国宏观经济调控的主要领域，2010 年以来房地产商越来越难从银行获得贷款，房地产行业年度贷款增量在 2009 年与 2010 年分别达到 2.05 万亿元与 2.09 万亿元的高峰后，2011 年与 2012 年分别仅为 1.32 万亿元与 1.37 万亿元，2018 年为 6.5 万亿元。银行贷款的收紧使得房地产商面临巨大的资金压力，房地产外部融资的旺盛需求是导致中国式影子银行在 2010 年至今快速发展的重要动力之一。与房地产行业相似，从 2010 年起，银监会开始大力清理整顿商业银行对地方政府融资平台的正常贷款，导致地方政府融资平台的常规融资来源趋紧。然而，地方政府融资平台的投资项目大多为中长期建设型项目，一旦不能获得新增融资，这些建设项目就很可能沦为烂尾工程。目前地方融资平台参与影子银行融资的主要渠道有二：一是由银行理财资金与信托资金购买地方融资平台发行的城投债；二是由基础设施建设信托为地方融资平台提供新增融资等；三是一些 PPP 项目。

3. 金融中介是我国影子银行发展的重要推手

从我国影子银行发展规模来看，以商业银行为代表的金融中介是中国式影子银行发展的最重要推动力量，是我国金融业执行“分业经营、分业监管”情况下，商业银行通过各种表外业务规避监管并实现自身利益最大化的结果。就我国商业银行来看，存在多种原因促使其发展影子银行业务。第一，商业银行作为一个企业要实现利润最大化，商业银行必须不断扩大自己的业务规模，而它最大业务就是贷款，但是如果通过传统的方式也就是扩大贷款又会降低资本充足率或突破其他监管指标，另外它还要面对影子银行高收益的竞争，各家商业银行已出现存款大量流失、存款增速下降的问题。与此同时，随着巴塞尔协议Ⅲ的实施，我国商业银行还需要进一步提高资本充足率，因此最好的办法就是将部分需要损耗资本的表内资产转移到表外去，并以高收益吸引广大居民购买。第二，面对目前我国严格的房地产和地方政府融资平台的宏观调控，虽然商业银行业也开始规避其中的风险，但是也要防止上述领域资金链断裂导致严重的后果，不能让商业银行自身的不良贷款率显著上升，另外各家商业银行还要维护好与地方政府的关系，因此，商业银行迫切需要通过其他途径继续对房地产企业特别是地方政府融资平台提供资金，影子银行业务就提供了很好的机会和渠道。

7.2.4　我国影子银行对金融稳定的影响

我国影子银行快速发展，产品不断丰富，资金链不断延长，结构化产品出现嵌套的特征，潜在的系统性金融风险日益突出。首先，高杠杆以及期限错配特点明显。影子银行资金很多来自银行理财产品等短期资金，而投往股票、债券或非标的长期性资产，资产流动性和期限错配明显。为提高投资收益率，往往通过同业业务等方式层层嵌套，资金链条不断变长，银行、信托和证券等机构的风险交织在一起。其次，刚性兑付导致风险的传染性。商业银行等金融机构为了提高产品的吸引力，长期以来如果产品出现兑付问题就采用垫付资金等方式，保证投资者的收益，使得投资者基本不关注风险只关注投资产品收益的高低，而这样实际上是把影子银行的风险集中在商业银行等金融机构上，很容易导致影子银行风险传染到整个金融体系。最后，影子银行带来的表外信用创造，导致了宏观经济调控和金融监管的不可控性。我国影子银行业务基本上属于表外业务，信息披露有限和透明度低，导致了宏观经济管理部门和金融监管部门难以掌握其全部信息，另外也容易对宏观调控造成干扰，影响调控效果。

7.3 我国影子银行经济系统性影响的实证研究

7.3.1 特征事实

纯粹从金融的角度来看，影子银行的发展可以提高金融运行的效率，提高资源配置，降低了金融的交易成本，增加社会福利，同时拓宽了客户的融资渠道，这些都具有积极的作用。从客观上看，影子银行除了由于高杠杆运作自身极易出问题，容易引发多米诺骨牌效应引发金融系统崩溃外，影子银行发展还会直接对宏观经济产生显著影响。影子银行对宏观经济的影响机制主要有三个方面：一是改变了商业银行的货币供应和创造方式，二是改变了市场的货币供给和货币需求，三是挑战了中央银行宏观经济调控能力。上述机制导致影子银行的系统性金融风险很容易进入宏观经济，造成宏观经济过度波动，对经济增长产生稀释甚至是灾难性影响。

随着我国影子银行的快速发展，金融市场和宏观经济也出现了一些十分有趣的特征事实。一个是在本外币的存款市场，从 2011 年起，除个别月份外，我国本外币存款月度增量在每季度的第一个月到第三个月基本上呈现前低后高的态势，而且经常是第一个月存款是负增长，而后面两个月正增长，增幅不断增大（见图 7－4）。二是货币供应量 M2 月度增量，也出现了基本相同的趋势，从 2011 年 1 月起，每季度月度增量基本都呈现逐渐走高的现象，每个季度的第 1 个月增量出现有规律的负增长（见图 7－5）。原因也不难解释，每个季度初，商业银行为了吸引资金创造更多的利润，大量发行影子银行产品，大量存款转出，因此存款额下降；而据 Wind 数据库统计，期限在 1～3 个月的银行理财产品在所有理财产品所占比重由 2006 年的 15.7% 上升到 2012 的 60.2%，所以每个季度末随着短期理财产品的到期，部分资金又变成了银行存款，而这也契合了每个季度末银行必须提高存款来满足一系列金融监管指标要求的实际情况。银行存款与闲置的现金都是货币供应量 M2 的重要组成部分，上述二者有规律地波动，M2 自然也会出现类似的变化。

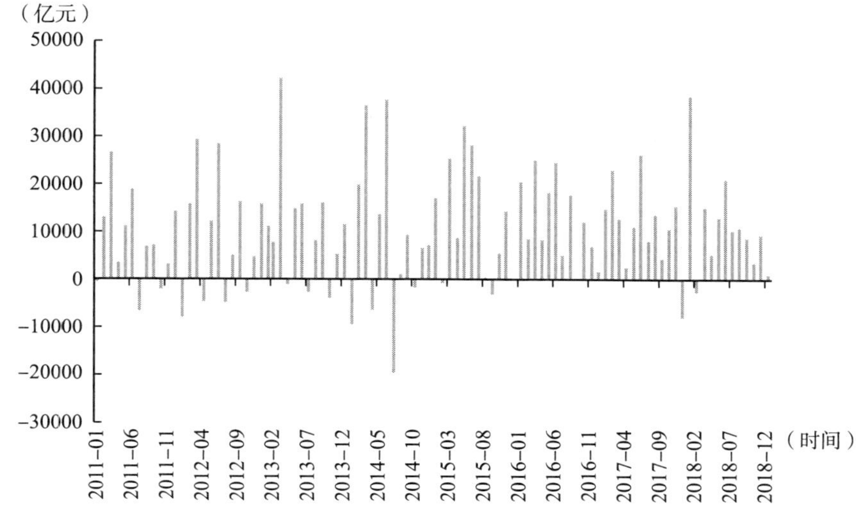

图 7－4　2011～2018 年我国金融机构当月新增人民币存款

资料来源：Wind 数据库。

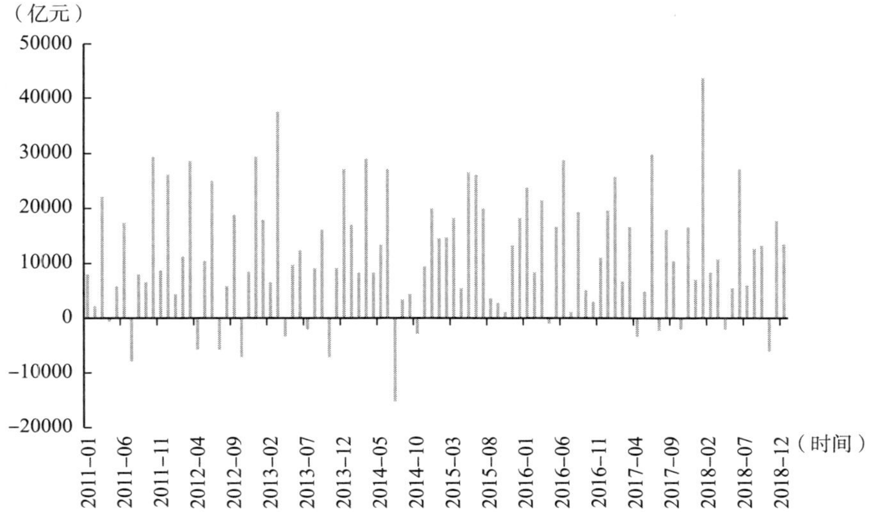

图 7－5　2011～2018 年我国货币供应量 M2 月度增量

资料来源：Wind 数据库。

7.3.2　社会融资规模与影子银行

随着我国影子银行的发展，近年来学术界和实务界一直对我国影子银行的整体规模十分感兴趣，也发表了许多测算报告，然而由于数据来源往往缺乏权威性，可信度较低，而且相关研究也无法提供详细的时间序列数据，因此实际应用价值并不高。然而从 2011 年起，中国人民银行正式开始统计并向社会公布社会融资规模数据，2011 年是按季发布全国社会融资规模数据，2012 年起按月发布，并在 2012 年 9 月公布了 2002 年以来的月度历史数据，为研究我国影子银行提供了一种新的视角。

社会融资规模是指一定时期内实体经济从金融体系获得的资金总额，是个增量的概况。金融体系是整体金融的概念；从机构来看，包括银行、证券、保险等金融机构；从市场来看，包括信贷市场、债券市场、股票市场、保险市场以及中间业务市场等；从具体内容来看，我国社会融资规模主要包括人民币贷款、外币贷款、委托贷款、信托贷款、未贴现的银行承兑汇票、企业债券、非金融企业境内股票融资、保险公司赔偿、投资性房地产和其他金融工具融资等指标。上述指标除了人民币贷款、外币贷款、债券融资和股票融资以外，基本都不属于银行传统业务，因此利用社会融资规模数据研究我国影子银行相关问题，成为一种较好和可行的方式。从实际公布的 17 年来的社会融资规模变化看（见图 7－6），也能验证我们的判断。

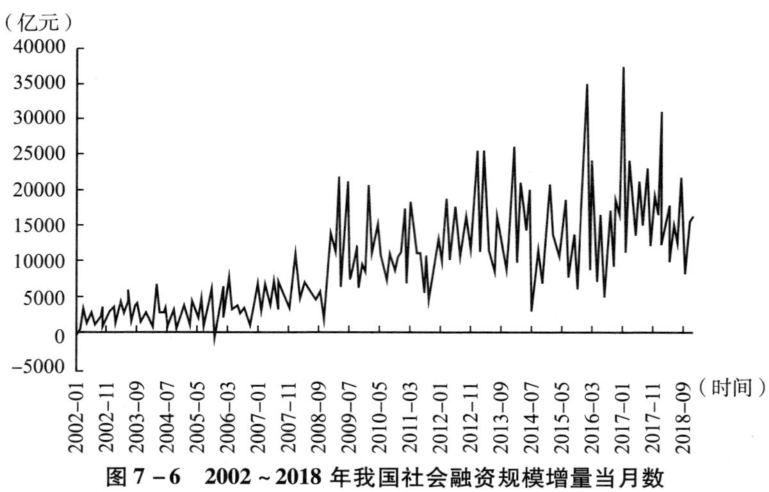

图 7－6　2002～2018 年我国社会融资规模增量当月数

资料来源：Wind 数据库。

近年来，社会融资规模呈现如下特征：一是商业银行人民币贷款的重要性显著下降，人民币贷款外的其他方式的融资数量上升，2018 年全年社会融资规模增量累计为19.26万亿元；其中新增人民币贷款15.67万亿元，是2002年的8.48倍，除人民币贷款外的其他方式融资为3.59万亿元，是2002年的21.93倍；二是金融机构表外业务融资显著增强，截至2018年，实体经济通过未贴现的银行承兑汇票、委托贷款和信托贷款从金融体系融资存量合计达24.02万亿元，而在2002年这些金融工具的融资量还非常小。2010年12月中央经济工作会议首次提出要"保持合理的社会融资规模"，这一指标之后连续写进中央经济工作会议文件和《政府工作报告》，国内理论界和实务界也逐步开始利用社会融资规模研究我国相关经济金融和影子银行问题（何平等，2017）。因此，本书使用扣除部分项目后的社会融资规模月度数据，从实证分析的角度研究我国影子银行经济系统性影响。

7.3.3 实证分析

1. SVAR模型与识别

从模型的角度来看，在多变量之间相互影响的关系研究中，向量自回归模型（VAR）取得了巨大的成功，在经济中分析得到了普遍的应用，但是VAR模型中没有给出经济变量之间明确的结构性关系，所以无法解释经济变量当期之间的关系，而且模型产生的脉冲响应因为"新息"（Innovation）不能被解释为结构性误差，难以进行合理的经济学解释，使得模型生成的脉冲响应函数具有很大的随意性，而且容易受到各变量在VAR模型中排列顺序的影响。为解决上述问题，SVAR模型建模时引入变量之间的当期关系，并对结构性残差根据相关经济理论进行约束，使得脉冲响应函数具有明确的经济学含义。一个有K个变量和p阶滞后的SVAR模型可表示为：

$$B_0 Y_i = \Gamma_0 + \Gamma_1 Y_{t-1} + \Gamma_2 Y_{t-2} + \cdots + \Gamma_p Y_{t-p} + \mu_i,\ t = 1, 2, \cdots, T \tag{7-1}$$

其中：

$$B_0 = \begin{pmatrix} 1 & -b_{12} & \cdots & b_{1k} \\ -b_{21} & 1 & \cdots & b_{2k} \\ \vdots & \vdots & 1 & \vdots \\ -b_{k1} & -b_{k2} & \cdots & 1 \end{pmatrix},\ \Gamma_i = \begin{pmatrix} y_{11}^{(i)} & y_{12}^{(i)} & \cdots & y_{1k}^{(i)} \\ y_{21}^{(i)} & y_{22}^{(i)} & \cdots & y_{2k}^{(i)} \\ \vdots & \vdots & \vdots & \vdots \\ y_{k1}^{(i)} & y_{k2}^{(i)} & \cdots & y_{kk}^{(i)} \end{pmatrix},\ i = 1, 2, \cdots, p$$

将公式（7－1）写成滞后算子形式：

$$B(L)y_t = u_t \tag{7-2}$$

B(L) 是滞后算子 L 的 k 阶矩阵，$E(u_t u_t') = I_k$，I_k 为单位矩阵。如果 B(L) 可逆，则公式（7－2）可以表示成 SVAR 模型的无穷阶的 VMA(∞) 的形式：

$$y_t = D(L)u_t \tag{7-3}$$

而 VAR 模型的简化形式为：

$$y_t = C(L)\varepsilon_t \tag{7-4}$$

詹尼尼（Giannini，1992）根据 SVAR 系统中对当期变量之间的结构性关系假设不同，提出了可以利用 AB 模型估计 SVAR 模型的方法，也就是让公式（7－3）和公式（7－4）相等。

$$C(L)\varepsilon_t = D(L)u_t$$

AB 模型一旦设立，就对 C(L) 矩阵和 D(L) 中的系数施加了 $n(n+1)/2$ 个约束条件，而上述模型的识别总共需要 $2n^2$ 个约束条件，这样要识别 AB 型 SVAR 模型，实质上也就还剩下 $2n^2 - n(n+1)/2$ 个额外的约束条件需要利用经济理论加以限制。

2. 变量选取和建模

为研究我国影子银行与宏观经济、货币政策和金融市场的相互影响，本节构建的 SVAR 模型包括 5 个变量，分别为 SB、GDP、CPI、M2 和 Rate。SB 代表影子银行规模，由于没有直接的影子银行规模月度数据，用中国人民银行公布的社会融资规模减去人民币、外币贷款额、企业债券、非金融企业境内股票融资和地方政府专项债券表示；由于没有直接的 GDP 月度数据，用月度规模以上工业增加值表示；CPI 代表消费物价指数，M2 代表货币供应量，Rate 表示银行间同业拆借加权平均利率。由于中国人民银行公布的社会融资规模数据始于 2002 年 1 月，而且本书变量 SB、GDP、CPI、M2 和 Rate 均使用月度同比增长数据，所以样本时间长度为 2003 年 1 月～2018 年 12 月，共 204 个样本点，SB、GDP、CPI、M2 和 Rate 数据来自中国人民银行网站、Wind 数据库和国泰安数据库。上述 5 个变量为月度同比数据，故无须进行季节调整。

建立 SVAR 模型前，利用 ADF 法对变量 SB、GDP、CPI、M2 和 Rate 进行平稳性检验，结果如表 7－2 所示，所有变量在 10% 的显著性水平下都满足平稳性条件。

表 7-2 变量平稳性检验

变量	检测类型 （C，T，L）	P值	t值	临界值 （10%）	结果
SB	（C，0，1）	0.0000	-13.77	-2.579	平稳
GDP	（C，1，2）	0.0073	-4.107	-3.141	平稳
CPI	（C，0，12）	0.0400	-2.968	-2.580	平稳
M2	（C，1，3）	0.0972	-3.184	-3.141	平稳
Rate	（C，0，0）	0.0000	-4.988	-2.579	平稳

注：ADF 检验（C，T，L）中，C 为常数项，T 为趋势项，L 为滞后项。

通过比较 LR、AIC、SC 等指标，SVAR 模型最优滞后阶数为 4 阶，建立如下模型：

$$B_0Y_i = \Gamma_0 + \Gamma_1 Y_{t-1} + \Gamma_2 Y_{t-2} + \mu_i$$

其中，$Y_i = [GDP_i, M2_i, CPI_i, Rate_i, SB_i]'$

上述 AB 型 SVAR 模型的识别条件，需要 35 个限制条件。根据进行短期约束的一般处理方法，假设矩阵 D(L) 为对角矩阵，这样形成 20 个限制条件，矩阵 C(L) 对角线元素均为 1，这样又形成了 5 个限制条件，因此还需要根据经济理论对模型进行 10 个剩余的约束。假设 SB、CPI、M2 和 Rate 对 GDP 的影响存在时滞，没有当期影响（4 个限制条件）；SB、CPI 和 Rate 对 M2 的影响存在时滞，没有当期影响（3 个限制条件）；SB 和 Rate 对 M2 影响存在时滞，没有当期影响（2 个限制条件）；SB 对 Rate 影响存在时滞，没有当期影响（1 个限制条件），总共 10 个限制条件。

对模型进行稳定性检验。通过图 7-7 可以看出，模型的特征值均小于 1，均落在单位圆之内，所以模型具有稳健性，可以进行脉冲响应函数分析。

3. 脉冲响应函数

在 SVAR 模型中，通过观察脉冲响应函数可以发现各个内生变量承受其他变量单位冲击的动态影响。首先，从一个单位 GDP、CPI、M2 和 Rate 正向冲击对 SB 产生的脉冲响应图上看（见图 7-8），从总体来说，SB 对三个变量正向冲击的反应都是顺周期的，也就是说提高 GDP、CPI 和 M2，基本上都提高

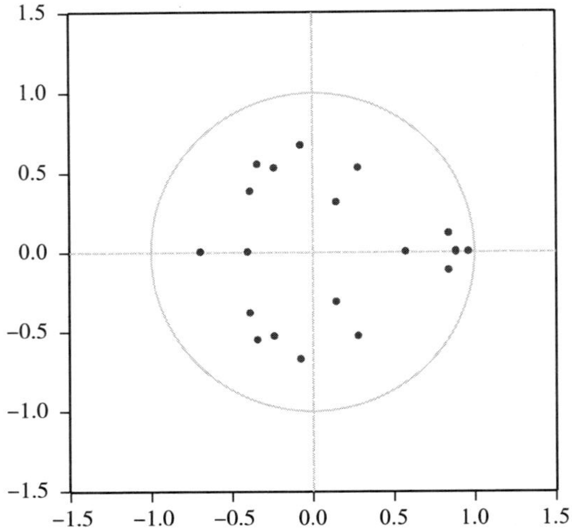

图 7-7　模型特征根

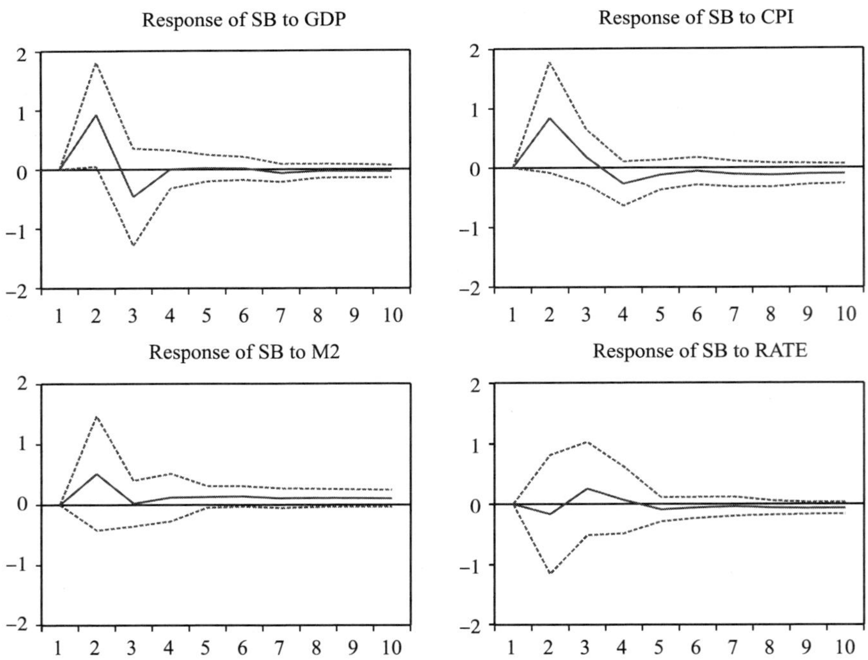

图 7-8　GDP、CPI、M2 和 Rate 对 SB 冲击的脉冲响应

了 SB，特别是冲击前两期的效果最为明显。从 GDP 冲击来看，短期内 SB 就达到最顶峰，后面迅速下降，第 3 期转为负的最低值，然后又缓慢上升，主要持续时间大概是 8 期；从 M2 冲击来看，短期内 SB 缓慢正向上升，第 2 期达到最顶峰，后面又开始缓慢下降，长期的影响为正，主要持续时间是 7 期；从 CPI 冲击来看，短期内 SB 稳中有升，第 2 期达到最顶峰，后面又缓慢地下降并为负的，然后又缓慢上升，主要持续时间大概是 8 期；从 Rate 冲击来看，首先是负向影响，短期内 SB 迅速下降，第 2 期达到最低负值，然后又缓慢上升，第 3 期到达正数，持续时间大概是 8 期。从经济学解释来看，宏观经济的增长必然带来社会财富的增加，因此会有一部分资金流向影子银行；货币供应量的增加，也使得更多的资金寻找更佳的投资机会，高回报的影子银行自然是不错的选择；通货膨胀的提高促使投资者更加重视资金的保值和增值，高通货膨胀导致社会资金流入收益更高的影子银行。市场利率的提高，往往有着两个方向截然不同的影响，一是导致影子银行收益变得更高，更具吸引力；二是使得市场利率和影子银行收益的差距变小，影子银行吸引力变小，因此两者之间的关系不是单向的。

从 SB 一个单位的正向冲击，对 GDP、CPI、M2 和 Rate 产生的脉冲响应图上看（见图 7 -9），影响有正有负，冲击发生后变量趋于平稳的期数较长，变量之间的关系较为复杂。从 SB 冲击对 GDP 的影响来看，长期基本为负，一开始为正，然而 GDP 短期内迅速下降，持续时间很长。从经济学上的解释来看，是由于影子银行的发展，部分资金因此没有流入实体经济，而在金融体系内空转，影响了宏观经济的增长。从 SB 冲击对 M2 的影响来看，短期内 M2 迅速下降，第 3 期以后都为负值。这个过程符合上述分析，随着影子银行的发展，短期内使得现金和银行存款变少，因此降低了货币供应量，所以影响为负向。从 SB 冲击对 CPI 的影响来看，长期来看为负，CPI 短期内迅速上升，第 5 期达到最高正值，然后又缓慢下降，这个也非常符合经济学原理，影子银行的发展推动了资金融资成本的上升，而资金融资成本的上升又必然带来生产成本的上升，进而推动 CPI 上升，然而影子银行的发展，影响了实体经济的发展，最终引发 CPI 下降。从 SB 冲击对 Rate 的影响来看，长期为正，Rate 短期内迅速上升，第 10 期左右达到最高值，主要原因是随着影子银行的发展，降低了传统资金借贷市场的吸引力，我国利率市场化改革未完全到位也是一个因素，从长期来看，影子银行的高利率肯定拉动了市场利率的上升。

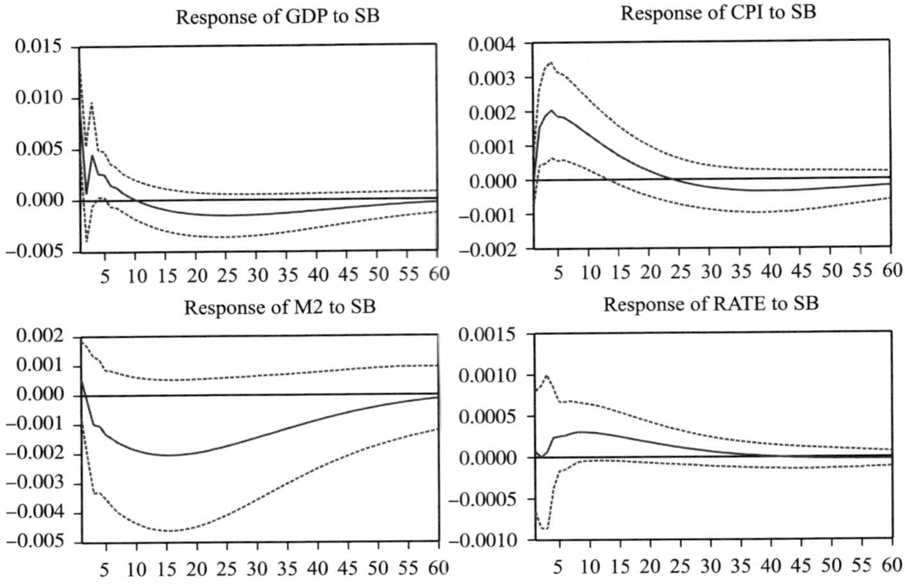

图 7－9　SB 对 GDP、CPI、M2 和 Rate 冲击的脉冲响应

4. 方差分解

脉冲响应函数能反应变量值相互作用的方向和趋势，但是无法比较作用的大小。通过 SVAR 模型的方差分解，可以反映不同的随机冲击对变量影响的相对重要程度。

上述 5 个变量，GDP 是我们最关注的变量，所以对 GDP 进行方差分解。从表 7－3 可以看出，GDP 波动受自身变动的影响最为显著，在第 10 期仍可解释 79.66%，其他经济变量对 GDP 波动的贡献率，随着期数的增加基本呈现逐渐增强的趋势。在 SB、CPI、M2 和 Rate 4 个变量中，GDP 受货币供应量波动的影响最大，影子银行的影响次之。影子银行的影响第一期就达到 8.11%，第 10 期为 7.02%，这说明我国宏观经济增长、货币供应量和影子银行发展三者之间存在非常大的相关关系，这一条非常符合中国目前的实际。货币政策是我国宏观经济调控的主要手段，因此货币供应量的变化对 GDP 影响很大。另外，我国影子银行现有规模已经很大，对宏观经济的影响已不容小觑，而我国尚未完全利率市场化，物价水平平稳，现有利率和物价的变动对 GDP 的影响较小。

表 7-3 变量波动对 GDP 方差波动的贡献

滞后期	σ_{SB}	σ_{GDP}	σ_{CPI}	σ_{M2}	σ_{Rate}
1	8. 106917	91. 89308	0. 000000	0. 000000	0. 000000
2	7. 67134	90. 42539	1. 286336	0. 585022	0. 031910
3	7. 855395	89. 59287	1. 618125	0. 882085	0. 051526
4	7. 945066	88. 85029	1. 983516	1. 172235	0. 048891
5	7. 900728	87. 84188	2. 050478	2. 141523	0. 065396
6	7. 774293	86. 75796	2. 043562	3. 287712	0. 136477
7	7. 613738	85. 31666	1. 978969	4. 804447	0. 286181
8	7. 428778	83. 64422	1. 929200	6. 472697	0. 525104
9	7. 223786	81. 73047	1. 921735	8. 276779	0. 847235
10	7. 016448	79. 65622	1. 977961	10. 10782	1. 241544

5. 结论与启示

本章利用我国 2003 ~ 2018 年的社会融资规模等宏观经济数据，基于 SVAR 模型的脉冲响应图发现，GDP、CPI 和 M2 冲击对 SB 产生的基本是正向影响，说明了我国影子银行具有较强的顺周期性，其发展加速了我国金融体系杠杆化和系统性金融风险的累积。影子银行冲击使得 GDP 负向波动，说明我国影子银行的发展一定程度上影响了宏观经济增长，影子银行部分资金在金融体系内空转，并没有完全流向实体经济；影子银行冲击使得 M2 总体负向波动，说明我国影子银行的发展导致了货币政策有效性下降。方差分解发现我国 GDP 波动中影子银行所占比例较大，进一步说明了影子银行和宏观经济增长的密切关系，必须对我国影子银行系统性金融风险，以及对宏观经济运行的影响都保持高度的关注，采取有效的宏观审慎监管。

7.4 我国宏观审慎政策有效性与影子银行监管

我国影子银行的快速发展，为我国宏观审慎政策的制定、实施和效果评估提出了新的命题。我国应该从防范和化解系统性金融风险、提高宏观审慎政策有效性的角度，加强我国影子银行监管。

7.4.1 提高宏观审慎政策有效性须加强影子银行监管

从宏观审慎政策目标来看，是为了防范和化解系统性金融风险，其中就包括了影子银行领域的系统性金融风险，因此从整个国际社会来看，影子银行监管都是宏观审慎政策的重要组成部分。与此同时，国内外影子银行的发展也说明了如果在金融体系内，如果仅仅对传统金融机构实施宏观审慎政策，政策越是严格，监管套利的空间就越大，就越有可能导致原本在传统金融机构经营的业务被转移到影子银行里面。金融稳定不仅仅需要对传统金融体系进行监管，还需要对影子银行实施有效监管，在整个金融体系层面防范和化解系统性金融风险。因此，无论是提高影子银行领域内的宏观审慎政策有效性，还是提高其他金融领域的宏观审慎政策有效性，都应该加强我国影子银行的监管。

值得注意的是，无论是我国金融监管部门和金融机构，还是理论界，目前流行着一种观点，即“由于我国金融市场的发育程度不高，当前我国影子银行主导力量是商业银行和信托公司，我国商业银行和信托公司是银监会的直接监管对象，与欧美影子银行基本没有监管形成鲜明对比，而且我国影子银行产品基本不涉及欧美市场那些复杂的衍生品，主要为债务工具，杠杆率非常低，因此我国影子银行系统性金融风险不高，甚至认为我国影子银行产品都是金融创新，要鼓励大力发展”。这种观点值得商榷。首先，在我国金融业严格分业经营、分业监管的体制下，影子银行虽然受到各自所属行业的金融监管部门的监管，但是所受监管基本只停留在微观审慎的层面，各监管部门很难独立地分析、判断与处置影子银行的系统性金融风险，而且各监管部门监管内容和要求各不相同，这势必容易造成我国影子银行监管的真空和监管套利，以及缺乏宏观视野。以 P2P 网贷平台为例，其作为互联网金融创新的事物，成为近几年我国影子银行的一大亮点，吸引了众多网民热情参与，然而由于缺乏有效监管，仅繁荣了短短一段时间，就出现了大批 P2P 网贷平台倒闭的情况。据网贷之家公布的数据，2017 年历史累计倒闭 4130 家；2018 年累计倒闭 5409 家，呈加速倒闭的态势，2019 年连陆金所都宣布要退出 P2P 市场。其次，当前我国绝大部分影子银行业务，是由对我国金融系统具有系统重要性的商业银行来开展业务，一旦影子银行业务出现大面积亏损，势必使得市场特别是储户对该商业银行失去信心，如果引发一系列连锁反应，那么将对金融市场稳定造成巨大的冲击，因此，影子银行业务非常容易成为我国商业银行引发系统性金融风险的“导火索”。最后，我国影子银行产品涉及的基础资产具有巨大的相似性，也就是很大一部分资金实质上流向了房地产市场和地方政府融资平台，因此一旦这两个领域出现了问题，将对影子银行产生致命的冲击。

7.4.2　加强影子银行监管宜疏不宜堵

从我国影子银行的发展来看，现阶段的监管“宜疏不宜堵”。我国影子银行的产生和发展，与欧美国家机构投机者过度追求利润有较大区别，是经济中投资者和筹资者的多样化金融需求得不到满足的表现，我国理财类影子银行产品的收益明显高于银行存款利率，这为投资者提供了不一样的市场选择，它扩展了传统金融服务的边界，并推动了我国的利率市场化改革，部分解决了中小企业融资难问题，在一定程度上缓解了金融抑制带来的不利影响，提高了商业银行经营利润和金融服务功能，有助于提高金融体系的储蓄投资的转化能力与资源配置效率。如果想通过加强监管禁绝其生存空间，必然会对我国金融市场和实体经济产生严重的不利影响，而且最终效果肯定也不佳，因为金融机构肯定还会在投资者和筹资者的配合下，通过其他金融创新或监管套利达到其目的。从金融危机中深受影子银行影响的美国的《多德—弗兰克华尔街改革与消费者保护法案》的立法精神和具体条款来看，以美国为代表的发达经济体也没有对影子银行采取严格限制它们发展的措施，而是从严格机构注册、限制商业银行自营业务、确定中央交易对手和信息披露提高透明度等方式，加强对影子银行的监管。次贷危机后全球影子银行迅速超过危机前水平，就说明了影子银行拥有顽强的生命力和存在的必然性。

7.4.3　加快利率市场化改革与强化监管

要化解现阶段我国影子银行隐藏的系统性金融风险，提高政策有效性，第一，从金融制度层面上看，最有效的方式还是加快我国利率市场化改革进程，特别是放开存款利率上限。应该说只有放开了我国存款利率上限，我国现阶段大部分的影子银行产品将失去市场价值，影子银行监管套利导致的系统性金融风险就得到化解。第二，在目前渐进式的利率市场化进程中，信息不透明、运作隐蔽是我国影子银行的基本特征之一，而只有持续、透明和充分的信息披露才能让市场各方参与者和监管部门了解影子银行及其产品的真实情况，并能够监测和识别影子银行的系统性金融风险，因此应加大影子银行的信息披露要求。第三，要彻底改变我国金融违约事件“刚性兑付”的传统做法，应该通过少部分人的亏损让投资者切实认识到影子银行的风险，这样才能更好地提高各类投资者的风险意识，也让高风险的影子银行产品失去生存空间。第四，针对不同的影子银行业务，采用不同的措施加强监管。对于理财类产品，按照“代课理财、买者自负、卖者尽责”的要求，建立单独的机构组织体系和业务管理体系，不允许购买本行的贷款，不能开展资金池业务，资金来源与运用一一对应；对于信托业务，要回归信托主业，运用净资本管理约束信贷类业务，不开展非标资金池业务；建立小额贷款公司业务规范，制定全国统一的监管制度和经营管理规则，落实监管责任；对于融资性担保公司，明确界定担保责任余额与净资产比例上限，防止违规放大杠杆倍数，建立风险“防火墙”；规范网络金融活动，不得超范围经营；规范金融交叉产品和业务合作行为；紧盯影子银行产品的流动性风险，提高资金来源的稳定性，合理控制资产负债期限错配程度。第五，建立统一的监管体系，金融监管部门要统一监管规则，防止监管套利。在化解影子银行系统性金融风险过程中，也要注意监管节奏和市场承受能力。

7.5 本章小结

对于影子银行问题的讨论，是次贷危机之后国际经济金融领域的热点。国际社会虽然尚未形成对影子银行的统一界定，但是，基本认同影子银行是次贷危机的罪魁祸首。影子银行在正规银行体系之外，却具有信用、期限和流动性转化功能，极少受到监管，并具有高杠杆的特点。次贷危机的发生，使得原本高速发展的全球影子银行受到了一定的影响，总体规模有所缩减，然而 2011

年以来已经恢复并全面超过金融危机前的水平，当前创历史新高。从影子银行的国际监管改革来看，主要的制度设计包括三个方向：一是让原来没有或者少受监管的影子银行纳入监管范围，二是加大对影子银行的监测和信息披露，三是全面降低影子银行业务的系统性金融风险。

我国金融市场虽然发展水平不高，但是近年来以商业银行理财业务和同业业务为代表的影子银行却发展迅速。我国影子银行可以区分为体制内的影子银行、准金融机构类影子银行和民间金融类影子银行。目前，我国影子银行业务主要体现为银行理财业务和信托理财业务。我国影子银行扩张速度非常快，既与影子银行资金提供者迫切要求提高资金收益率有关，也与广大的资金需求者无法在常规金融市场获得资金有关，另外我国金融机构特别是商业银行为了获得最大化利益，是我国影子银行业务发展的重要推手。我国影子银行存在的期限错配、高杠杆、结构嵌套、刚性兑付和监管套利，使得其系统性金融风险较突出，影响金融稳定。

我国影子银行发展，已和宏观经济运行形成显著的相互影响关系。从经济理论上看，影子银行的发展改变了金融市场的货币供应和需求，影响了宏观经济调控；从特征事实上看，2011 年以来，我国的存款和货币供应量增量每个季度都呈现前低后高有规律性的变化。中国人民银行公布社会融资规模数据为定量分析我国影子银行问题提供了可靠基础。利用我国 2003 ~ 2018 年的社会融资规模等宏观经济数据，基于 SVAR 模型的脉冲响应图发现，GDP、CPI 和 M2 的正向冲击，能推动我国影子银行发展，说明了我国影子银行发展是顺周期性的，而影子银行的正向冲击却使得 GDP 和 M2 负向波动，说明影子银行的发展使得部分资金在金融体系内空转，并没有完全流向实体经济，阻碍了经济的发展，影响了货币政策的效果。方差分解发现，我国 GDP 波动除了自身的因素外，影子银行波动所占也较大，因此我国宏观经济发展与影子银行关系密切。

影子银行监管是宏观审慎政策的重要组成部分，因此，必须加强影子银行监管提高我国宏观审慎政策的有效性。我国影子银行虽然业务相对简单，但由于其监管部门是分业监管，容易形成监管真空和监管套利，影子银行主要经营主体是系统重要性金融机构，所流向的资产又具有高度的相似性，因此具有较高的系统性金融风险隐患，必须加强监管。然而，目前我国影子银行发展作为一种满足各方需求的内生性金融活动，加强监管的同时宜疏不宜堵。从制度层面来看，利率市场化改革特别是逐步放开存款利率上限是最有效的方法，同时提高影子银行信息披露的水平。在此过程中，允许一小部分风险事件导致损失情况的发生，以便提高投资者的风险意识，并重点关注目前我国影子银行几个重点业务的主要风险点，将它们置于监管之下，并加强对它们的风险控制，统一监管规则，同时加强不同监管部门的协调配合。

第 8 章

我国宏观审慎政策治理有效性研究

为提高国家治理水平，党的十八届三中全会提出了“推进国家治理体系和治理能力现代化”全面深化改革总目标的要求。党的十九大全面总结党治国理政的历史经验，对党不断提高运用中国特色社会主义制度有效治理国家的能力作出重要战略安排。国家治理包括经济、社会、政治和文化等各个领域，宏观审慎政策作为是我国宏观经济调控和金融审慎监管的重点内容，其治理有效性的价值和意义不言而喻。因此，本章将以福建自贸区为研究主体，从微观角度对其宏观审慎政策治理体系和治理能力进行研究，将丰富宏观审慎政策治理理论，并为推动福建自贸区进一步发展与后续金融监管体制改革提供政策参考。

8.1　福建自贸区宏观审慎政策治理的理论基础

8.1.1　福建自贸区建设与宏观审慎政策

自由贸易区（Free Trade Zones）是指一国或地区在对外经济活动中，对货物监管、外汇管理、企业设立等实施特殊政策的一个特定区域。建设自由贸易试验区，是以习近平同志为核心的党中央在新时代实施的一项重大战略举措，对我国在经济新常态下全面深化改革、推进改革开放和推动政府职能转变具有十分重要的意义。2013 年 8 月中国（上海）自贸区经国务院正式批准设立；

2014 年 12 月国务院决定设立中国（福建）自贸区（以下简称福建自贸区）、中国（广东）自贸区和中国（天津）自贸区 3 家自贸区，2015 年 4 月福建自贸区挂牌成立；2017 年 4 月辽宁、浙江等 7 地自贸区挂牌成立，当前形成了 1 +3 +7 雁行阵。围绕立足两岸、服务全国、面向世界的战略要求，充分发挥对台优势，福建自贸区成立 4 年多来，认真贯彻党中央国务院关于自贸区的战略部署，通过推动制度的改革、开放和创新，目前福建自贸区在跨境投融资、离岸金融、两岸金融合作等领域均取得了良好成绩。

面对系统性金融风险潜在的巨大破坏力，国际社会在 2008 年国际金融危机之后，在宏观经济管理和金融监管领域正式引入了宏观审慎政策。习近平总书记在十九大报告中提到深化金融改革时强调，需健全货币政策和宏观审慎政策双支柱调控框架。福建自贸区通过推动金融支持实体经济发展的同时，面对日益复杂的国内国外经济金融形势，以及福建自贸区内大量的金融创新，要真正守住“不发生系统性金融风险的底线”面临着较大挑战。因此，涉及福建自贸区建设的相关法律法规，都明调提出了进行宏观审慎政策调控的相关要求，其中《中国（福建）自由贸易试验区总体方案》提出了“建立健全外债宏观审慎管理制度，探索建立境外融资与跨境资金流动宏观审慎管理政策框架”；《国务院关于印发进一步深化中国（福建）自由贸易试验区改革开放方案的通知》提出“健全金融监管体系，守住不发生系统性金融风险的底线”。在福建自贸区 4 年多的具体实践中，已建立了针对自贸区系统性金融风险的宏观审慎政策治理架构，对福建自贸区系统性金融风险进行监测、评估和防范。

8.1.2 自贸区宏观审慎政策治理理论

治理对应的英文单词是 Governance，区别于表达统治之意的 Government。国际上，对于治理的研究始于 20 世纪七八十年代，90 年代我国开始研究。治理是一种由共同目标和多元主体支持的活动或过程，治理比统治的内涵更丰富得多，可以由政府主导，也可以由社会各方力量驱动，包括正式的机制，也包括非正式的机制和安排。利威和斯皮勒（Levy & Spiller，1994）开始监管治理的现代研究，斯特恩等（Stern et al. ，1999）认为角色和目标清晰、独立性、责任性、参与性、透明度和可预见性构成了监管治理框架。具体到宏观审慎政策治理理论，本书认为关键在于回答“谁治理”“治理什么”“怎么治理”

“何为善治”“谁来评估治理效果”等基础性的问题，下面结合福建自贸区，进行理论阐述。

宏观审慎政策“谁治理”体现了对治理主体的要求。福建自贸区宏观审慎政策治理的主体主要包括三个层面，一是党中央、国务院的国家层面，目前主要是国务院金融稳定发展委员会；二是金融监管部门及其地方派出机构，主要是中国人民银行（包含外汇管理局）、银保监会和证监会，实施宏观审慎政策的职能主要集中在中国人民银行；三是地方政府层面，主要是福建省级政府部门、福建省地方金融管理局、自贸区片区所在政府及其自贸区管委会。

自贸区宏观审慎治理的内容，包括治理体系和治理能力。国内外对宏观审慎政策治理的研究还在起步阶段，综合新公共管理、金融监管治理、宏观经济调控等多学科理论，本书认为宏观审慎政策治理体系包括了四个方面：（1）实施主体，必须通过法律法规明确自贸区宏观审慎政策具体的实施主体，否则就会出现谁都负责，实际上谁都不用负责的情况；（2）政策协调机制，自贸区宏观审慎政策要发挥效果，一方面需要货币政策、财政政策、区域发展政策等经济政策的协调，更需要建立相关金融监管部门和地方政府之间的政策协调；（3）职责界定，自贸区每个宏观审慎政策实施主体应有明确的权利界定和责任的划分，赋予其与权责相关相当的独立性，要有建立明确的问责机制；（4）透明性，自贸区宏观审慎政策实施主体应通过公布会议纪要和定期报告等方式，保持与金融市场各类参与者之间的信息沟通，满足特定主体的信息查询需求。

自贸区宏观审慎政策治理能力包括四个层次：（1）识别自贸区系统性金融风险的能力，一方面要求实施者要相应地职业能力，另一方面要建立完善的系统和金融统计制度收集到相关的必要信息；（2）采用行动的能力，实施者要有合适的政策工具能够对风险采取适当的政策措施；（3）正确的职业操守，没有不作为，也没有乱作为；（4）成本和收益考虑，宏观审慎政策既要防范风险，也要考虑金融市场的效率，实行监管和金融创新的良性互动。福建省自贸区宏观审慎政策如何治理，就是如何实现治理体系和治理能力现代化上。

对于善治（Good Governance）的重视，主要是从20世纪末发展型国家的实践开始，加之亚洲金融危机削弱了亚洲价值的讨论，使得善治得到各方进一步的重视。随着科技和社会的发展，传统的官僚体系范式受到很大质疑，新公共管理理论的兴起与公民社会的发展，使得追求政府善治行政与对政府绩效责任的关注成为一种趋势。善治就是应该怎么样治理才是好的。宏观审慎政策治理的理想状态是当然也是善治，结合上述宏观审慎政策治理内容，本书认为自贸区宏观审慎政策善治应具有以下6个标准：合法性、有效性、责任性、透明性、独立性和廉洁公正性。

评估自贸区宏观审慎政策治理的效果，对于治理体系和治理能力现代化是一个非常重要的环节。只有通过评估，才能够对治理水平形成科学的总体评价，才能了解相关工作的进展情况，才能发现宏观审慎政策治理实施环节中好的方面和差的方面，这样就可以借此不断改进其治理。福建自贸区宏观审慎政策治理效果评估，可以由国家层面来推进，也可以由福建自贸区试验区内部来实施，或者第三方或该研究领域的学者来完成。

8.1.3 福建自贸区宏观审慎政策治理现状

福建自贸区自2015年挂牌成立以来，认真贯彻党中央国务院自贸区建设的重大部署，稳步推进重点建设任务，在投资贸易便利化、金融开放创新、政府职能转变、对台先行先试等领域不断探索创新，在金融创新服务实体经济、深化两岸金融合作、金融机构加速集聚等领域取得了积极进展，形成了一批可推广的经验。与此同时，不断完善宏观审慎政策治理体系和治理能力，建立了一套自贸试验区金融风险监测、评估、防范和处置制度，守住了不发生系统性区域性金融风险的底线。

1. 宏观审慎政策治理相关的法律法规

当前，福建自贸区实施与宏观审慎政策治理相关的法律法规，总体上可以分为两个层次：一是当前在全国范围内都适用的法律。根据《中华人民共和国中国人民银行法》《中华人民共和国商业银行法》及相关法律法规，赋予的中国人民银行等金融监管机构及其分支机构制定和实施宏观审慎政策的规定，在福建自贸区内同样适用。二是特别在福建自贸区内实施的法律法规，一方面是全国人大常委会表决通过的“关于授权国务院在中国（广东）自由贸易试验区、中国（天津）自由贸易实验区、中国（福建）自由贸易实验区以及中国（上海）自由贸易实验区扩展区域暂时调整有关法律规定的性质审批的决定”，对相关的法律法规在自贸区内做了特殊安排；另一方面，根据建设福建自贸区建设的要求，国务院、相关部委和福建省各级政府制定了《中国（福建）自由贸易试验区总体方案》《中国（福建）自由贸易试验区条例》《国务院关于印发进一步深化中国（福建）自由贸易试验区改革开放方案的通知》《中国人民银行关于金融支持中国（福建）自由贸易试验区的指导意见》《中国（福建）自由贸易试验区条例》和《进一步推进中国（福建）自由贸易试验区外汇管理改革试点实施细则》等。

从上述福建自贸区的法律法规来看，首先，尚未形成系统性的体系，相关规定和要求散落在各个法规中，而专门针对福建省自贸区的法规大多法律层级不高，大部分是层级较低的条例和指导意见等；其次，相关规定大多停留在政策层面，缺少专门针对福建自贸区金融业务特点的宏观审慎政策监管细则出台，条款基本都是原则性和抽象性的，缺少可操作性；最后，部分已有文件的落实相对滞后，由于自贸区金融创新和监管大多没有现有经验可以遵循，涉及方方面面的利益和金融风险，这使得部分法律法规落地实施过程缓慢，如福建自贸区金融机构和企业都十分期待的账户管理体系问题、限额内资本项目可兑换等政策，目前尚未出台实施细则或配套措施，暂时无法承接落地。

2. 宏观审慎政策治理组织架构

从国内外的经验来看，宏观审慎政策治理的有效性，与金融监管部门的组织架构及协调机制其密切相关。从我国金融监管机构的设置来看，目前形成了中央加地方的金融监管方式。党的十八大和全国金融工作会议提出要合理“界定中央和地方金融监管职责和风险处置责任”。从国家层面来看，目前还没有一个统一针对自贸区金融监管的机构设置。福建自贸区拥有厦门、福州和平潭三个片区，由于厦门是计划单列市，因此目前中国人民银行、银保监会和证监会等“一行两会”均在福州和厦门设立一个省级机构和一个副省级机构，中国人民银行就有福州中心支行和厦门中心支行。2018 年 10 月成立的福建省地方金融监督管理局，承担福建省有关金融协调服务、地方金融监管、金融风险防范和处置，以及承担省金融稳定发展委员会日常工作等，福州、厦门和平潭三地也设有地方金融监督管理局。在福建自贸区的内部，各个片区的管委会设立了财政金融局等机构，承担一部分金融服务和监管的职能。因此，目前福建自贸区宏观审慎治理属于一个多头管理的阶段，尚未探索金融综合监管；金融监管机构之间、金融监管机构与地方金融监管部门尚未建立机制化的沟通协调方式。

3. 宏观审慎政策治理能力建设情况

福建自贸区挂牌建设4年多来，“一行两会”金融监管机构所在福建分支机构不断提升宏观审慎政策治理能力。福建银监局制定下发了自贸试验区银行业监测制度，构建了“5+2”的监测报表体系（机构发展、自贸试验区业务、金融创新、闽台合作、离岸业务等5项监测与业务重大变动、新产品首单报告等2项报告），印发自贸试验区银行业运行监测分析报告，全面掌握区内机构运营和金融创新情况，加强创新风险分析预判。中国人民银行福州中心支行、厦门市中心支行加强资金双向监测预警、完善事后核查工作，积极防范资金流出风险；建立健全宏观审慎管理框架下的外债和资本流动管理体系，提高可兑换条件下的风险管理水平；重点关注融资融券等类信贷业务及其他创新业务融资方式及潜在的跨市场跨行业风险等。

从客观上看，福建省目前自贸区宏观审慎政策治理能力建设，并未突破“一行两会”自贸区外的金融监管职责，与其他自贸区相比基本无特色和亮点，福建自贸区的金融监管还是以微观审慎监管为主。一个直接的观察指标就是福建自贸区公布的几批次金融创新案例来看，入选的金融监管案例屈指可数，而最新的公布第五批和第六批福建自贸区可复制推广的创新成果里，没有福建自贸区金融监管创新的案例。

8.2 福建自贸区宏观审慎政策治理体系和治理能力评估指标

金融领域引入监管治理理念始于2002年，达斯和昆廷（Das & Quintyn, 2002）首次界定了金融监管治理，并提出了良好金融监管治理评价的四大核心要素，丁杰尔等（Dincer et al., 2013）利用全球100多个国家的数据，设计监管透明度指标对监管部门进行了检验。按照党中央提出的“推进国家治理体系和治理能力现代化”全面深化改革的总目标和路径，结合国内外自贸区建设经验与国家实施宏观审慎政策的要求，参照上文提出的宏观审慎政策理论和国内外研究成果，本书从治理体系和治理能力两个方向，设计出评估福建自贸区宏观审慎政策治理的评估指标体系。

8.2.1　福建自贸区宏观审慎政策治理体系评估指标设计

宏观审慎政策治理体系的内涵十分丰富，结合福建自贸区的特点，本课题设置了四个一级指标。首先是“组织架构”（A1）指标，该指标下设“结构设置”（A11）和“机构协调”（A12）两个二级指标，主要用于测度自贸区内中国人民银行、银保监局、证监局、地方金融监督管理局和自贸区管委会多监管部门组成的组织架构是否合理，以及上述监管部门之间的政策协调是否顺畅；其次是“独立性”（A2）指标，该指标下设“制定法规”（A21）和“执行法规”（A22）两个二级指标，测度的是福建自贸区宏观审慎政策相关的法律法规制定过程和执行过程的独立性；再次是“责任性”（A3）指标，该指标下设“权利配置”（A31）和“责任追究”（A32）两个二级指标，测度的是福建相关自贸区宏观审慎政策实施部门是否被赋予实施政策相匹配的权利，以及监管责任是否被有效地落实；最后是“透明性”（A4）指标，该指标下设“决策和执行过程的透明性”（A41）和“报告披露”（A41）和“满足公众查询需求”（A43）三个二级指标，用于测度福建自贸区宏观审慎政策实施部门在宏观审慎管理全过程的透明性，监管结果的透明性，以及与公众沟通和满足公众需求的情况。

8.2.2　福建自贸区宏观审慎政策治理能力评估指标设计

治理能力和治理体系是一个有机整体，通常评价治理能力比治理体系难度更大，因为治理体系往往是静态的，有相关的法律法规和报告为载体；而治理能力是动态的，往往无法从统计指标或者法律法规中直接观察获得。本书对福建自贸区宏观审慎政策治理能力评估指标，也设置了四个一级级指标。首先是“职业能力”（B1）指标，该指标下设“学历和知识”（B11）和“执法能力”（B12）两个二级指标，用于测度福建自贸区宏观审慎政策实施人员拥有职业能力高低；其次是“职业操守”（B2）指标，该指标下设置“未不作为”（B21）和“未以权谋私”（B22）两个二级指标，测度福建自贸区宏观审慎政策监管人员的职业操守；再次是“治理手段”（B3）指标，该指标下设置的“政策工具开发”（B31）和“监管系统开发”（B32）两个二级指标，测度福建自贸区宏观审慎政策实施部门是否开发了好的工具以及监管系统；最后是“治理绩效”（B4）指标，该指标下设置“防范和化解系统性金融风险”（B41）和“推动金融创新”（B42）和“监管效率”（B43）三个二级指标，用于测度福建自贸区宏观审慎政策治理不同层次政策目标的完成情况，目标的实现是治理能力最直接的体现。

8.3 福建自贸区宏观审慎政策治理体系和治理能力评估研究

8.3.1 模型方法

评价活动是人类活动中最重要的活动之一，然而由于评价事物或活动复杂性，评价往往涉及诸多因素，因此需要对多指标信息通过一定方法进行加工处理，得到一个综合的评级指标。层次分析法（Analytic Hierarchy Process，AHP）是运筹学家萨蒂（Satty）提出的一种定性和定量分析相结合的多准则决策方法，目前在理论界和实务界具有非常多成功的应用。然而由于层次分析法在判断判断矩阵一致性等方面存在一定的缺陷，随着模糊数学的发展，层次分析法逐步发展出模糊层次风险法（FAHP）。模糊层次分析法建模的基本步骤对所要研究的复杂问题进行解构，分解成不同的诸多构成因素，然后按照最高层（目标层）、中间层（准则层或指标层）、最底层（方案层或决策层），建立层次结构，进而对各层中的各组成要素进行重要性评级，最后结合各因素彼此之间的重要性程度进行总体评估。

8.3.2 数据获得

本章根据萨蒂提出的“1～9 标度表”（见表 8－1），邀请国内研究宏观审慎政策的学者、福建自贸区金融监管机构官员和区内金融机构高管等专家，对福建自贸区宏观审慎政策治理体系指标和治理能力指标的两两相对重要性程度进行打分。与此同时，设计评价集（很好，好，中，较差，差），对福建自贸区宏观审慎政策治理的直接利益相关人（福建自贸区金融监管部门官员、区内金融机构人员、自贸区管委员官员等）进行问卷调查，获取上述宏观审慎政策治理的二级指标的评价数据，本课题共收回有效问卷 125 份。另外，对部分福建自贸区宏观审慎政策治理的直接利益相关人进行深度访谈，了解福建自贸区宏观审慎政策治理关键领域的实际运行情况，及其相关问题的详细背景或政策出台的考量因素。

表 8－1　　　　1～9 标度表

标度	测度的含义
1	i 因素与 j 因素相比，两者同等重要
3	i 因素与 j 因素相比，前者比后者稍重要
5	i 因素与 j 因素相比，前者比后者明显重要
7	i 因素与 j 因素相比，前者比后者强烈重要
9	i 因素与 j 因素相比，前者比后者绝对重要
2，4，6，8	上述相邻判断的中间值
倒数	表示前者比后者的不重要程度

8.3.3 实证过程

1. 检验模糊判断矩阵的一致性

根据上述专家的评分，可以分别得到福建自贸区宏观审慎政策治理指标的模糊判断矩阵，A 表示治理体系四个一级指标模糊判断矩阵，A1 表示“组织架构”指标下两个二级指标构成的模糊判断矩阵，其他矩阵以此类推。

$$A=\begin{bmatrix}1 & 5 & 2 & 3\\ 1/5 & 1 & 1/3 & 1/2\\ 1/2 & 3 & 1 & 2\\ 1/3 & 2 & 1/2 & 1\end{bmatrix}$$

$$A_1=\begin{bmatrix}1 & 3\\ 1/3 & 1\end{bmatrix};\ A_2=\begin{bmatrix}1 & 1/2\\ 2 & 1\end{bmatrix};\ A_3=\begin{bmatrix}1 & 2\\ 1/2 & 1\end{bmatrix};\ A_4=\begin{bmatrix}1 & 2 & 3\\ 1/2 & 1 & 2\\ 1/3 & 1/2 & 1\end{bmatrix}$$

$$B=\begin{bmatrix}1 & 2 & 1/2 & 1/3\\ 1/2 & 1 & 1/4 & 1/5\\ 2 & 4 & 1 & 1/2\\ 3 & 5 & 2 & 1\end{bmatrix}$$

$$B_1=\begin{bmatrix}1 & 1/3\\ 3 & 1\end{bmatrix};\ B_2=\begin{bmatrix}1 & 1/2\\ 2 & 1\end{bmatrix};\ B_3=\begin{bmatrix}1 & 2\\ 1/2 & 1\end{bmatrix};\ B_4=\begin{bmatrix}1 & 2 & 3\\ 1/2 & 1 & 2\\ 1/3 & 1/2 & 1\end{bmatrix}$$

计算上面 10 个判断矩阵的最大特征根 λ_{max} 及其对应的特征向量 W，进行判断矩阵的一致性检验。引入判断矩阵一致性指标 C. I. 。

$$C.I.=\frac{\lambda_{max}-n}{n}$$

P. I. 为随机一致性指标，其值是通过随机方法判断构造矩阵并计算 500 次以上得到。C. R = C. I. /R. I. 。当 C. R < 0. 10 时，接受“判断矩阵满足一致性”的结论。由于二阶矩阵自然符合一致性检验，其他的三阶和四阶矩阵由表 8 -2 可见，均接受一致性结论。

表 8 -2　　判断矩阵一致性检验

检验指标	A	A4	B	B4
λ_{max}	4. 014	3. 0092	4. 0211	3. 0037
C. I.	0. 0048	0. 0046	0. 0070	0. 0018
R. I.	0. 96	0. 58	0. 96	0. 58
C. R	0. 0050	0. 0079	0. 0073	0. 0032

上述 10 个矩阵计算得出的特征向量可以作为下一级指标对上一级指标的相对权重。然而由于指标之间量纲存在差异，通常需要对矩阵的权重向量进行归一化处理。归一化处理通常有求和法、求幂法和求根法等方法，本书采用求和法进行归一化处理。下面以矩阵 A 为例，说明求和法的步骤：

第一步，将判断矩阵 A 的每一列向量归一化得：$\varpi_{ij}=\frac{m_{ij}}{\sum_{i=1}^{4}m_{ij}}$

第二步，分别按行求和 ϖ_{ij}，计算得到：$\varpi_i=\sum_{j=1}^{4}\varpi_{ij}$

第三步，归一化 ϖ_i，$\omega_i = \frac{\varpi_i}{\sum_{i=1}^{n} \varpi_i}$，其中 $\omega = (\omega_1, \omega_2, \omega_3, \omega_4)^T$

第四步，计算最大特征根 λ，λ 的值即为最大特征值的最佳近似值。

经过求和法得到判断矩阵 A 的特征向量，实际上是先将判断矩阵 A 的列向量进行归一化处理，然后再取平均值。实证结果见表 8－3。

表 8－3　　　　归一化处理后的各指标向量权重赋值

评价维度	一级指标	权重	二级指标	权重
治理体系 A	组织架构（A1）	0.4829	结构设置（A11）	0.75
			机构协调（A12）	0.25
	独立性（A2）	0.0882	制定法规（A21）	0.3333
			执行法规（A22）	0.6667
	责任性（A3）	0.2720	权利配置（A31）	0.6667
			责任追究（A32）	0.3333
	透明性（A4）	0.1570	决策和执行过程的透明性（A41）	0.5396
			报告披露（A41）	0.2970
			满足公众查询需求（A43）	0.1634
治理能力 B	职业能力（B1）	0.1539	学历和知识（B11）	0.25
			执法能力（B12）	0.75
	职业操守（B2）	0.0809	未不作为（B21）	0.3333
			未以权谋私（B22）	0.6667
	治理手段（B3）	0.2880	政策工具开发（B31）	0.6667
			监管系统开发（B32）	0.3333
	治理绩效（B4）	0.4772	防范和化解系统性风险（B41）	0.6483
			推动金融创新（B42）	0.2297
			监管效率（B43）	0.1220

2. 构造模糊评价矩阵

收集问卷中每个二级指标的评级等级，按评价的等级在 5 个评价中的比例分别形成治理体系和治理能力中各一级指标的模糊判断矩阵 R。以治理体系指标为例，形成的模糊判断矩阵：

$$R_{A_1}=\begin{pmatrix}0.32 & 0.42 & 0.23 & 0.02 & 0.01\\0.25 & 0.35 & 0.32 & 0.05 & 0.03\end{pmatrix}$$

$$R_{A_2}=\begin{pmatrix}0.31 & 0.44 & 0.21 & 0.03 & 0.02\\0.28 & 0.55 & 0.14 & 0.02 & 0.01\end{pmatrix}$$

$$R_{A_3}=\begin{pmatrix}0.30 & 0.54 & 0.11 & 0.04 & 0.01\\0.34 & 0.43 & 0.19 & 0.02 & 0.02\end{pmatrix}$$

$$R_{A_4}=\begin{pmatrix}0.23 & 0.33 & 0.34 & 0.07 & 0.03\\0.22 & 0.31 & 0.37 & 0.06 & 0.04\\0.25 & 0.32 & 0.35 & 0.05 & 0.03\end{pmatrix}$$

则一级指标“组织构架”的综合评估结果是：

$$T_1=W_{A1}*R_{A1}=(0.3025,\ 0.4025,\ 0.2525,\ 0.0275,\ 0.0150)$$

同理，福建自贸区宏观审慎政策治理体系其他一级指标评估结果是：

$$T_2=W_{A2}*R_{A2}=(0.2900,\ 0.5133,\ 0.1634,\ 0.0233,\ 0.0100)$$

$$T_3=W_{A3}*R_{A3}=(0.3133,\ 0.5034,\ 0.1367,\ 0.0333,\ 0.0133)$$

$$T_4=W_{A4}*R_{A4}=(0.2301,\ 0.3242,\ 0.3481,\ 0.0653,\ 0.0323)$$

则福建自贸区宏观审慎政策治理体系评估结果：

$$M_A=W_A*T_A=(0.2930,\ 0.4275,\ 0.2282,\ 0.0346,\ 0.0168)$$

根据最大隶属原则，福建自贸区宏观审慎政策治理体系评估结果 $B=Max(0.2930,\ 0.4275,\ 0.2282,\ 0.0346,\ 0.0168)=0.4275$，对应的评价评价集的等级是“好”，所以整体的评估级别是“好”。

同理可得，根据治理能力的问卷结果，形成的模糊判断矩阵：

$$R_{B_1}=\begin{pmatrix}0.30 & 0.45 & 0.23 & 0.01 & 0.01\\0.28 & 0.49 & 0.19 & 0.03 & 0.01\end{pmatrix}$$

$$R_{B_2}=\begin{pmatrix}0.50 & 0.45 & 0.02 & 0.02 & 0.01\\0.61 & 0.36 & 0.02 & 0.01 & 0.00\end{pmatrix}$$

$$R_{B_3}=\begin{pmatrix}0.20 & 0.47 & 0.27 & 0.04 & 0.02\\0.17 & 0.52 & 0.23 & 0.06 & 0.02\end{pmatrix}$$

$$R_{B_4}=\begin{pmatrix}0.45 & 0.43 & 0.10 & 0.01 & 0.01\\0.11 & 0.48 & 0.35 & 0.04 & 0.02\\0.15 & 0.49 & 0.33 & 0.02 & 0.01\end{pmatrix}$$

福建自贸区宏观审慎政策治理能力的评估结果：

$$M_B = W_B * T_B = (0.3028, 0.4673, 0.1934, 0.0218, 0.0147)$$

根据最大隶属原则，福建自贸区宏观审慎政策治理能力评估结果 B = Max(0.3028，0.4673，0.1934，0.0218，0.0147) = 0.4673，对应的评价评价集的等级是“好”，所以整体的评估级别是“好”。

8.3.4　实证结果分析

从福建自贸区宏观审慎政策治理体系四个一级指标评权重估结果来看，“组织架构”值为 0.4829，“独立性”值为 0.0882，“责任性”值为 0.2720，“透明性”值为 0.1570，因此评估认为组织架构对于治理体系现代化建设的重要性最高，责任性次之，独立性最低。从宏观审慎政策治理能力四个一级指标权重评估结果看，“职业能力”值为 0.1539，“职业操守”值为 0.0809，“治理手段”值为 0.2880，“治理绩效”值为 0.4772，因此，评估认为治理绩效是测度治理能力最关键的因素，治理手段次之，职业操守最低。从治理体系和治理能力的二级指标的模糊判断矩阵 R 来看，总体评级以“很好”和“好”为主，治理体系和治理能力总体评估结果均为“好”，说明 4 年多来福建省自贸区实施宏观审慎政策情况较好，但是也可以看出部分指标的评估结果并不是很理想，如“机构协调”中评估为“中”的比例偏高，“透明性”的几个指标，评估为“中”的比例最高，比较缺乏评估为“很好”为主的指标；“执法能力”评估为“中”的比例偏高，“治理手段”两个二级指标评估为“中”的比例都偏高，“推动金融创新”和“监管效率”评估为“中”的比例都偏高。

8.4　推进福建自贸区宏观审慎政策治理体系和治理能力现代化建议

建设自由贸易试验区，是党中央在新时代推进改革开放的一项重大战略举措，在我国改革开放进程中具有里程碑意义。2018 年以来，习近平总书记两次主持召开中央深改委会议研究部署自贸试验区建设工作，先后在博鳌亚洲论坛、自贸试验区建设 5 周年等场合对自贸试验区建设作出重要指示，这充分表明了以习近平同志为核心的党中央对自贸试验区建设的高度重视和殷切期望。从福建来看，一方面既需要通过福建自贸区的建设，推动福建各项事业的发展；另一方面，从目前我国自贸区发展态势来看，11 个自贸区之间的竞争日益加剧，留给福建自贸区改革创新的时间已经非常有限。结合上述福建省自贸区宏观审慎政策治理的发展现状和评估结果，本课题提出其治理体系和治理能力现代化的建议。

8.4.1 建立健全法律法规

自贸区的建设和发展，大量事务需要法律法规来规范，这就要求做到立法先行，并逐步与国际惯例接轨。自贸区法律法规体系，从基本法规的颁布，到各项具体实施的实施细则，缺一不可。自贸区在我国已经实践多年，而且已经在全国铺开，因此，我国已经具备制定自贸区基本法即《中华人民共和国自贸区法》的条件。《中华人民共和国自贸区法》应对自贸区的性质、地位、功能进行统一的界定，明确自贸区管理主体的权责关系以及自贸区经济活动主体的权益，以此实现自贸区的制度保障，福建自贸区应积极推动基本法的立法。

当然，《中华人民共和国自贸区法》的立法，肯定要经历较长时间，客观来看在短期内，要完善福建自贸区自贸区治理相关的法律法规，一方面，福建省自贸区要加强与国务院、国家有关部委的沟通对接，积极争取在福建落地更多实质性措施，特别是出台闽台金融合作相关业务和监管的实施细则，需要试验载体的，福建省自贸区要抓紧进行试点；另一方面，已实施的，要进一步做深做细，争取成为创新案例并上升为法律法规。福建自贸区要坚持以制度创新为核心，用好用足国家给予自贸试验区特别是福建自贸试验区先行先试和改革创新的政策。

8.4.2 不断探索有效的组织架构

福建自贸区宏观审慎政策管理组织构架的调整，应积极学习上海、广东等省市的经验，尽快开展金融综合监管的试点。在省级层面上，尽快成立福建自贸区金融综合监管联席会议，成立中国人民银行福州分行和福建省地方金融监督管理局共同牵头、福建银保监局和证监局等机构共同参与、以“一行三局”

为主的福建自贸区金融综合监管委员会。在目前难以改变分业监管体制的条件下，福建省地方金融监督管理局，应当主动加强与主要金融监管机构及其在闽分支机构的沟通工作，可在自贸区金融综合监管会议制度下，探索建立机制化的自贸区重大金融创新和监管问题的沟通协调机制，确定最为有效的宏观审慎政策政策工具与实施时机。

福建自贸区金融综合监管委员会可由福建省分管金融工作的副省长担任组长，副组长由"一行三局"的负责人担任，委员会的办公室可以设在福建省地方金融监督管理局。在福建自贸区内，福州、厦门和平潭应积极成立自贸区地方金融监督管理局，承担起部分的金融宏观审慎监管和微观审慎监管的工作。

8.4.3　完善权责分工和追责机制

福建自贸区内，应建立"一行两局"和自贸区地方金融监督管理局的权力清单与责任清单制度，促进不同金融监管机构清单和重点监测金融行为清单的清晰化，形成对福建省自贸区金融的全方位覆盖（金融机构和类金融机构）的事中、事后综合监管体系与格局。积极推动福建自贸区金融监管从机构监管转变为功能监管，依据金融体系基本功能或按照金融体系所提供产品、服务功能来划分监管对象，以消除自贸试验区中交叉金融产品和交叉金融业务所导致的监管真空和监管冲突。金融监管部门要加强与税务、财政、审计和司法等其他非专业监管部门和中介机构之间的协调与联系。福建省各级政府和金融监管部门要形成的专门规章制度，真正在福建自贸区内做到"管住金融机构、金融监管部门主要负责人和高中级管理人员，加强对他们的教育监督管理，加强金融领域反腐败力度，要建立监管问责制，由于金融监管部门监督不力、隐瞒不报、决策失误等造成重大风险的，要严肃追责"。

8.4.4　加大监管平台建设和信息共享

福建自贸区宏观审慎政策管理部门，应改变过去各自为政与数据孤岛的弊端，通过金融综合监测预警平台建设，完善自贸区金融监管信息共享机制。福建自贸区宏观审慎政策管理部门要立足于数据的共享互换，采用大数据分析技术，建立系统性金融风险监测与预警机制，实现事中事后监管前置。福建省自贸区金融综合监测预警平台的建设，应该是福建自贸区未来金融综合监管工作的基础和重点。福建省金融综合监测预警平台建设和信息共享，首先，要实现福建省金融监管机构的系统集成，中央和地方的金融监管部门都应该加入该系统；其次，学习上海自贸区经验，实现和建立两份清单（分业监管机构清单和重点监测金融行为清单）、三类数据库（机构信息数据库、产品信息数据库和从业人员信息数据库）、四种信息源（金融管理与市场运行信息、社会公共信用信息、行业协会自律信息、媒体舆情与投诉举报信息）为框架的信息共享机制；最后，监管平台建设和信息共享建设应该有时间表和路线图，福建自贸区金融综合监管委员会负责推进。

8.4.5 提高政策透明性

提高宏观审慎政策的透明性，有利于利用市场和公众等力量，有利于强化监管部门责任意识，促使相关人员提高职业操守，提高政府的预期管理能力。福建自贸区金融监管部门应该定期公布自贸区的金融监管报告和金融稳定报告，并在法律框架下通过网站等方式向金融机构和个人公开相关信息，满足公众查询需求。其中，重点是编制年度的福建省自贸区金融稳定报告，以福建自贸区金融综合监管委员会的名义发布，具体撰写由中国人民银行福州中心支行来执行，其他部门来配合。福建省自贸区金融稳定报告具体内容可包括：（1）国内外的经济金融形势；（2）福建省的经济金融形势；（3）福建省自贸区金融运行情况；（4）福建省自贸区宏观审慎监管和微观审慎监管；（5）福建省自贸区金融稳健性评估等。

8.4.6 不断提升人员的职业能力

福建自贸区金融创新业务多，与传统自贸区外的业务有较大的差别，防范和化解自贸区系统性金融风险挑战性高，因此，必须加强对宏观审慎政策管理部门人员职业能力的培养。一是加强宏观审慎政策管理部门人员的培训，提高他们在大数据、区块链和人工智能等新技术背景下在自贸区内监管执法的能力。二是创新人员聘任制度，探索宏观审慎政策管理部门部分关键岗位到社会上去招聘具有丰富金融从业经验的高层次人才，采取灵活聘任方式，为他们提供有市场竞争力的报酬，吸引一流的监管人才。三是充分借助社会力量，利用行业协会或者独立第三方的能力，通过购买服务的方式，让他们提供一些技术或智力上的支持，进一步提高自贸区宏观审慎政策管理部门的监管能力。

8.4.7　协调好宏观审慎监管与金融创新的关系

创新和监管是对立和统一的关系，福建省自贸区要改变重金融创新而轻监管的倾向，协调好监管和金融创新的关系。从金融危机的灾难性后果，可以看出金融创新的同时一定要加强金融监管，但是金融监管也不能完全扼杀金融创新。福建自贸区应当正确把握金融创新和监管的发展趋势，积极推动金融的高质量发展，实现监管、创新、再监管、再创新的动态博弈和良性循环。福建自贸区宏观审慎政策管理部门可以考虑借鉴监管沙箱、监管科技等先进理念和工具，运用大数据、人工智能等新技术，建立起一套试错、容错、查错、纠错的包容性创新管理体系，使得福建自贸区金融机构能够在风险可控和范围可控的前提下探索开展应用试点、产品测试和技术验证，从而给真正的金融科技创新留有一定的空间和合适的观察期。

8.5　本章小结

推进国家治理体系和治理能力现代化是全面深化改革的总目标。2015 年 4 月福建自贸区挂牌成立，《中国（福建）自由贸易试验区总体方案》提出了“建立健全外债宏观审慎管理制度，探索建立境外融资与跨境资金流动宏观审慎管理政策框架”。本章以福建自贸区金融创新、防范和化解系统性金融风险为背景，在对宏观审慎政策“谁治理”“治理什么”“怎么治理”“何为善治”“谁来评估治理效果”等基础性问题进行理论研究的基础上，对福建省自贸区宏观审慎政策治理经验进行总结，发现福建自贸区宏观审慎治理属于一个多头管理的阶段，尚未探索金融综合监管；金融监管机构之间、金融监管机构与地方金融监管部门尚未建立机制化的沟通协调方式；自贸区宏观审慎政策治理能力建设，并未突破“一行两会”自贸区外的金融监管职责。

结合福建自贸区近年来的宏观审慎政策治理现状，设计福建自贸区宏观审慎政策治理体系和治理能力 8 个一级和 18 个二级评估指标体系。治理体系指标中的“组织架构”下设“结构设置”和“机构协调”二级指标，“独立性”下设“制定法规”和“执行法规”二级指标，“责任性”下设“权利配置”和“责任追究”二级指标，“透明性”下设“决策和执行过程的透明性”和“报告披露”与“满足公众查询需求”二级指标。治理能力指标中的“职业能力”下设“学历和知识”和“执法能力”二级指标，“职业操守”下设置“未不作为”和“未以权谋私”二级指标，“治理手段”下设“政策工具开发”和“监管系统开发”二级指标，“治理绩效”下设“防范和化解系统性金融风险”和“推动金融创新”和“监管效率”二级指标。

邀请相关专家，对福建自贸区宏观审慎政策治理体系指标和治理能力指标的两两相对重要性程度进行打分。设计评价集，对福建自贸区宏观审慎政策治理的直接利益相关人进行问卷调查，获取评价数据，利用层次模糊分析法进行实证分析。实证结果表明近年来福建自贸区宏观审慎政策治理体系和治理能力两方面建设整体情况均良好，但在监管组织架构、政策透明性、治理手段开发等领域有待加强。

为推进福建自贸区宏观审慎政策治理体系和治理能力现代化，福建自贸区应积极争取在福建落地更多法律法规；应成立福建自贸区金融综合监管联席会议，形成对福建省自贸区全方位覆盖的事中事后综合监管体系；建立监管问责制，完善福建自贸区金融监管信息共享机制，提高信息透明性；不断提升监管人员的职业能力；金融监管建立起一套试错、容错、查错、纠错的包容性创新管理体系。

第 9 章

提高我国宏观审慎政策有效性的政策建议

提高我国宏观审慎政策有效性，不仅需要一整套精确设计的宏观审慎政策工具和政策规则，不同政策之间的配合良好，而且必须建立一个功能合理的宏观审慎政策治理安排。系统性金融风险的监测与预警，需不断完善金融统计数据的收集和信息共享平台建设。同时应加强我国系统重要性金融机构的监管，重视宏观审慎政策预期管理在防范和化解系统性金融风险中的作用，提升我国宏观审慎政策国际合作水平，在一个更为广阔的舞台上维护我国的金融稳定和国家利益。

9.1 完善我国宏观审慎政策组织安排

我国传统的金融监管体制，主要是由中国人民银行、银监会、证监会和保监会等“一行三会”组成，同时财政部和国家发改委也对我国金融监管和宏观经济调控发挥着举足轻重的作用。财政部负责制定和实施财政政策，并且作为政府的代表，实际上是许多大型金融机构的大股东。发改委是我国综合研究拟订经济和社会发展政策、进行总量平衡、指导总体经济体制改革的宏观调控部门。从 2017 年开始，我国宏观调控和金融监管的治理安排发生了重大变化，改革加速，2017 年 7 月召开全国金融工作会议，宣布设立“国务院金融稳定发展委员会”，并开始实质性运作。2018 年“两会”通过了我国国务院机构改革方案，银监会与保监会合并成为银保监会，并且银保监会和证监会拟订行业重要法律法规草案和审慎监管基本制度的职责划入中国人民银行，最终形成“一委一行两会”的新宏观调控和金融监管体系。中国人民银行的主要职责是制定和执行货币政策，防范和化解金融风险，维护金融稳定；银保监会统一监督管理银行、全国保险市场、金融资产管理公司、信托公司以及其他存款类金融机构，维护银行业和保险业的合法、稳健运行；证监会对全国证券、期货业进行集中统一监管，维护证券市场秩序，保障其合法运行。

我国长期以来金融业实施严格的分业经营分业监管的模式，即便在次贷危机之前，在理论界和实务界也存在较大的讨论和争议，认为我国分业监管的模式已经不太适应日益混业经营的我国金融环境，特别是对我国金融机构的交叉性金融业务和金融控股公司的监管容易形成监管真空或监管套利，而且在实践中也暴露出了我国金融监管部门原有的“一行三会”的沟通和配合不够。针对上述金融分业监管的不足和缺陷，近些年在中国人民银行的牵头下，“一行三会”也尝试性地建立了各种形式的金融监管协调部际联席会议制度或签署《合作备忘录》，然而从实际运行的效果来看，并不是非常成功。原因也很简单，从行政的角度来看，“一行三会”都是部级单位，各自之间并没有隶属关系，各个部门都有着自己的部门利益，并且对宏观经济和金融运行状况经常也有着不同的看法；另外，无论是金融监管协调部际联席会议制度还是签署《合作备忘录》，其运作是相对松散的，既不能让“一行三会”在许多核心问题上达成一致的意见，也没有相应的机制保证各自监管活动的协调与配合。

次贷危机后，面对国际金融监管改革的要求和新趋势，中国人民银行、银监会、证监会和保监会都明确提出了要在本部门监管的领域内积极实施宏观审慎政策。由于系统性金融风险的识别和防范、宏观审慎政策的实施涉及多个部门的职责（见图9－1），在任何一个国家，由一家机构单独制定和执行宏观审慎政策都是不现实的（李兆星，2013）。对比我国现有法律法规对“一行三会”的授权来看，我国任何一个金融监管部门同样无法很好地独立完成。

因此，如果我国还是由之前的“一行三会”分别各自独自实施宏观审慎政策，非但不能很好达到防范和化解系统性金融风险的目的，而且还很可能出现各监管部门政策偏差和相互冲突的情况，以及真正遇到重大风险时可能发生互相扯皮。事实上，“一行三会”具有各自的专业优势，如面对金融领域可能存在的系统性金融风险，中国人民银行在宏观经济金融形势的判断、逆周期调

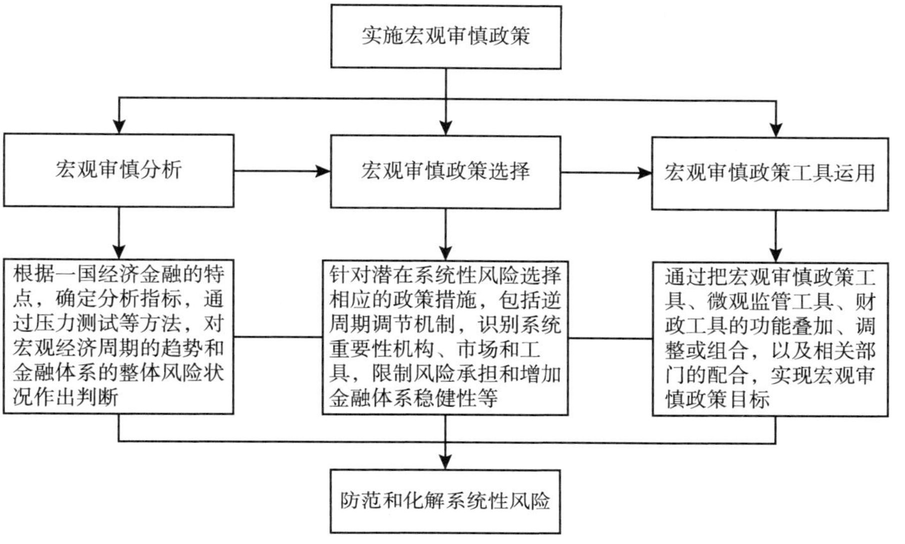

图9-1 宏观审慎政策实施过程

资料来源：中国人民银行金融稳定分析小组．中国金融稳定报告2011［M］．北京：中国金融出版社，2011：124.

控方面、承担最后贷款人职能等方面具有丰富经验，而“三会”熟悉金融业的具体经营情况，手中拥有多种宏观审慎政策工具和微观金融监管工具。

面对监管部门必须合作，同级之间又较难协调的问题，美国和英国采取了不同的做法。英国把主要的金融监管部门都放到英格兰银行下面，由英格兰银行进行统一协调。美国并没有像英国一样大幅撤并金融监管部门，而是在多头监管的格局下，成立一个具有协调能力和控制力的实体性机构FSOC，负责防范和化解系统风险。从我国实际情况来看，宏观审慎政策组织安排走英国式的改革方式既不科学也不现实，而美国的情况具有较大的借鉴意义。因此，国务院金融稳定发展委员会的成立对于我国金融监管体制改革和宏观审慎政策都具有重大意义。

国务院金融稳定发展委员会作为一个国务院级别的委员会，层级已经是有能力维护我国金融稳定，并解决好政策协调问题。下一步应该进一步完善其运行机制，一是要充分发挥全体会议的作用，定期召开全体会议，不定期召开有针对性的专题会议，对一些金融稳定和发展重大事项形成决议，并由“一行两会”等部门分别负责实施，对市场公开会议纪要，解决好政策的透明性和责任性问题；二是充分发挥国务院金融稳定发展委员会办公室设在中国人民银行的治理安排，强化中国人民银行宏观审慎管理和系统性风险防范职责。中国人民银行应该依靠丰富的专业知识和长期的调控经验，在宏观审慎政策管理者中扮演重要角色，准确地监测系统性金融风险，制定实施有效的政策。银保监会和证监会执行好具体的宏观审慎政策。

9.2 完善我国金融数据的收集和信息共享机制

无论是系统性金融风险的测度，还是宏观审慎政策工具的使用，都需要大量的经济金融数据作为定量和定性分析的基础。客观地说，如果没有全面且质量较高的金融统计数据，无论是金融监管部门进行微观金融监管，还是实施宏观审慎政策，政策的有效性都要大打折扣。从次贷危机爆发过程来看，各国不管是中央银行还是具体的金融监管部门，对于相应的金融统计数据的掌握都严重匮乏。众所周知，美国的影子银行在次贷危机中扮演了十分重要的角色，然而令人尴尬的是，美国金融监管部门在金融危机中竟然无法给出美国影子银行市场规模的准确数据，一时间美国影子银行成为“无准确定义、无详细统计、无明确监管”的盲区。次贷危机后，无论是国际组织 FSB、IMF 或 BCBS，还是各国金融监管部门，都将全面收集金融统计数据的重要性提高到了前所未有的高度，并已经采取了积极的行动。

从金融统计数据的收集来看，第一是谁来收集的问题。金融危机后美国是在财政部下新设一个金融研究办公室来专门收集微观金融数据，并进行相关信息的采集和分析。这样既解决了原来金融市场交易主体必须向多个金融监管部门报送格式各异的数据信息的问题，提高行政效率，又明确了无论是信息提供者还是信息收集者的责任。从我国的情况来看，没有必要新设一个部门来完成该项任务，我国原来金融统计数据就大都由中国人民银行来完成，目前只需要强化它的职责，扩大它统计的范围和内容。第二是怎么统计的问题。2011 年 7 月，FSB 正式提出要构建全球 LEI（Legal Entity Identifier）系统，并得到了 G20 的支持。戛纳峰会通过构建全球金融市场 LEI 系统的决议。LEI 通过构建一个标准化的数据报送系统，即金融市场“法人实体识别码”，为参与金融交易的法人实体分配唯一的数字化身份识别码，获得识别码的金融机构须按照标准化的数据报送准则提交或更新自身信息，尤其是所有权结构的信息。第三是统计什么内容的问题。从我国原有的金融统计内容来看，统计范围相对狭窄，不同监管部门要求报送的数据标准不一，所以应建立一个覆盖全面和标准统一的金融统计体系，并建立信息系统。覆盖全面就是我国金融统计范围要覆盖所有金融领域，既包括传统的金融机构，即商业银行、保险公司和证券公司，也要包括金融控股公司、小额贷款公司和特殊目的载体等机构、业务和市场。标准统一就是对我国金融统计指标进行标准化，对数据的录入、采集、存储、生产和披露各个环节进行标准化。

从市场经济的特点来看，金融机构自身的经营情况和风险状况大多属于商业秘密，使得相互之间进行交易时根本无法真正了解对方真实情况，十分不利于金融机构进行风险管理，容易陷入交易对手风险（Counterparty Risk），极易导致由单个金融机构的风险演变为系统性金融风险。鉴于上述金融交易中的信息缺陷可能引发系统性金融风险，全球 LEI 系统不仅能为金融监管部门监控本国金融体系提供了数据保障，而且对金融机构开放，即金融交易主体可以随时以适当的方式进入该系统查询交易对手方的信息，因此该系统为金融机构分析自身的风险暴露和管理交易对手风险提供了数据支持，提高了整个金融体系和金融交易的透明度，从而克服了市场失灵，提高了金融市场的有效性。FSB 于 2012 年初成立了行业咨询小组（Industry Advisory Panel），2012 年 6 月发布了题为《一个全球性的金融市场法人实体识别码》的报告，2013 年 1 月，全球体系监管委员会（ROC）成立，是全球 LEI 体系的最高决策机构，另外 2014 年还成立了全球 LEI 基金会（GLEIF），积极推动推动本地系统（Local Operating Unit，LOU）开展工作。因此，实现金融信息共享也是次贷危机后国际监管改革思路的重大变化之一。截至 2017 年末，全球共有 27 个经济体取得发码资格，超过 97 万个法人机构及自然人申请获得 LEI 编码。2016 年末美国本地系统发码量 233056 个，德国发码量 68931 个，意大利发码量 43455 个，而从目前我国实际情况来看，无论是 LEI 数据平台建设还是信息共享机制的推进，与欧美发达国家相比还是相对迟缓的，2017 年 12 月底本地系统发码量仅 716 个。因此，未来应该结合我国金融市场发展和监管的实际需求，开展 LEI 编码的应用研究，完善其系统和网站功能及国际化建设，拓宽数据验证渠道，引导和鼓励金融机构申请本地系统编码。

9.3 加强我国系统重要性金融机构监管

随着我国宏观经济和金融市场的发展壮大，我国越来越多的金融机构和金融集团资产规模越来越大，相互之间的关联程度越来越高，在金融体系中的地位越来越重要且无法替代，成为我国甚至世界的系统重要性金融机构，从近几年英国《银行家》杂志公布的全球1000家银行的排名，就可以看出端倪。2019该杂志发布的全球银行最新排名显示，工行、建行、农行和中行连续两年包揽1000强榜单的前4名，我国共有136家银行上榜，其中工行连续7年排名全球第一。另外随着我国对金融业混业经营的放松，我国金融控股公司也取得长足发展，出现了一些“巨无霸”的金融集团，横跨证券、保险、银行和基金等金融行业，如光大集团、中信集团和平安集团。因此，在我国系统重要性金融机构基本都是国有控股的情况下，加强我国系统重要性金融机构或金融控股公司的监管，对于防范和化解我国系统性金融风险具有重要意义。因为在我国目前的制度设计下，一旦大型金融机构出现经营问题都将迫使政府或中央银行提供救助，并可能酿成金融危机甚至是经济危机。针对我国金融市场的特点，建议尽快推进以下几项工作，加强对系统重要性金融机构的监管。

第一，尽快制定并完善我国系统重要性金融机构识别标准。识别系统重要性金融机构是实施差别监管的基础。从发达经济体的经验来看，识别系统重要性金融机构是单一金融监管部门无法独立完成的。因此，我国可以考虑在上述建立的金融稳定发展委员会框架下，可以借鉴BCBS提出的一整套识别全球和国内两个层级金融机构系统重要性程度的标准，使用规模、相互关联程度、可替代性、国际活跃程度和复杂程度等普遍指标的同时，并根据我国经济金融的特点，设计一些特殊指标，如是否国有控股，是否混业经营，最终根据系统重要性程度得分的高低，对金融控股公司和一般金融机构这两种性质不同的系统重要性金融机构安排不同的监管标准和措施。并对外公布相应系统重要性金融机构名单，使得其置身于公众的关注和监督之中。

第二，提高我国系统重要性金融机构抵御风险和吸收损失的能力。从国际社会金融改革方向来看，金融机构系统重要性越高，要求的抵御风险和吸收损失的能力也就越高。我国银行类系统重要性金融机构，可以参考BCBS的要求和做法，建立阶梯形附加资本计算方法，也就是在计算系统重要性金融机构的系统重要性分值，分值超过140分实施1%以上的资本附加要求，分值每提高100分，资本附加上升0.5%。一旦分值超过合理范围，攀升至440～540分区间，面临3.5%的资本附加，再上升至540～640分区间，资本附加则上升至4.5%，依此类推。这样可以促使系统重要性金融机构调节自身经营行为，抑制其进一步提高系统重要性的动机。我国可以根据宏观经济运行情况和金融机构的自身经营情况，通过动态差别存款准备金、逆周期资本缓冲和附加资本要求等工具，加强逆周期调控，提高其抗风险能力。同时，还应提高系统重要性金融机构的杠杆率、流动性指标、风险管理、公司治理、信息披露等方面的监管要求，建立更加有效的非现场监测和现场检查，降低对其潜在风险的容忍度，预防系统性金融风险的形成。

第三，加快系统重要性金融机构的恢复和处置机制设计。该机制是降低系统重要性金融机构道德风险，使其从“不能倒”到“能倒”，从一旦出现危机无序处置到有序处置，解决“大而不倒”的核心内容。首先，要求我国具有系统重要性的金融机构均订立“生前遗嘱”（Living Will），建立其出现危机时的恢复安排和恢复失败后的处置安排。针对处置损失安排问题，要建立“自救机制（Bail-in）”机制，即当出现危机时，在股东承担损失后，然后是债权人（特别是次级债和长期债务的债权人），通过强制转股或减记承担损失，最后才由政府或央行通过扩张资产负债表来弥补损失。其次，应加快完善我国存款保险制度，使得处置损失承担制度化，加快存款保险立法进程，择机出台《存款保险法》，明确存款保险制度的基本功能和组织模式，成立独立的存款保险监督管理机构，进一步完善证券投资者保护基金、期货投资者保障基金、保险保障基金的管理制度。最后，面对规模越来越大业务也来越复杂的系统重要性金融机构，我国具体负责业务监管的金融监管机构应适度控制金融机构规模和业务的复杂程度，某些机构如果在特殊情况下其系统性金融风险无法通过提高监管措施进行化解，政府或金融监管部门必要时应有权力和能力实施业务强制分离和机构分拆。

第四，加强系统重要性金融机构国际监管合作。在金融全球化的市场条件下，我国许多系统重要性金融机构特别是商业银行已经实现跨国经营，无论是日常监管信息的相互分享，还是经营出现危机时金融机构的处置，都需要相关监管部门的国际合作，特别是要积极参与国际监管联席会议和跨境银行危机处置。对于全球系统重要性银行，其恢复处置计划不仅要得到母国监管当局的认可，还要在各东道国参加的国际监管联席会议上讨论通过，使得系统重要性金融机构不仅在国内可以有序倒闭，其跨境风险也可以得到有序处置，防范危机的跨境传染。

9.4 重视我国宏观审慎政策预期管理

经济活动从本质上说是微观经济主体基于未来的预期而进行的投资或消费行为，预期在其中扮演了极其重要的作用，因此合理的引导和稳定预期，也就是进行预期管理，在宏观经济管理中越来越受到重视。预期管理方法可分为现代预期管理方法和传统预期管理方法。现代预期管理方法是通过重塑预期来影响预期变动，即通过提高经济人信息完备性来消除预期的黏性和突变性，增加预期的理性。现代预期管理方法可归纳为信息、政策、信念与交流四种（李拉亚，2011）。近年来，我国政府越来越强调预期管理，进行预期管理的手法也越来越娴熟。从“管理通货膨胀预期”到“信心比黄金更重要”，再到国家多次明确提出宏观调控要使经济运行处于合理区间，经济增长率、就业水平等不滑出下限，物价涨幅等不超出上限，明确了我国经济运行中 GDP 增幅等几个关键数据的合理运行区间，再到 2018 年党中央提出的“稳就业、稳金融、稳外贸、稳外资、稳投资、稳预期”，明确提出了稳预期。具体到宏观审慎政策，其作为一种宏观经济调控方式和金融监管模式，管理相关市场参与者的预期对于宏观审慎政策有效性来说至关重要，在可以预见的未来，预期管理将在宏观审慎政策中发挥着与货币政策预期管理一样重要的作用。

然而，相对于货币政策中的通货膨胀预期管理来说，宏观审慎政策预期管理的难度更高。首先，正如前面几章内容谈到的，宏观审慎政策目标相对不容易量化，其管理部门通常无法明确说明金融稳定的具体目标是什么，即使公布了“不发生系统性金融风险”的底线也相对抽象，不像中央银行通货膨胀或经济增长的目标都能够清晰表达出来，在宏观审慎政策相对没有明确目标的情况下如何协调和管理预期是个难题。其次，中央银行进行通货膨胀预期管理的主要对象是公众，单个公众对于整个社会通货膨胀预期的影响通常是十分有限的，而且公众由于信息、知识、精力等方面限制，通常倾向于接受中央银行的专业分析和权威看法，而宏观审慎政策面对的主要对象是不同类型的金融市场参与者，既有金融机构，也有广大的公众，两者的预期具有明显的异质性，特别是一些专业的机构投资者，宏观审慎政策管理部门想要管理好它们的预期，并不是一件容易事情，而且机构投资者在如今自媒体发达的时代，还有影响公众预期的能力。再次，从通货膨胀预期管理的管理部门来看，各国基本上都是中央银行，因此能够保证各种干预手段的协调性和连续性；而从宏观审慎政策管理部门来看，即便是上层采用了委员会的形式，具体的宏观审慎政策工具大多分散在各个金融监管部门手上，因而如何协调不同部门之间的宏观审慎政策预期管理也是需要考虑的。最后，从政策透明度来说，从通货膨胀预期管理的现有研究来看，一般认为政策越透明，越有利于中央银行与公众的沟通和交流，货币政策有效性也就越高，但是对于宏观审慎政策而言，如果让金融机构或者公众充分了解系统性金融风险的情况，把一些问题金融机构或金融市场的情况全部对外，在一些情况下反而可能引起恐慌，因此如何把握信息的透明度也是宏观审慎政策预期管理的特殊之处。

根据我国经济和金融发展现状，加强我国宏观审慎政策预期管理可以采用如下措施：

第一，明确我国宏观审慎政策预期管理的主体，也就是前面提到的国务院金融稳定发展委员会和主要的金融监管部门。利用上述机构建立的沟通协调机制，使得我国“一委一行两会”所进行的预期管理行为保持一致。

第二，宏观审慎政策预期管理的核心内容是前瞻性指引。实施一项宏观审慎政策，实施之前使用较为模糊的开放性指引，然后过渡到时点较为明确的时间指引和带有促发条件的状态指引。

第三，提高我国宏观审慎政策的透明度。国务院金融稳定委员开会后应公布相关的会议决议纪要，定期发布金融稳定发展委员会报告，半年或一年一次。上述决议和报告中应告诉市场相关参与者监管部门对于当前金融稳定情况的整体评估，并公开一些系统性金融风险的指标，以及不同宏观审慎政策工具采用的政策规则，这样有利于稳定宏观审慎政策预期，并使得公众的预期与政策制定者的预期保持高度一致。

第四，加强我国宏观审慎政策预期沟通反馈机制建设，充分发挥专家学者作用。我国宏观审慎政策管理部门应充分认识到，其与市场参与者之间的沟通不应仅仅包括向市场参与者传递信息这一单一方向，应尽快建立信息反馈机制，及时了解公众预期的变化，根据公众预期变化及时对宏观审慎政策作出微调。同时，宏观审慎政策作为一种新的宏观经济调控方式和金融监管模式，市场参与者对其有个逐步认识和适应的过程，我国宏观审慎政策管理部门应意识到多次使用某个简单的宏观审慎政策工具的效果，可能要比使用一个从来都没用过的强力政策工具更好。

第五，加强对金融市场参与者特别是公众的宣传。理解系统性金融风险和宏观审慎政策，公众需要一定的知识基础和经历较长的学习过程，因此，宏观审慎政策管理部门应该充分利用报纸、电视和网站，特别是新媒体等手段，加强我国宏观审慎政策说明的力度，使得各个层面的金融市场参与者对它都有一个清晰的认识和客观的评价。2019 年中国人民银行开通了微信公众号，就是一个很好的尝试。重视公众对宏观审慎政策的了解，能够帮助公众在预期形成过程中获得更多有价值的信息，并使得公众预期更为合理稳定。

9.5 提升我国宏观审慎政策国际合作水平

除了当前金融机构跨境经营和全球金融一体化，必须加强微观层次的国际监管合作之外，制定和实施宏观审慎政策作为国际社会目前较新的金融改革，加强我国与国际经济组织和发达经济体该领域的国际合作，将有利于维护我国的金融稳定和国家利益。

首先，随着我国成为世界第二大经济体和世界第一贸易大国，我国与世界的互动越来越明显，在这样的背景下，我国参与国际金融改革已经超出了借鉴和吸收国际先进经验指导国内改革的应有之义。从客观上看，本次以宏观审慎政策为代表的国际金融监管改革，是以美国为代表的主要发达国家以博弈的方式通过修改国际金融监管规则，以实现和维护自身利益，间接谋求全球金融稳定的过程。我国已成为 G20、FSB 和 BCBS 的正式成员，应充分利用好上述的平台，积极参与国际监管规则的制定和出台，主张自身的利益，在既定约束下实现自身利益的最大化。我国加入 WTO 后爆发出来的巨大政策红利，说明在经济金融全球化的背景下，积极参与相关游戏才是获得最大利益的正确决定。近年来，我国银行业总规模已经居全球第一，宏观审慎政策制定更应该从国际维度来考虑金融稳定。

其次，以参与宏观审慎政策国际合作顺势深化我国金融体制改革。从我国金融体制改革进程来看，无疑具有一定的滞后性，不能够较好满足我国经济发展的需要，也不完全和国际接轨，在当前复杂的国际政治经济形势之下，金融领域包括监管领域，要坚定改革开放的决心和信心，积极实施扩大对外开放的金融战略，加快金融体制改革，以开放促发展。例如从巴塞尔协议Ⅲ中的资本计算方法来看，由于我国资本市场发展相对落后，缺乏优先股等其他一级资本和二级资本工具，使得我国商业银行在国际竞争中处于不利的地位，随着我国商业银行开始面临较大的补充资本的压力，包括监管层在内的越来越多的声音提出我国金融机构需要发行优先股，并最终得以落实，这就是通过参与国际合作有力地推动了我国金融市场发展的例子。

最后，就当前国际宏观审慎政策国际合作的其中一个热点来说，无疑就是上述全球金融市场 LEI 系统的建设，其很可能成为与巴塞尔协议同样重要的国际金融监管的基石。在金融全球化的背景下，各国宏观审慎政策管理部门不仅需要国内金融数据进行系统性金融风险的监控和预警，还需要把握全球金融风险的变化，以及防止风险在国与国之间的溢出。从 LEI 系统的设计上看，包括了进行金融交易的所有机构，从而可以对影子银行、衍生品交易都进行监管，因此覆盖了原来巴塞尔协议无法监管的“盲区”。目前该系统全球建设进入了深化阶段，我国应充分利用 ROC 平台，积极参与各项规则细节的讨论和制定，表达我国的利益诉求，扩大我国在国际金融监管领域的影响力。另外也应加强向发达经济体学习建设和管理本国金融市场 LEI 系统的经验，在此基础上加快我国国内 LEI 系统的建设。

9.6　本章小结

次贷危机引发的国际经济金融改革，其中最大的方向之一就在于金融监管部门组织机构改革，以适应防范和化解系统性金融风险的要求。因此，应该借鉴国际金融监管改革的经验，在不大幅度改变我国目前金融监管部门设置和职能的情况下，成立国务院级别的金融稳定发展委员会，来统一协调“一行两会”的金融稳定职能，进而防范和化解我国系统性金融风险。在国务院金融稳定发展委员会的运作设计中，应利用全体会议形成有约束力的政策决议，提高透明性，并落实在各成员具体的宏观经济调控和金融监管的实践中，提高中国人民银行在宏观审慎政策中的核心作用。

监测系统性金融风险，实施宏观审慎政策，都需要大量全面高质量的金融市场数据，目前我国金融统计数据的收集还无法满足上述要求。我国应该借鉴全球建设 LEI 系统的检验，一是强化中国人民银行收集金融数据的职能；二是尽快建立标准化的数据收集平台，每个参与了金融交易的机构主体都应该报送相应数据；三是尽快实施信息平台的共享机制，使得不仅是各主要的监管部门，参与金融交易的金融机构都能查询交易对手的信息，使得金融机构成为防范空间维度系统性金融风险的主要力量。

次贷危机彻底暴露了金融监管部门对“大而不倒”的系统重要性金融机构监管的失败，在我国存在国有企业预算软约束的情况下，更应该加强对系统重要性金融机构的监管。根据我国经济金融特点，准确识别出不同层级的系统重要性金融机构，系统重要性越高的要求的附加资本要求就应该越高，并建立它们经营出现问题或失败时的恢复和处置机制，在必要时，我国金融监管部门可以强制分离和分拆系统重要性金融机构，同时加强系统重要性金融机构的国际监管合作。

公众预期对于宏观经济政策效果至关重要，提高宏观审慎政策有效性，必须加强预期管理。由于系统性金融风险的复杂性，管理宏观审慎政策预期要比货币政策更加困难。在我国宏观审慎政策预期管理中，应明确其管理主体的地位和加强各金融监管部门的配合，通过讲话、会议纪要或者报告的形式，让市场参与者充分了解宏观审慎政策管理部门的态度和政策反应函数，稳定和协调市场参与者的预期，并针对宏观审慎政策是一种新的政策形式的情况，加大宣传力度，加强对金融市场参与者特别是公众的教育。

加强宏观审慎政策国际合作，是目前国际金融监管的潮流。我国作为世界第二大经济体以及 G20、FSB 和 BCBS 的成员国，提高宏观审慎政策国际合作水平，不仅能吸收国际先进经验，维护我国的重大利益，而且能够推动我国金融体制改革。全球 LEI 系统建设可能成为下一个国际金融监管的基石，我国应把握这一历史时机，在全球 LEI 系统建设中充分发挥作用。

第 10 章

结论与展望

10.1 研究总结

每一次爆发严重的国际金融危机，都引发了灾难性的后果，同时带来经济金融理论和实践的发展。2007 年美国次贷危机爆发，迅速演变成为自 20 世纪 30 年代“大萧条”以来最严重的全球性金融危机，并导致了世界经济的严重衰退，至今仍未完全过去。反思金融危机的根源，国际经济金融界充分意识到单纯依靠货币政策和微观金融监管已不足以维护金融稳定。2008 年之后，国际社会对宏观经济调控方式和金融监管模式进行了一系列重大改革，宏观审慎政策的形成并迅速付诸实践就是其中最重要的环节。正如货币政策有效性始终是货币政策研究的焦点，伴随着我国宏观审慎政策的不断实施，宏观审慎政策有效性也成为了目前迫切需要研究的内容。本书基于上述前 9 章的研究，得出如下几点主要的结论：

第一，宏观审慎政策理论和实践活动与金融危机相伴而生。宏观审慎政策理论的历史演进是以 1997 年亚洲金融危机和 2007 年美国金融危机为重要的节点，可以分为萌芽、起步和形成三个阶段。新古典经济学和新凯恩斯经济学理论存在一定缺陷，粘性预期理论、金融加速器理论、金融负外部性理论和行为金融学是宏观审慎政策的重要理论基础。宏观审慎政策已经在全球范围内大规模的实施，目前的普遍经验是国际社会通过 G20、FSB 和 BCBS 等组织形成宏观审慎政策的统一规则，各国把防范和化解系统性金融风险提高到前所未有的高度，成立专门机构来实施宏观审慎政策，负责金融稳定。我国宏观审慎政策实践活动总体上紧跟国际金融监管改革浪潮，但有自身的特色，2017 年以来监管改革明显加速。

第二，随着宏观审慎政策进入实践阶段，国内外关于宏观审慎政策有效性研究已取得一定的进展，但还存在一定不足。当前国内外学术界已通过宏观审慎政策目标、工具设计、组织安排、国际合作和成本收益权衡等方向，对宏观审慎政策有效性的相关内容进行了研究。由于系统性金融风险的复杂性和宏观审慎政策实践时间较短，目前相关研究无论是在数据还是模型都有所欠缺，部分结论还存在一定争议。

第三，我国经济金融领域目前存在较多的影响系统性金融风险生成的潜在因素。我国金融机构虽然在次贷危机中损失较小，但是目前宏观经济面临较大的下行压力加大了金融机构的经营压力和风险。全球经济波动、发达经济体量化宽松货币政策调整，国际大宗商品价格波动、大国关系调整与摩擦等外部风险，都可能对我国产生风险溢出。我国金融体制改革未完全到位，间接融资比例过大，利率市场化进展缓慢，金融监管体制还有待优化，特别是房地产价格上涨过快和地方政府债务规模过大，可能直接导致了我国系统性金融风险的累积。

第四，从防范系统性金融风险和金融监管的角度来看，商业银行应该在经济上行时，提高资本充足率，防止经济过热，在经济下行时，降低资本充足率，防止经济停滞。选取房地产市场、股票市场、外汇市场和银行系统等市场核心指标，利用 CDF—信用加权法对我国系统性金融风险进行测度，发现 2015 年之后系统性金融风险呈一定的上升趋势。利用我国 10 家排名靠前的商业银行 2008 ~ 2018 年的季度数据，基于动态面板模型发现我国商业银行资本充足率和经济周期负相关，说明我国商业银行存在顺周期调整资本充足率的行为；同时发现巴塞尔协议Ⅲ提出的监管要求，使得我国商业银行部分降低了顺周期行为；我国商业银行资产规模与顺周期行为负相关，股份制银行比国有银行顺周期更明显；我国商业银行更倾向于在经济上行期通过增加风险资产，相对降低资本充足率，提高经营绩效。

第五，工具有效性、规则有效性和政策配合有效性，构成了宏观审慎政策有效性的核心内容。次贷危机后，已逐步建立了具有我国特点，适应中国宏观经济调控和金融监管的宏观审慎政策工具体系，其中以MPA最具代表性。通过建立多部门DSGE模型，利用我国宏观经济数据进行参数贝叶斯估计，基于DSGE模型模拟发现贷款价值比具有较强的逆周期调节作用，该工具还有一定的货币政策效应，而且还能达到货币政策无法达到的效果，因此其可以防范和化解系统性金融风险。宏观审慎政策操作应与货币政策一致，基于规则制定宏观审慎政策的使用方式。基于降低经济体整体波动的判断标准，DSGE模型模拟结果表明贷款价值比仅将贷款纳入政策规则反应函数，并采用非前瞻性的泰勒规则形式，构成最优的贷款价值比规则。次贷危机充分说明了货币政策维护金融稳定的困境，我国应加快"货币政策+宏观审慎政策"双支柱调控框架建设，DSGE模型模拟结果表明货币政策和宏观审慎政策分别负责物价稳定和金融稳定构成了两者最优的关系。

第六，我国影子银行近年来发展迅速，已经和我国宏观经济运行形成相互影响之势，应结合我国影子银行发展情况，加强监管以提高宏观审慎政策有效性。利用我国2003~2018年的社会融资规模等宏观经济数据，基于SVAR模型脉冲响应发现，宏观经济变量对我国影子银行发展的冲击基本是顺周期的，而影子银行的正向冲击却使得GDP负向波动，说明影子银行的发展使得部分资金在金融体系内空转，并没有完全流向实体经济，阻碍了经济的增长。方差分解发现，我国影子银行波动中GDP所占比例较大。我国影子银行目前虽然业务相对简单，但具有较高的系统性金融风险隐患，而且影子银行的存在也会导致其他金融领域宏观审慎政策有效性的下降，因此必须加强影子银行宏观审慎监管。然而，目前我国影子银行发展作为一种满足各方需求的内生性的金融活动，宜疏不宜堵。从制度层面来看，加快利率市场化改革特别是放开存款利率上限，统一监管规则是解决影子银行监管套利最有效的方法。

第七，宏观审慎政策治理对提高宏观审慎政策有效性至关重要，宏观审慎政策治理需要落实到各个具体的领域。建设自贸区，是党中央在新时代推进改革开放的一项战略举措。福建自贸区2015年挂牌成立以来，既要积极推动金融创新，又要完善宏观审慎政策治理来防范和化解自贸区系统性金融风险。构建福建自贸区宏观审慎政策治理体系和治理能力评估指标体系，利用层次模糊分析法进行实证分析。实证结果表明福建自贸区宏观审慎政策治理体系和治理能力两方面建设整体情况均良好，但在监管组织架构、政策透明性、治理手段开发等领域有待加强，由此提出完善法律法规、展开金融综合监管和职业能力提升等推进福建自贸区宏观审慎政策治理体系和治理能力现代化的政策建议。

第八，提高我国宏观审慎政策有效性，未来还需完善相关的政策配套。应该继续推进我国金融监管治理改革，完善国务院金融稳定发展委员会运行，提高中国人民银行在实施宏观审慎政策中的地位。同时，完善金融统计数据的收集和信息的共享机制，加强对我国系统重要性金融机构的监管，解决好“大而不倒”问题。宏观审慎政策预期管理具有特殊性，应根据其特点发挥预期管理在宏观审慎政策中的作用。顺应次贷危机后国际金融监管改革趋势，提升我国宏观审慎政策的国际合作水平，加快 LEI 系统建设。

10.2 未来研究的发展方向

宏观审慎政策从提出到实践只有 10 年左右的时间，涉及宏观审慎政策有效性的研究更是刚刚起步。本书作为国内外较早系统地研究宏观审慎政策有效性的论文，虽然取得了上述结论，但由于主观和客观条件的限制，对部分问题的研究还需要进一步展开工作：

首先，无论是时间维度的系统性金融风险测度，还是空间维度的系统性金融风险测度，都与宏观审慎政策有效性密切相关，但这需要大量的金融机构和金融市场的微观数据。本书认为仅仅利用宏观经济数据、股票市场交易数据和财务数据还是不够的。因此下一步随着我国金融统计信息的不断健全和信息共享机制的建立，以及相关研究方法和模型的不断发展，系统性金融风险测度还有待于进一步深入探索。

其次，逆周期宏观审慎政策工具种类非常多，本书鉴于篇幅和研究时间的限制，只研究了贷款价值比这个代表性的宏观审慎政策工具的有效性、政策规则、与货币政策的配合方式，其他的一些宏观审慎政策工具，如逆周期资本缓冲、动态风险拨备、动态差别存款准备金等工具效果，目前国内外的研究还比较少，政策效果有待检验。如何量化评估国家层面的宏观审慎政策治理也是一个非常值得研究的领域。

再次，本书 DSGE 模型根据研究的需要，加入银行系统、宏观审慎政策管理部门等微观经济主体，但是鉴于我国金融市场对外开放有限的情况，因此没有加入开放经济因素。同时，从国内外 DSGE 模型建模的现有技术来看，加入开放经济的 DSGE 模型基本上还主要是研究小国开放经济，而且大多只考虑两个国家或地区的情况，这与我国是世界第二经济体的现状不符。因此，在未来我国金融市场不断加大对外开放的背景下，如何研究像我国这样的大国开放经济下的宏观审慎政策 DSGE 模型，将成为下一步工作的重点。

最后，随着我国宏观审慎政策调控的普遍开展，就像货币政策预期管理的重要性一样，越来越需要各级政府部门或金融监管部门对宏观审慎政策进行预期管理。宏观审慎政策预期管理如何影响防范和化解系统性金融风险的效果，将是一个非常值得研究的领域。

参考文献

[1] 巴曙松．后危机时期国家经济金融结构与中国金融政策［M］．上海：上海财经大学出版社，2010：1－2.

[2] 巴曙松．从金融结构演进角度客观评估当前的“影子银行”［N］．中国经济时报，2013－3－29.

[3] 巴曙松，朱元倩．巴塞尔资本协议Ⅲ研究［M］．北京：中国金融出版社，2011：215－245.

[4] 巴曙松．居民杠杆率逼近美国次贷危机水平［J］．房地产导刊，2016（9）：2－4.

[5] 陈强．高级计量经济学及Stata应用［M］．北京：高等教育出版社，2010：179－187.

[6] 程方楠，孟卫东．宏观审慎政策与货币政策的协调搭配——基于贝叶斯估计的DSGE模型［J］．中国管理科学，2017，25（1）：11－20.

[7] 陈雨露．四十年来中央银行的研究进展及中国的实践［J］．金融研究，2019，464（2）：5－23.

[8] 陈雨露，马勇．宏观审慎监管：目标、工具与相关制度安排［J］．经济理论与经济管理，2012（3）：5－15.

[9] 杜清源，龚六堂．带“金融加速器”的RBC模型［J］．金融研究，2005（4）：16－30.

[10] 党宇峰，梁琪，陈文哲．我国上市银行资本缓冲周期性及其影响因素研究［J］．国际金融研究，2012（11）：74－85.

[11] 方福前，王晴．动态随机一般均衡模型：文献研究与未来展望［J］．经济理论与经济管理，2012（11）：32－48.

[12] 方意，郑子文．系统性风险在银行间的传染路径研究——基于持有共同资产网络模型［J］．国际金融研究，2016，350（6）：61－72.

[13] 高国华，潘英丽．银行系统性风险度量——基于动态 CoVaR 方法的分析 [J]. 上海交通大学学报，2011 (12)：1753－1759.

[14] 郭晓萍．王兆星：提高宏观审慎监管政策的有效性 [N]. 中国证券报，2012－10－11.

[15] 苟文均，袁鹰，漆鑫．债务杠杆与系统性风险传染机制——基于 CCA 模型的分析 [J]. 金融研究，2016 (3)：74－91.

[16] 黄聪，贾彦东．金融网络视角下的宏观审慎管理——基于银行间支付结算数据的实证分析 [J]. 金融研究，2010 (4)：1－14.

[17] 胡海峰，代松．后金融危机时代系统性风险及其测度评述 [J]. 经济学动态，2012 (4)：41－46.

[18] 何平，刘泽豪，方志玮．影子银行、流动性与社会融资规模 [J]. 经济学（季刊），2018 (1)：21－43.

[19] 胡日东，廖迎．中国通货膨胀惯性影响因素分析——基于标准 CIA 模型和货币内生 CIA 模型的比较 [J]. 上海经济研究，2013 (5)：3－15.

[20] 黄亭亭．宏观审慎监管：原理、工具及应用难点 [J]. 中国金融，2010 (12)：40－41.

[21] 何卓静，周利国，闫丽新．商业银行系统性风险溢出效应研究：条件风险价值估计与系统性风险贡献度测量 [J]. 中央财经大学学报，2018，376 (12)：39－53.

[22] 黄益平，常健，杨灵修．中国的影子银行会成为另一个次债？[J]. 国际经济评论，2012 (2)：42－51.

[23] 荆中博，方意．中国宏观审慎政策工具的有效性和靶向性研究 [J]. 财贸经济，2018，39 (10)：77－92.

[24] 简志宏，朱柏松，李霜．动态通胀目标、货币供应机制与中国经济波动——基于动态随机一般均衡的分析 [J]. 中国管理科学，2012 (1)：30－42.

[25] 柯孔林，冯宗宪，陈伟平．银行资本缓冲的逆周期行为分析——来自中国上市银行的经验证据 [J]. 经济理论与经济管理，2012 (3)：70－79.

[26] 刘斌．随机动态一般均衡模型及其应用 [J]. 北京：中国金融出版社，2010：1－13.

[27] 梁斌，李庆云．中国房地产价格波动与货币政策分析——基于贝叶斯估计的动态随机一般均衡模型 [J]. 经济科学，2011 (3)：17－32.

[28] 李波．构建货币政策和宏观审慎政策双支柱调控框架［M］．北京：中国金融出版社，2018：288 -302.

[29] 刘灿辉，周晖，曾繁华等．中国上市银行缓冲资本的顺周期实证研究——基于A股6家上市银行的动态面板数据研究［J］．管理世界，2012（3）：176 -177.

[30] 赖娟．我国金融系统性风险及其防范研究［D］．南昌：江西财经大学，2011.

[31] 李建军，徐赛兰，田光宇．中国影子金融体系研究报告［M］．北京：知识产权出版社，2012：30 -41.

[32] 李拉亚．通货膨胀与不确定性［M］．北京：中国人民大学出版社，1995（55）：185 -186.

[33] 李拉亚．预期管理理论模式述评［J］．经济学动态，2011（7）：113 -119.

[34] 李拉亚．宏观审慎管理的理论基础研究［M］．北京：经济科学出版社，2016：22 -32.

[35] 廖岷，孙涛，从阳．宏观审慎监管研究与实践［M］．北京：中国经济出版社，2014：71 -82.

[36] 罗娜，程方楠．房价波动的宏观审慎政策与货币政策协调效应分析——基于新凯恩斯主义的DSGE模型［J］．国际金融研究，2017，357（1）：39 -48.

[37] 李扬．中国经济发展新阶段的金融改革［J］．经济学动态，2013（6）：4 -14.

[38] 吕介民．实际季度GDP指数和季度CPI指数的测算［J］．中国统计，2012（3）：34 -35.

[39] 刘仁伍．宏观审慎管理：框架、机制与政策［M］．北京：社会科学文献出版社，2012（11）：237 -241.

[40] 刘青云．我国商业银行杠杆顺周期效应研究［J］．财经问题研究，2015（5）：69 -74.

[41] 李松华．基于DSGE模型的中国货币政策传导机制研究［D］．华中科技大学，2010.

[42] 李文泓．宏观审慎监管框架下的逆周期政策研究［M］．北京：中国

金融出版社，2011：3 -4.

［43］李文泓，罗猛．关于我国商业银行资本充足率顺周期性的实证研究［J］．金融研究，2010（2）：147 -157.

［44］李文泓，周皓．金融监管体制改革的国际经验和中国道路［J］．清华金融评论，2014（4）：2.

［45］李伟航，许玲．宏观审慎监管政策工具有效性研究——基于 DSGE 模型的实证分析［J］．东南大学学报（哲学社会科学版），2018，20（6）：78 -91，149.

［46］李文喆．中国影子银行的经济学分析：定义、构成和规模测算［J］．金融研究，2019，465（3）：57 -77.

［47］李雪松，王秀丽．工资粘性、经济波动与货币政策模拟——基于 DSGE 模型的分析［J］．数量经济技术经济研究，2011（11）：22 -33.

［48］潘敏，周闯．宏观审慎监管、房地产市场调控和金融稳定——基于贷款价值比的 DSGE 模型分析［J］．国际金融研究，2019，384（4）：14 -23.

［49］李扬，张晓晶，常欣等著．中国国家资产负债表 2018［M］．北京：中国社会科学出版社，2018：104 -130，276 -317.

［50］刘志洋．宏观审慎监管机构安排的国际实践［J］．国际金融研究，2012（8）：77 -84.

［51］吕朝凤，黄梅波．习惯形成、借贷约束与中国经济周期特征——基于 RBC 模型的实证分析［J］．金融研究，2011（9）：1 -13.

［52］梅冬州，龚六堂．新兴市场经济国家的汇率制度选择［J］．经济研究，2011（11）：73 -88.

［53］马勇．植入金融因素的 DSGE 模型研究新进展［J］．经济学动态，2013（8）：127 -135.

［54］马勇．植入金融因素的 DSGE 模型与宏观审慎货币政策规则［J］．世界经济，2013（7）：68 -92.

［55］马勇．金融稳定与宏观审慎理论框架及在中国的应用［M］．北京：中国金融出版社，2016：171 -217.

［56］马勇．DSGE 宏观金融建模及政策模拟分析［M］．北京：中国金融出版社，2017：1 -4.

［57］马勇，姚驰．监管压力、经济周期与宏观审慎政策效果［J］．经济

理论与经济管理，2017，36（10）：7－18.

[58] 马新彬．宏观审慎政策治理框架的进展［J］．中国金融，2014（17）：56－57.

[59] 马新彬．最优宏观审慎政策治理安排研究：响应时间与政策路径［J］．上海金融，2015（1）：16－22.

[60] 欧阳志刚，彭方平．双轮驱动下中国经济增长的共同趋势与相依周期［J］．经济研究，2018（4）：55－73.

[61] 彭文生．渐行渐近的金融周期［M］．北京：中信出版集团，2017：181－266.

[62] 聂富强等．中国金融安全状况研究：监测与预警［M］．北京：中国金融出版社，2011：61－68.

[63] 孙立新．国际金融危机与中国的宏观审慎政策［M］．北京：中经济出版社，2018：44－46.

[64] 苏明政，张庆君，赵进文．我国上市商业银行系统重要性评估与影响因素研究——基于预期损失分解视角［J］．南开经济研究，2013（3）：110－122.

[65] 王璟怡．宏观审慎与货币政策协调的研究动态综述［J］．上海金融，2012（11）：58－64.

[66] 王达．论美国影子银行体系的发展、运作、影响及监管［J］．国际金融研究，2012（1）：35－43.

[67] 王达．美国主导下的现行国际金融监管框架：演进、缺陷与重构［J］．国际金融研究，2013（10）：33－44.

[68] 王达，项卫星．论国际金融监管改革的最新进展：全球金融市场LEI系统的构建［J］．世界经济研究，2013（1）：10－14.

[69] 王道平，范小云，方意．中国系统性金融风险：测度与宏观审慎监管［M］．北京：中国金融出版社，2017：1－8.

[70] 王兆星．后危机时代国际金融监管改革探索［M］．北京：中国金融出版社，2013：1－3.

[71] 王兆星．大而不倒与系统重要性机构监管——国际金融监管改革系列谈之四［J］．中国金融，2013（15）：16－18.

[72] 王兆星．构建金融宏观审慎监管框架——国际金融监管改革系列谈

之七［J］. 中国金融，2013（18）：18－21.

［73］王作文. 宏观审慎监管理论与实证分析［D］. 长春：吉林大学，2013.

［74］肖璞，刘轶，杨苏梅. 相互关联性、风险溢出与系统重要性银行识别［J］. 金融研究，2012（12）：96－106.

［75］盛松成. 社会融资规模与货币政策传导［J］. 金融研究，2012（10）：1－14.

［76］项后军，陈简豪. 银行杠杆的顺周期行为与流动性关系问题研究［J］. 数量经济技术经济研究，2015（8）：57－72.

［77］邵宇. 影子银行：国际图景及中国形态（上）［J］. 金融发展评论，2013（8）：25－40.

［78］陶玲，朱迎. 系统性金融风险的监测和度量——基于中国金融体系的研究［J］. 金融研究，2016（6）：18－36.

［79］许先普，楚尔鸣. 房价波动、宏观审慎及与货币政策的协调［J］. 统计与信息论坛，2017，32（3）：62－69.

［80］尹继志. 社会融资规模的内涵、变化与政策调控［J］. 经济体制改革，2013（1）：117－121.

［81］易宪容. 中国影子银行面临着巨大系统性风险［J］. 新产经，2013（2）：20－22.

［82］于震. 中国宏观审慎监管——工具评价与创新［M］. 北京：社会科学文献出版社，2018：1－33.

［83］张朝洋. 货币政策与宏观审慎政策协调研究［M］. 北京：中国金融出版社，2019：1－6，172－199.

［84］中国人民银行金融稳定分析小组. 中国金融稳定报告2011［M］. 北京：中国金融出版社，2011：94－109.

［85］中国人民银行金融稳定分析小组. 中国金融稳定报告2013［M］. 北京：中国金融出版社，2013：113－132，169－176.

［86］中国人民银行金融稳定分析小组. 中国金融稳定报告2017［M］. 北京：中国金融出版社，2017：99－114.

［87］中国人民银行金融稳定分析小组. 中国金融稳定报告2018［M］. 北京：中国金融出版社，2018：29－41，99－109.

［88］中国人民银行科技厅编. LEI发展之路［M］. 北京：中国金融出版

社，2017：1－9，31－49.

［89］张明．我国影子银行：界定、成因、风险及对策［J］．国际经济评论，2013（3）：81－92.

［90］周胜强，李向前，范芮彤．我国中央银行在宏观审慎监管框架中的核心作用［J］．财经问题研究，2012（12）：60－65.

［91］张娜娜，陈超．基于 Shapley 值方法的中国上市银行系统重要性研究［J］．广东金融学院学报，2012，27（1）：55－63.

［92］张平，苏治．经济转型、金融扩张和政策选择——2014 年中国经济展望［J］．经济学动态，2013（11）：4－11.

［93］张晓慧．货币政策回顾与展望［J］．中国金融，2017（3）：14－17.

［94］张晓慧．宏观审慎政策在中国的探索［J］．中国金融，2017（11）：20－22.

［95］张晓明，李泽广．系统风险外溢、市场约束机制与银行股票回报率——基于 CoVaR 和时变条件 β 指标的研究［J］．金融研究，2017（12）：143－157.

［96］张晓朴．系统性金融风险研究：演进、成因与监管［J］．国际金融研究，2010（7）：58－67.

［97］张显球．宏观审慎监管：理论含义及政策选择［M］．北京：中国金融出版社，2012：1－2，120－121，171－172.

［98］周小川．金融政策对金融危机的响应——宏观审慎政策框架的形成背景、内在逻辑和主要内容［J］．金融研究，2011（1）：1－14.

［99］周小川．国际金融危机：观察、分析与应对［M］．北京：中国金融出版社，2012：101－106，178－183.

［100］Acharya V. V.，Pedersen L. H.，Philippon T.，et al. Measuring Systemic Risk［J］. Working Paper，2017，29（1002）：85－119.

［101］Adrian T.，Brunnermeier M. K.. CoVaR［J］. American Economic Review，2016，106（7）：1705－1741.

［102］Afanasyeva E.，Karasulu M. Interactions of Monetary and Macroprudential Policies in a Model of the Korean Economy［R］. Working Papers，2013.

［103］Agur M. I.，Sharma M. S. Rules，Discretion，and Macro－Prudential Policy［R］. IMF Working Paper，2013：No. 65.

[104] Agénor P. R., Pereira Da Silva L. A. Macroeconomic Stability, Financial Stability, and Monetary Policy Rules [J]. International Finance, 2012, 15 (2): 205-224.

[105] Angelini P., Clerc L., Cúrdia V., et al. Basel Ⅲ: Long-term impact on economic performance and fluctuations [R]. FRB of New York Staff Report 485, 2011.

[106] Angelini P., Neri S., Panetta F. Monetary and macroprudential policies [R]. Bank of Italy Temi di Discussione Working Paper, 2012: No. 801.

[107] Angelini P., Nicoletti - Altimari S., Visco I. Macroprudential, Microprudential and Monetary Policies: Conflicts, Complementarities and Trade - Offs [R]. Stability of the Financial System: Illusion Or Feasible Concept, 2013: 474.

[108] Bailliu J. N., Zhang Y. Macroprudential Rules and Monetary Policy when Financial Frictions Matter [R]. Bank of Canada Working Paper, 2012: No. 6.

[109] Borio C. E. V., Shim I. What Can (macro -) Prudential Policy Do to Support Monetary Policy? [R]. BIS Working Papers, 2007: No. 242.

[110] Barro R. J., Gordon D. B. Rules, Discretion and Reputation in a Model of Monetary Policy [J]. Journal of Monetary Economics, 1983, 12 (1): 101-121.

[111] Beau D., Clerc L., Mojon B. Macro - Prudential Policy and the Conduct of Monetary Policy [R]. Banque de France Working Paper, 2012: No. 390.

[112] Bank of England. Instruments of Macroprudential policy [R]. Bank of England Discussion Paper, 2011.

[113] Bernanke B. S.. Non-monetary Effects of the Financial Crisis in the Propagation of the Great Depression [R]. NBER Working Paper, 1983: No. 1054.

[114] Bernanke B. S., Gertler M. Agency Costs, Networth, and Business Fluctuation [J]. American Economic Review, 1989, 79 (1): 14-31.

[115] Bernanke B. S., Gertler M. The Financial Accelerator and the Flight to Quality [R]. NBER Working Paper, 1994: No. 4789.

[116] Bernanke B. S., Gertler M. Inside the Black Box: the Credit Channel of Monetary Policy Transmission [R]. NBER Working Paper, 1995: No. 5146.

[117] Bernanke B. S., Gertler M., Gilchrist S. The Financial Accelerator in

a Quantitative Business Cycle Framework [M]. Handbook of Macroeconomics, 1999, (1): 1341 - 1393.

[118] Bernanke B. S. A Letter to Sen. Bob Corke [J]. The Wall Street Journal, 2009.

[119] Bernanke B. S. Fostering Financial Stability [R]. Speech at the 2012 Federal Reserve Bank of Atlanta Financial Markets Conference, 2012.

[120] Billio M., Getmansky M., Lo A. W., et al. Econometric Measures of Connectedness and Systemic Risk in the Finance and Insurance Sectors [J]. Journal of Financial Economics, 2012, 104 (3): 535 - 559.

[121] BIS. Recent Innovations in International Banking [R]. Report Prepared by a Study Group Established by the Central Banks of the G10 Countries, 1986.

[122] BIS. Recent Developments in International Interbank Relations [R]. Report Prepared by a Working Group Established by the Central Banks of the G10 Countries, 1992.

[123] BIS. Issues Related to the Measurement of Market size and Macroprudential Risks in Derivatives Markets [R]. Report Prepared by a Working Group Established by the Central Banks of the G10 Countries, 1995.

[124] BIS. Proposals for Improving Global Derivatives Market Statistics [R]. Report Prepared by a Working Group Established by the Euro-currency Standing Committee of the Central Banks of the G10 Countries, 1996.

[125] Bisias D., Flood M., Lo A. W., et al. A Survey of Systemic Risk Analytics [J]. Annu. Rev. Financ. Econ., 2012, 4 (1): 255 - 296.

[126] Blanchard O. J., Kahn C. M. The Solution of Linear Difference Models Under Rational Expectations [J]. Econometrica: Journal of the Econometric Society, 1980: 1305 - 1311.

[127] Borio C. Towards a Macroprudential Framework for Financial Supervision and Regulation? [J]. Social Science Electronic Publishing, 2005, 49 (2): 1 - 18.

[128] Borio C. Implementing a Macroprudential Framework: Blending Boldness and Realism [J]. Capitalism and Society, 2011, 6 (1): 1 - 25.

[129] Brunnermeier M. K., Oehmke M. Bubbles, Financial Crises, and Systemic Risk [R]. NBER Working Paper, 2012: No. 18398.

[130] Brzoza – Brzezina M. , Kolasa M. Bayesian Evaluation of DSGE Models with Financial Frictions [J]. Journal of Money, Credit and Banking, 2013, 45 (8): 1451 – 1476.

[131] Brzoza – Brzezina M. L. , Kolasa M. , Makarski K. The Anatomy of Standard DSGE Models With Financial Frictions [J]. Journal of Economic Dynamics and Control, 2013, 37 (1): 32 – 51.

[132] BCBS. An Assessment of the Long-term Economic Impact of Stronger Capital and Liquidity Requirements [R]. BIS Report, 2010.

[133] BSBC. Guidance for National Authorities Operating the Countercyclical Capital Buffer [R]. BCBS Publications, 2010.

[134] BSBC. Global Systemically Important Banks: Assessment Methodology and the Additional Loss Absorbency Requirement [R]. BCBS Publications, 2011.

[135] Buch C. M. , Weigert B. Macroprudential Policy in a Currency Union [J]. Review of World Economics, 2018.

[136] Calvo G. A. Staggered Prices in a Utility-maximizing Framework [J]. Journal of Monetary Economics, 1983, 12 (3): 383 – 398.

[137] Carrasco – Gallego J. E. A. , Rubio M. Macroprudential Measures, Housing Markets and Monetary Policy [R]. CEPREMAP Working Papers, 2012: No. 23.

[138] CGFS. Operationalising the Selection and Application of Macroprudential Instruments [R]. CGFS Papers, 2012: No. 48.

[139] Clement P. The Term 'macroprudential': Origins and Evolution [R]. BIS Quarterly Review, 2010.

[140] Crockett A. Marrying the Micro-and Macroprudential Dimensions of Financial Stability [R]. BIS Speeches 21, 2000.

[141] Christiano L. J. , Eichenbaum M. , Evans C. L. Nominal Rigidities and the Dynamic Effects of a Shock to Monetary Policy [J]. Journal of Political Economy, 2005, 113 (1): 1 – 45.

[142] Davis E. P. , Karim D. Could Early Warning Systems Have Helped to Predict the Sub-prime Crisis? [J]. National Institute Economic Review, 2008, 206 (1): 35 – 47.

[143] De Haan J., Houben A., Van Der Molen R. Governance of Macroprudential Policy [R]. Zeitschrift für öffentliches Recht, 2012, 67 (2): 283 -302.

[144] Derviz A. Financial Frictions and real Implications of Macroprudential Policies [J]. Financial Markets and Portfolio Management, 2012, 26 (3): 333 -368.

[145] Derviz A., Seidler J. Coordination Incentives in Cross - Border Macroprudential Regulation [R]. IES Working Paper, 2012: No. 21.

[146] ECB. Financial Networks and Financial Stability [R]. ECB Report, 2010.

[147] Enders Z., Peter A. Global Banking, Trade, and the International Transmission of the Great Recession [R]. Working Paper, 2012.

[148] Fic T. Macroprudential Policy Rules [R]. Working Papers, 2012.

[149] Fisher I. The Debt-deflation Theory of Great Depressions [J]. Econometrica, 1933, 1 (4): 337 -357.

[150] FSB. Shadow Banking: Scoping the Issues [R]. A Background Note of the Financial Stability Board, 2011.

[151] FSB. Global Shadow Banking Monitoring Report [R]. FSB, 2011.

[152] FSB. Global Shadow Banking Monitoring Report [R]. FSB, 2018.

[153] FSB, BIS, IMF. Macroprudential Policy Tools and Framework [R]. Progress Report to G20 2011.

[154] FSB, BIS, IMF. Guidance to Assess the Systemic Importance of Financial Institutions, Markets and Instruments: Initial Consideration [R]. Report to the G20 Finance Ministers and Governors, 2009.

[155] Funke M., Paetz M. A DSGE - based Assessment of Nonlinear Loan-to-value Policies: Evidence from Hong Kong [R]. BOFIT Discussion Papers, 2012: No. 11.

[156] Galati G., Moessner R. Macroprudential Policy—A Literature Review [J]. Journal of Economic Surveys, 2013, 27 (5): 846 -878.

[157] Gelain P., Lansing K. J., Mendicino C. House Prices, Credit Growth, and Excess Volatility: Implications for Monetary and Macroprudential Policy [R]. International Journal of Central Banking, 2012.

[158] Gerali A., Neri S., Sessa L., et al. Credit and Banking in a DSGE Model of the Euro Area [J]. Journal of Money, Credit and Banking, 2010, 42 (s1): 107 - 141.

[159] Giannini C. Topics in Structural VAR Econometric [M]. New York: Springier - Verlag, 1992.

[160] Giordana G., Schumacher I. The Impact of the Basel Ⅲ Liquidity Regulations on the Bank Lending Channel: A Luxembourg Case Study [R]. Central Bank of Luxembourg Working Paper, 2011: No. 61.

[161] Greenwood, Robin M., Landier A., Thesmar D. Vulnerable Banks [J]. Journal of Financial Economics, 2015, 115 (3): 471 - 485.

[162] Gross B. Beware our Shadow Banking System [R]. Fortune, 2007.

[163] Hanson S. G., Kashyap A. K., Stein J. C. A Macroprudential Approach to Financial Regulation [J]. The Journal of Economic Perspectives, 2011, 25 (1): 3 - 28.

[164] Hansen L. P., Heckman J. J. The Empirical Foundations of Calibration [J]. The Journal of Economic Perspectives, 1996, 10 (1): 87 - 104.

[165] Hart O., Zingales L. A New Capital Regulation for Large Financial Institutions [J]. American Law and Economics Review, 2011, 13 (2): 453 - 490.

[166] Hughes A., Mileva M. Financial Factors and International Spillovers [R]. Working Papers, 2012.

[167] Iacoviello M. House Prices, Borrowing Constraints, and Monetary Policy in the Business Cycle [J]. American Economic Review, 2005, 95 (3): 739 - 764.

[168] IMF. Toward a Framework for Financial Stability [R]. IMF Report, 1998.

[169] Ingham G. New Monetary Spaces? [J]. The Future of Money, 2002: 123 - 145.

[170] Institute of International Finance. The Cumulative Impact on the Global Economy of Changes in the Financial Regulatory Framework [R]. Research Report, 2011.

[171] Kaufman G. G. Comment on Systemic Risk. Research in Financial Services [J]. Banking, Financial Markets, and Systemic Risk, 1995 (7): 47 - 52.

[172] Kiyotaki N., Moore J. Credit cycles [J]. Journal of Political Economy, 1997, 105 (2): 211-248.

[173] Knight M. D. Marrying the Micro and Macroprudential Dimensions of Financial Stability: six years on [R]. BIS Speeches, 2006.

[174] Kydland F. E., Prescott E. C. Rules Rather Than Discretion: The Inconsistency of Optimal Plans [J]. The Journal of Political Economy, 1977: 473-491.

[175] Kydland F. E., Prescott E. C. Time to Build and Aggregate Fluctuations [J]. Econometrica: Journal of the Econometric Society, 1982: 1345-1370.

[176] Lim C. H. Macroprudential Policy: What Instruments and How to Use Them? Lessons from Country Experiences [R]. IMF Working Paper, 2011.

[177] Lucas Jr R. E. Econometric Policy Evaluation: A Critique. Carnegie-Rochester Conference Series on Public Policy [J]. North-Holland, 1976 (1): 19-46.

[178] Mayer C., Gordon J. The Micro, Macro and International Design of Financial Regulation [R]. Columbia Law and Economics Working Paper, 2012: No. 422.

[179] McCulley P. Teton Reflections [R]. PIMCO Global Central Bank Focus, 2007.

[180] Meh C., Moran K. The Role of Bank Capital in the Propagation of Shocks [J]. Journal of Economic Dynamics and Control, 2010, 34 (3): 555-576.

[181] Minsky M. D. R. Computational Haptics: the Sandpaper System for Synthesizing Texture for a Force-feedback Display [R]. Massachusetts Institute of Technology, 1995.

[182] Osiński J., Jácome L. I., Madrid P. Towards Effective Macroprudential Policy Frameworks: An Assessment of Stylized Institutional Models [R]. IMF Working Papers, 2011: No. 250.

[183] Pozsar Z., Adrian T., Ashcraft A., et al. Shadow Banking [R]. Staff Report, Federal Reserve Bank of New York, 2010. No. 458.

[184] Simon H. Administrative Behavior: A Study of Decision Making Processes in Administrative Organization [M]. New York: Macmillan Publishing Co. inc,

1971.

[185] Sharpe W. F. Capital Asset Prices: A Theory of Market Equilibrium Under Conditions of Risk [J]. The Journal of Finance, 1964, 19 (3): 425 –442.

[186] Shiller R. J. The Subprime Solution: How Today's Global Financial Crisis Happened, and What to Do About It [M]. Princeton: Princeton University Press, 2008.

[187] Shapley L. S. A Value for N –person Games [R]. DTIC Document, 1952.

[188] Slovik P., Cournède B. Macroeconomic Impact of Basel Ⅲ [R]. OECD Economics Department Working Papers, 2011: No. 844.

[189] Stolz S. E. P, Wedow M. Banks' Regulatory Capital Buffer and the Business Cycle: Evidence for Germany [J]. Journal of Financial Stability, 2011, 7 (2): 98 –110.

[190] Suh H. Macroprudential Policy: Its Effects and Relationship to Monetary Policy [R]. FRBP Working Paper, 2012: No. 28.

[191] Svensson L. E. O. Inflation Targeting: Should It Be Modeled as an Instrument Rule or a Targeting Rule? [J]. European Economic Review, 2002, 46 (4): 771 –780

[192] Svensson L. E. O. Monetary Policy after the Crisis [R]. Speech at the Federal Reserve Bank of San Francisco, 2011.

[193] Svensson L. E. O. Comment on Michael Woodford, 'Inflation Targeting and Financial Stability [J]. Sveriges Riksbank Economic Review, 2012 (1): 33 –39.

[194] Svensson L. E. O. What Rule for the Federal Reserve? Forecast Targeting [R]. Nber Working Papers, 2017.

[195] Tarashev N. A., Borio C. E., Tsatsaronis K. Attributing Systemic Risk to Individual Institutions [R]. BIS Working Papers, 2010: No. 308.

[196] Taylor J. B. Discretion Versus Policy Rules in Practice [R]. Carnegie – Rochester Conference Series on Public Policy. North – Holland, 1993 (39): 195 – 214.

[197] Tucker P. Shadow Banking, Financing Markets and Financial Stability [R]. Bernie Gerald Cantor (BGC) Partners Seminar, 2010.

[198] Turner A. The Turner Review: A Regulatory Response to the Global

Banking Crisis [R]. London: Financial Services Authority, 2009.

[199] Ueda K., Valencia F. Central Bank Independence and Macro-prudential Regulation [R]. IMF Working Papers, 2012: No. 101.

[200] Uhlig H. A Toolkit for Analysing Nonlinear Dynamic Stochastic Models Easily. Computational Methods for the Study of Dynamic Economies, 30 – 61 [M]. Oxford: Oxford University Press, 1999.

[201] Weistroffer C., Speyer B., AG D. B., et al. Macroprudential Supervision. Deutsche Bank Research [R]. Current Issues. Frankfurt am Main, 2012.

[202] Woodford M. Optimal Monetary Policy Inertia [J]. The Manchester School, 1999, 67 (s1): 1 – 35

[203] Woodford M., WALSH C. E. Interest and Prices: Foundations of a Theory of Monetary Policy [M]. Cambridge Univ Press, 2005.

[204] Woodford M. Inflation Targeting and Financial Stability [R]. NBER Working Paper, 2012: No. 17967.

[205] White W. R. Making Macroprudential Concerns Operational [R]. BIS Speeches, 2004.

[206] Wong T., Fong T., Li K., et al. Loan – to – Value Ratio as a Macroprudential Tool – Hong Kong's Experience and Cross – Country Evidence [R]. Hong Kong Monetary Authority Working Paper, 2011: No. 1101.

后　记

本书是我在博士论文的基础上，根据宏观审慎政策相关理论与实践的最新发展修改而成的，并加入了本人近期的部分研究成果。即将步入不惑之年，最大的感慨就是时间都去哪里了，每日时光就在家庭、教学、科研和行政事务中不知不觉中流逝。

回看自己这几年的日子，也许最辛苦但最有价值的事情之一就是选择在职读博。回首那1000个日夜，虽有在职读博导致的学业和工作的冲突，虽有两地来回奔波的劳累，虽有博士论文写作过程中的种种焦虑和困难，但内心是充满了真正的快乐的。首先，是能够拜在李拉亚教授门下学习。博士三年，经常折服于李老师博大精深的经济学理论，对宏观经济政策走向的敏锐度，以及对科研的高度热情和专注度。同时，李老师经常鼓励我独立思考、勇于创新，并为我创造了极其宽容的学术环境。其次，认识了一帮志同道合的同学，读博期间经常饭后一起散步，一起运动，一起畅谈人生，毕业后还是时常聚一聚。最后，通过读博感觉自己学术上还是有一些悟性的，读博期间发表的一篇论文被新华文摘全文转载，博士论文也有幸被评为福建省优秀博士论文。

在职读博毕业后回校工作的日子更忙了，在学校承担起更多管理和服务大家的工作，从教研室主任到院长助理，再到副院长，并担任硕士生导师等，感谢工作单位闽南师范大学一直以来的信任与支持。前几年陆续拿了多项省级课题，国家级课题却迟迟不能突破，压力不小。很庆幸自己最终没有放弃，已忘记有几个春节期间是在写申报书中度过了，今年终于获得国家社科基金立项，了却心中一大愿望。

读博时，大女儿才半岁；本书完成初稿时，儿子才出生，所以本书的内容就是自己这段时光的很好记录，也深深感受到家人为自己的一点点成果所付出的辛苦，感谢他们。

近四十求不惑，希望自己还有勇气和智慧，追求诗与远方。

张敏锋

2019 年 8 月